BIBLIOTHÈQUE DE LA REVUE DES COURS ET CONFÉRENCES

EDMOND ESTÈVE
Professeur à l'Université de Nancy

LECONTE DE LISLE
L'HOMME ET L'ŒUVRE

PARIS
ANCIENNE LIBRAIRIE FURNE
BOIVIN & Cie, ÉDITEURS
3 ET 5, RUE PALATINE (VIe)

LECONTE DE LISLE
L'HOMME ET L'ŒUVRE

AVANT-PROPOS

Pour composer ce livre, j'ai compulsé non seulement les œuvres de Leconte de Lisle, telles qu'on peut actuellement se les procurer à la librairie Lemerre, mais tout ce qui, à ma connaissance, est sorti de sa plume et a été livré au public : éditions originales de ses poésies, vers et prose enfouis dans *La Variété*, dans *La Phalange* et dans *La Démocratie Pacifique*, dans la *Revue Indépendante*, dans la *Revue Contemporaine*, dans *La République des Lettres*, essais de jeunesse, correspondances, notes auto biographiques. J'ai recueilli de divers côtés, notamment de MM. les doyens des Facultés des Lettres et de Droit de Rennes, de précieux renseignements. J'ai consulté les très intéressants ouvrages et articles de M.-A. Leblond, Benjamin Guinaudeau, Jean Dornis, Louis Tiercelin, Emile Barbé, Fernand Calmettes, Joseph Vianey, Henri Bernès, Jean Ducros, J.-H. Whiteley, Henri Elsenberg, Bernard Latzarus, etc., où la biographie de Leconte de Lisle, les sources de son œuvre, la nature de son génie, les tendances de son esprit, l'originalité de son art, ont été étudiées avec un talent auquel je me plais à rendre hommage. Le lecteur au courant des choses reconnaîtra sans doute que si j'ai mis à profit, comme c'était mon devoir, les travaux de mes devanciers, ils n'ont entravé en rien la liberté de mon jugement. Je n'ai pas la prétention d'avoir écrit sur Leconte de Lisle l'étude définitive. Il manque encore pour cela bien des documents qui peu à peu, il faut l'espérer, viendront au jour. Je me tiendrai pour satisfait si l'on estime que j'ai donné, en attendant mieux, de l'homme et de l'œuvre, une image vraie et vivante.

LECONTE DE LISLE
L'HOMME & L'ŒUVRE

CHAPITRE PREMIER

LES ORIGINES, L'ENFANCE ET L'ADOLESCENCE DE LECONTE DE LISLE

I

Il existait vers la fin du XVIIe siècle, à Pontorson, en Normandie, sur les confins de la Bretagne, une famille de petite bourgeoisie dont les membres étaient, de père en fils, apothicaires, chirurgiens ou médecins. L'un d'eux, Michel Le Conte, sieur de Préval — un apothicaire celui-là — épousa la fille d'un contrôleur aux recettes foraines, François Estienne, sieur de Lisle. Ces « noms pompeux », comme eût dit Molière, ne doivent pas faire illusion. Ce n'étaient pas des titres de noblesse, mais de simples surnoms empruntés à des terres très roturières pour distinguer entre eux les nombreux enfants des familles bourgeoises de ce temps-là. L'Isle, ou plus exactement l'Isle-Saint-Samson, était une ferme sise dans la commune actuelle de Pleine-Fougères, département d'Ille-et-Vilaine, arrondissement de Saint-Malo. A la mort de François Estienne, elle passa à sa fille et à son gendre. Le fils de ceux-ci, Jacques-François-Michel, sieur de Préval, se fit recevoir docteur en médecine et s'installa à Avranches, qui est à quelques lieues de Pontorson. Des douze enfants qu'il eut, l'aîné, Charles-Marie, né en 1759, que l'on appela Leconte de Lisle, émigra de Normandie en Bretagne, s'établit comme apothicaire à Dinan, s'y maria avec la fille d'un ancien négociant et échevin de la ville, Guillemette-Louise Bertin, et y mourut en 1809.

laissant deux enfants, Charles-Guillaume-Jacques, né en 1787, et Guillemette-Marie, née en 1790.

Charles-Guillaume-Jacques, selon l'alternance en vigueur depuis près de 150 ans dans la famille Le Conte, était destiné à la profession médicale. Il ne faillit pas à sa vocation. En 1813, il était nommé chirurgien sous-aide au corps de Bavière ; en 1814, il était maintenu en la même qualité à la Grande Armée. Le retour des Bourbons le rendit à la vie civile. D'humeur aventureuse sans doute, il eut l'idée d'aller chercher fortune aux colonies. En 1816, il passait à Bourbon. Peu de temps après, il y épousait une jeune créole, Suzanne-Marie-Elysée de Riscourt de Lanux. Mⁱˡᵉ de Lanux appartenait à la société aristocratique de l'île. Elle descendait d'une vieille famille du Languedoc, dont un représentant, le marquis François de Lanux, avait, au dire de Leconte de Lisle, pris part à une conspiration contre le Régent — probablement la conspiration de Cellamare —, s'était, après la découverte du complot, réfugié en Hollande, et enfin était venu s'établir, en 1720, à l'île Bourbon. Elle apportait en dot ce qui faisait la richesse des colons : des terres et des esclaves. De médecin, l'ancien chirurgien sous-aide se fit planteur. Aussi longtemps que subsista l'esclavage, il n'eut pas lieu, semble-t-il, de s'en repentir. En 1837, notamment, il adressait à une maison du Havre une cargaison de sucre de 100.000 kilos.

C'est de ce mariage que naquit, le 22 octobre 1818, date authentique fournie par son acte de naissance, Charles-Marie-René Leconte de Lisle, le futur auteur des *Poèmes Antiques* et des *Poèmes Barbares*. De ses premières années, nous ne savons guère que ce qu'il en a dit lui-même. Une note rédigée de sa main, avec une concision à laquelle les auteurs de confidences et de mémoires ne nous ont guère habitués, résume en une ligne les événements marquants de ses dix premières années. « Venu en France à trois ans ; retourné à Bourbon avec ma famille à dix ans. » C'est à Nantes, e grand port de commerce en relations directes et suivies avec les Iles, que se passèrent ces sept années. L'enfant ne fut pas, comme le laissent entendre certains de ses biographes, élève au Collège royal, aujourd'hui Lycée, de cette ville. Une tradition assez plausible, mais qu'il est, à cent ans de date, bien difficile de vérifier, veut qu'il ait fait ses premières classes dans une institution privée. Quels souvenirs se rattachaient pour lui à Nantes, à part l'image confuse de la cité, de ses rues, de ses places, des promenades publiques où on le menait jouer ? Nous n'en savons rien. Ce qui paraît certain, c'est qu'il avait gardé de ce premier séjour en France une impression vague, mais délicieuse. Voici comment il l'exprimait, non pas dans la vieillesse ou l'âge mûr, où les souvenirs de la première enfance apparaissent presque toujours dans un lointain doré, mais entre dix-huit et dix-neuf ans : « Son bord embaumé », dit-il en parlant de la France,

> Me vit, encore enfant, sur son sein amené ;
> J'ai foulé ses vallons aux fleurs fraîches écloses ;
> Ma bouche a respiré la senteur de ses roses.
> Oh ! son tiède soleil, l'encens de ses matins
> Souvent ont caressé mes loisirs enfantins
> De rayons enivrants et d'amour et de flamme,
> Et leur image chère est gravée en mon âme.

A cette époque, il n'avait pas de désir plus amoureusement caressé que de retourner en France. Déjà il avait conscience de sa valeur. La France, pour lui, c'était l'avenir, la réalisation de son rêve « de gloire et de génie ». Mais quand il y sera revenu et quand il y sera définitivement fixé, c'est vers Bourbon que se tournera sa pensée mobile. Il aura, toute sa vie et jusqu'à ses derniers jours, la nostalgie de la terre natale, de l'île fortunée où il avait passsé les années insouciantes de l'adolescence, années heureuses, années fécondes, pendant lesquelles son âme s'imprégna lentement de la beauté des choses, et s'ouvrit à la poésie et à l'amour.

II

Il y avait donc une fois un beau pays, tout rempli de fleurs, de lumière et d'azur. Ce n'était pas le Paradis Terrestre, mais peu s'en fallait, car les anges le visitaient parfois. L'Océan l'environnait de ses mille houles murmurantes, et de hautes montagnes y mêlaient la neige éternelle de leurs cimes aux rayons toujours brûlants du ciel... [1]

---

[1]. Leconte de Lisle : *Mon premier amour en prose.*

Tel est, décrit par Leconte de Lisle lui-même, l'aspect qu'offre l'île de la Réunion — Bourbon, comme on disait encore en ce temps-là — aux voyageurs qui l'aperçoivent de la pleine mer ; ils la comparent volontiers à « une corbeille de fleurs et de fruits aux pénétrants aromes » ; les premiers qui la virent l'appelèrent Éden. Si, après l'avoir contemplée de loin, nous voulons, au moins en imagination, pénétrer dans ce séjour de délices, nous n'avons qu'à prendre encore le poète pour guide :

> L'île Bourbon, nous dit-il, est plus grande et plus élevée que l'île Maurice. Les cimes extrêmes sont de dix-sept à dix-huit cents toises au-dessus du niveau de la mer ; et les hauteurs environnantes sont encore couvertes de forêts vierges où le pied de l'homme a bien rarement pénétré. L'île est comme un cône immense dont la base est entourée de villes et d'établissements plus ou moins considérables. On en compte à peu près quatorze, tous baptisés de noms de saints et de saintes, selon la pieuse coutume des premiers colons. Quelques autres parties de la côte et de la montagne portent aussi certaines dénominations étranges aux oreilles européennes, mais qu'elles aiment à la folie : l'*Étang Salé*, — les *Trois Bassins*, — le *Boucan-Canot*, — l'*Ilette aux Martins*, — la *Ravine à malheur*, — le *Bassin Bleu*, — la *Plaine des Cafres*, etc.. Il est rare de rencontrer entre la montagne et la mer une largeur de plus de deux lieues, si ce n'est à la *Savane des Galets* et du côté de la rivière Saint-Jean, l'une sous le vent et l'autre au vent de l'île. Au dire des anciens créoles, la mer se retirerait insensiblement et se brisait autrefois contre la montagne elle-même. C'est sur les langues de sable et de terre qu'elle a quittées qu'ont été bâtis les villes et les quartiers. Il n'en est pas de même de Maurice qui, sauf quelques pics comparativement peu élevés, est basse et aplanie. On n'y trouve point les longues ravines qui fendent Bourbon des forêts à la mer, et qui, dans la saison des pluies, roulent avec un bruit immense d'irrésistibles torrents et des masses de rochers dont le poids est incalculable. La végétation de Bourbon est aussi plus vigoureuse et plus active, l'aspect général plus grandiose et plus sévère. Le volcan, dont l'éruption est continue, se trouve vers le sud, au milieu de mornes désolés, que les noirs appellent le *Pays Brûlé*[1].

C'est dans la région qu'on appelle les Hauts de Saint-Paul, c'est-à-dire sur les collines qui dominent de sept à huit cents mètres la ville du même nom, entre deux de « ces déchirures de montagnes qu'on nomme des ravines », que s'étendait la plantation, ou, comme on disait là-bas, l'habitation possédée par la famille Leconte de Lisle. Dans une de ses nouvelles, le poète en a fait, sous un nom supposé, une très précise description :

---

1. Leconte de Lisle : *Sacatove*.

> L'habitation de Villefranche, comprise du nord au sud entre les ravines de Saint-Gilles et de Bernica, était bornée, dans sa partie basse, par la route de Saint-Paul à Saint-Leu, qui séparait les terres cultivées de la savane de Boucan-Canot. C'était une vaste lisière qui, d'après la concession faite au premier marquis de Villefranche (entendez : au marquis de Lanux), devait s'étendre de la mer aux sommets de l'île... L'emplacement où s'élevait la demeure du marquis était situé sur la cime aplanie d'un grand piton, d'où la vue embrassait la baie de Saint-Paul, la plaine des Galets et les montagnes qui séparent le quartier de la Possession de Saint-Denis. Vers l'ouest, en face de la varangue sous laquelle fumait M. de Villefranche, la mer déroulait son horizon infini. C'était un vaste tableau, où resplendissait, aux premières lueurs du soleil, cette ardente, féconde et magnifique nature qui ne s'oublie pas...[1]

Et voici comment, du haut de ce belvédère naturel, Leconte de Lisle put voir bien des fois, à l'aurore, ce paysage magnifique s'éclairer peu à peu et se colorer à ses yeux :

> Rien n'est beau comme le lever du jour du haut des mornes du Bernica. On y découvre la plus riche moitié de la partie sous le vent, et la mer à trente lieues au large. Sur la droite, aux pieds de la Montagne à Marquet, la savane des Galets s'étend sur une superficie de trois à quatre lieues, hérissée de grandes herbes jaunes que sillonne d'une longue raie noire le torrent qui lui donne son nom. Quand les clartés avant-courrières du soleil luisent derrière la Montagne de Saint-Denis, un liséré d'or en fusion couronne les dentelures des pics et se détache vivement sur le feu sombre de leurs masses lointaines. Puis il se forme tout à coup, à l'extrémité de la savane, un imperceptible point lumineux qui va s'agrandissant peu à peu, se développe plus rapidement envahit la savane tout entière et, semblable à une marée flamboyante, franchit d'un bond la rivière de Saint-Paul, resplendit sur les toits peints de la ville et ruisselle bientôt sur l'île, au moment où le soleil s'élance glorieusement au delà des cimes les plus élevées dans l'azur foncé du ciel. C'est un spectacle sublime qu'il m'a été donné d'admirer bien souvent...[2]

Derrière lui, sur les pentes supérieures, s'étendait, « dans toute l'abondance de sa féconde virginité », la forêt de Bernica.

> Gonflée de chants d'oiseaux et des mélodies de la brise, dorée par-ci par-là des rayons multipliés qui filtraient au travers des feuilles, enlacée de lianes brillantes aux mille fleurs incessamment variées de forme et de couleur, et qui se berçaient capricieusement des cimes hardies des *natés* et des *bois-roses* aux tubes arrondis des papayers-lustres, on eût dit le Jardin d'Arménie aux premiers jours du monde, la retraite embaumée d'Ève et des Anges amis qui venaient l'y visiter. Mille bruits divers, mille soupirs, mille rires se croisaient à l'infini sous les vastes ombres des arbres, et toutes ces harmonies s'unissaient et se confondaient parfois, de telle sorte que la forêt semblait s'en former une voix magnifique et puissante[3]

---

1. Leconte de Lisle : *Marcie*. — 2. Leconte de Lisle : *Sacatove*. — 3. Leconte de Lisle : *Sacatove*.

Et quand l'enfant s'éloignait de la maison paternelle, du chalet de bois au toit roux, avec sa varangue basse, il allait, en ses vagabondages, jusqu'au gouffre où le ruisseau de Bernica, gonflé par les pluies, « roulait sourdement à travers son lit de roches éparses », entre deux murailles de pierres calcinées par le soleil ; ou bien il errait dans l'ombre profonde de la ravine Saint-Gilles, parmi les cactus et les aloès, suivant des yeux le vol

> Des martins au bec jaune et des vertes perruches,

courant après les « sauterelles roses » et « les grands papillons aux ailes magnifiques » et voyant de loin, au débouché de la gorge, se dessiner la silhouette bronzée de quelque bouvier amené de Madagascar avec les bœufs dont il a la garde, qui,

> Un haillon rouge aux reins, fredonne un air saklave
> Et songe à la grande Ile en regardant la mer [1].

Telle est, esquissée à grands traits, la nature merveilleuse au milieu de laquelle Leconte de Lisle passa toute son adolescence, de sa dixième à sa dix-neuvième année. C'est elle qui fut sa grande éducatrice, et qui fit un poète de « l'enfant songeur couché sur le sable des mers ».

Il ne semble pas, en effet, que Leconte de Lisle ait été, dans sa jeunesse, un écolier remarquablement studieux. Quand il se présenta au baccalauréat, en 1838, devant la Faculté des Lettres de Rennes, il dut, selon l'usage du temps, indiquer où il avait fait ses classes. « A Nantes, déclara-t-il, et à la maison paternelle. » Il n'avait pu acquérir, dans l'institution nantaise qu'il avait fréquentée à huit ou neuf ans, que les connaissances les plus élémentaires. Quant à l'instruction donnée dans la famille, on sait qu'elle est assez sujette à deux inconvénients, l'excès d'indulgence et l'irrégularité. Si l'on en croit certains témoignages, M. Leconte de Lisle aurait élevé son fils sévèrement. Mais, d'autre part, en tenant compte de l'ardeur du climat, de la nonchalance et de la liberté des mœurs créoles, on a peine à croire qu'il ait

---

[1] *Barbares : La Ravine Saint-Gilles*

pu lui donner un enseignement très suivi. Et quel était au juste le degré d'instruction de l'ancien chirurgien sous-aide de la Grande Armée ? Il apprit sans doute à son élève ce qu'il savait : un peu de latin, un peu de sciences naturelles. Pour le reste, l'enfant n'eut guère à compter que sur les livres qui tombèrent à portée de sa main. Il avait, heureusement, un goût marqué pour la lecture. Il lut de bonne heure, et beaucoup. Une anecdote souvent citée en est la preuve. Pendant une absence de son mari, Mme Leconte de Lisle fit un séjour à Saint-Denis. Elle avait mis son fils comme externe dans une pension de la ville :

> Se fiant à la régularité de sa conduite habituelle, elle fut fort étonnée de recevoir la visite du chef d'institution qui lui demanda pourquoi son élève avait disparu depuis une semaine. Stupéfaite, la mère questionna son fils, qui arrivait tranquillement à l'heure de la rentrée, sans se douter de l'inquisition qui l'attendait. L'enfant se troubla, rougit et finit par avouer qu'au lieu de se rendre en classe, il allait passer toute sa journée à la bibliothèque, où un vénérable conservateur avait consenti à lui prêter sur place Walter Scott. Leconte de Lisle en était à *La Prison d'Édimbourg* quand cet innocent manège fut découvert ; mais le titre du roman n'eut rien de fatidique pour lui, car au lieu de le gronder, sa mère, enchantée, lui acheta tous les romans de l'illustre auteur écossais, en le priant seulement de les lire désormais à la maison [1]

Cette prédilection de son adolescence ne se démentit jamais. Leconte de Lisle lut beaucoup d'autres livres ; mais, jusque dans sa vieillesse, il eut un faible, dont certains s'étonnaient, pour Walter Scott.

La nature, la rêverie, les longues lectures exaltaient l'imagination. La sensibilité s'éveilla, avec l'amour, vers la quinzième année, comme il est naturel dans un climat où l'enfance passe vite et où les passions de l'homme s'agitent déjà chez l'adolescent. Le premier amour que Leconte de Lisle éprouva, et qui devait laisser sa trace sur sa vie tout entière, fut un amour à la fois brûlant et platonique. Il avait pour objet une jeune cousine germaine, Mlle de Lanux, la fille d'un frère de Mme Leconte de Lisle, qui, au grand scandale des siens, avait épousé une quarteronne. La jeune fille habitait, elle aussi, dans les Hauts, à Bellemène, d'où, selon la coutume, elle descendait chaque dimanche

---

1. Staaff, *La Littérature française*, 1873, III, p. 815.

en « manchy », sorte de palanquin porté par huit noirs vigoureux se relayant quatre par quatre, pour assister à la messe dans l'église de Saint-Paul. L'adolescent, timide et sauvage, épiait de loin, pendant l'office, « un léger chapeau de paille à roses blanches et à rubans cerise, qui se tenait incliné sur un livre »; et quand ce chapeau se relevait, il demeurait immobile, pâle, inondé de joie et de frayeur, et il pleurait. Il était amoureux, « et amoureux de la plus délicieuse peau orangée qui fût sans doute sous la zone torride ! amoureux de cheveux plus noirs et plus brillants que l'aile d'un martin de la montagne ! amoureux de grands yeux plus étincelants que l'étoile de mer qui jette un triple éclair sous la houle du récif... ! » Un jour, étant à cheval, il croisa, sur les routes de la montagne, le léger manchy aux rideaux de batiste. Comme la surprise et l'émotion le clouaient sur place, lui et sa monture, barrant l'étroit chemin, « les noirs prirent le parti de déposer le manchy à terre et d'avertir leur maîtresse qu'un jeune blanc les empêchait d'avancer ». Hélas ! quelles paroles sortirent alors du manchy : il devait s'en souvenir bien longtemps. « Louis, cria une voix aigre, fausse, perçante, saccadée, méchante et inintelligente, Louis, si le manchy n'est pas au quartier dans dix minutes, tu recevras vingt-cinq coups de chabouc ce soir ! » Et le jeune homme indigné, en s'effaçant pour laisser passage, de déclarer solennellement : « Madame, je ne vous aime plus. »

J'ai laissé Leconte de Lisle conter lui-même ce roman de son adolescence, tel qu'il le consigna tout au long, un peu plus tard, dans une nouvelle qui a pour titre: *Mon premier amour en prose*. Je ne garantis pas que tous les épisodes en soient d'une absolue authenticité. Leconte de Lisle n'était pas homme, même dans sa jeunesse, à livrer ses secrets sans précaution. Il a mêlé ici la fiction et la vérité. La scène finale est bien mélodramatique ; et nous savons, d'autre part, que, bien qu'elle eût pour mère une quarteronne, Mlle de Lanux avait non pas une peau orangée, des cheveux brillants comme l'aile du martin et des yeux noirs, mais des yeux bleus, des cheveux blonds et le teint rose. Et ce que l'histoire ne dit pas, ce qui fut très probablement la première grande douleur de Leconte de Lisle, elle mourut prématurément. Mais son image ne cessa de hanter la mémoire du poète. A plusieurs reprises, séparées par de longs intervalles, il l'évoqua dans ses vers. C'est la vierge en sa fleur, dans tout l'éclat de sa beauté merveilleuse et fragile, que nous entrevoyons, sous ses légers rideaux, dans l'admirable élégie intitulée *Le Manchy* :

> Sous un nuage frais de claire mousseline,
>   Tous les dimanches au matin,
> Tu venais à la ville en manchy de rotin,
>   Par les rampes de la colline...
>
> Et tandis que ton pied sorti de la babouche
>   Pendait, rose, au bord du manchy,
> A l'ombre des bois noirs touffus et du letchi
>   Aux fruits moins pourprés que ta bouche
>
> Tandis qu'un papillon, les deux ailes en fleur,
>   Teinté d'azur et d'écarlate,
> Se posait par instants sur ta peau délicate
>   En y laissant de sa couleur,
>
> On voyait, au travers du rideau de batiste,
>   Tes boucles dorer l'oreiller,
> Et, sous leurs cils mi-clos feignant de sommeiller,
>   Tes beaux yeux de sombre améthyste.
>
> Ainsi tu t'en venais, par ces matins si doux,
>   De la montagne à la grand'messe,
> Dans ta grâce naïve et ta rose jeunesse,
>   Au pas rythmé de tes Hindous.
>
> Maintenant, dans le sable aride de nos grèves,
>   Sous les chiendents, au bruit des mers,
> Tu reposes parmi les morts qui me sont chers,
>   O charme de mes premiers rêves !

Et, dans *L'Illusion suprême*, quand l'homme, parvenu au terme de la vie, se retourne vers son passé perdu et emplit une dernière fois ses yeux des visions qui hantaient sa jeunesse, c'est sur celle-là qu'il arrête le plus longtemps son souvenir :

> Et tu renais aussi, fantôme diaphane,
> Qui fis battre son cœur pour la première fois,
> Et, fleur cueillie avant que le soleil te fane,
> Ne parfumas qu'un jour l'ombre calme des bois
>
> O chère vision, toi qui répands encore,
> De la plage lointaine où tu dors à jamais,
> Comme un mélancolique et doux reflet d'aurore
> Au fond d'un cœur obscur et glacé désormais !

> Les ans n'ont pas pesé sur ta grâce immortelle.
> La tombe bienheureuse a sauvé ta beauté :
> Il te revoit, avec tes yeux divins, et telle
> Que tu lui souriais en un monde enchanté !

Cet amour de son adolescence, cet amour ardent et pur, timide et profond, muet et passionné, il a survécu à tous les autres, il a effacé tous les autres. Il a été pour Leconte de Lisle — et cela est un trait de son caractère qu'il ne faut pas négliger, car cela est le signe d'une belle âme fidèle, candide et fière — il a été non pas un pressentiment, ou un prélude, ou un présage, mais la forme idéale et parfaite de l'amour.

III

La poésie n'est pas seulement affaire de sentiment. Elle est un art qui, comme tous les arts, suppose des dispositions naturelles et exige un apprentissage. Le goût d'écrire en vers était déjà dans la famille, tant du côté paternel que du côté maternel. L'apothicaire de Dinan dont Leconte de Lisle fut le petit-fils n'était pas toujours affairé autour de ses mortiers et de ses bocaux. Il tournait le quatrain et avait, dans sa ville, réputation de poète. C'est à lui qu'on avait demandé, en 1790, les vers à inscrire sur l'autel de la Patrie, le jour de la Fédération. Ni son talent ni son civisme ne l'empêchèrent d'être incarcéré sous la Terreur. Aussi, quand les prisons se rouvrirent, célébra-t-il d'enthousiasme sa libération et celle de ses compagnons d'infortune dans une pièce de poésie qui eut le plus franc et même le plus populaire succès. « Ces vers, dit un contemporain, se répandirent avec la rapidité de l'éclair dans les salons et dans les ateliers. » Du côté maternel, il y avait mieux encore. Geneviève de Riscourt de Lanux, la fille de ce François de Lanux qui fut le trisaïeul de Leconte de Lisle, avait épousé, à Bourbon, Paul de Parny. Elle fut la mère d'Évariste-Désiré de Forges, chevalier, puis vicomte de Parny, l'auteur des *Élégies* et de *La Guerre des dieux*, le chantre d'Éléonore, le libertin sensuel, passionné et grivois qui, pendant un demi-siècle et jusqu'à l'apparition de Lamartine, passa, concurremment avec Delille, pour le plus grand poète français. Son arrière-petit-neveu n'en faisait pas grand cas, du moins vers le milieu de sa vie : on en comprendra les raisons, si on compare seulement l'histoire d'Hylas, telle qu'elle est contée dans *La Journée Champêtre*, avec l'*Hylas* des *Poèmes Antiques*. Mais si, vers 1835, Parny, en France, était déjà bien oublié, à Bourbon il faisait encore figure, et l'on ne manquait pas, dans la famille Leconte de Lisle, de tirer vanité d'une parenté aussi illustre. Notre adolescent avait lu, d'assez bonne heure, quelques-unes au moins de ses œuvres. Sur le cahier où, vers seize ou dix-sept ans, il copiait ses morceaux favoris, on lit des vers de Parny et, au-dessous, une pièce d'un obscur auteur de cette époque qui déplorait la mort du grand homme. Parny et aussi Baour-Lormian, voilà ce que Leconte de Lisle trouva sur les rayons des bibliothèques créoles ; ce sont eux qui avaient charmé les générations du premier Empire ; c'est par eux qu'il fut initié aux règles du langage poétique. Il découvrit, sans doute assez vite, les *Méditations*. Quelqu'un lui mit entre les mains *Les Orientales*. Il en fut enthousiasmé. « Ces beaux vers, écrivait-il bien des années plus tard — c'est dans son discours de réception à l'Académie française, où il entra, comme on sait, à soixante-huit ans — ces beaux vers, si nouveaux et si éclatants, furent pour toute une génération prochaine une révélation de la vraie Poésie. Je ne puis me rappeler, pour ma part, sans un profond sentiment de reconnaissance, l'impression soudaine que je ressentis, tout jeune encore, quand ce livre me fut donné autrefois sur les montagnes de mon île natale, quand j'eus cette vision d'un monde plein de lumière, quand j'admirai cette richesse d'images si neuves et si hardies, ce mouvement lyrique irrésistible, cette langue précise et sonore. Ce fut comme une immense et brusque clarté illuminant la mer, les montagnes, les bois, la nature de mon pays, dont jusqu'alors je n'avais entrevu la beauté et le charme étrange que dans les sensations confuses et inconscientes de l'enfance. » Il n'est pas douteux, et nous aurons l'occasion d'y revenir, que *Les Orientales*, particulièrement les grandes compositions aux couleurs contrastées et violentes, *Les Têtes du Sérail, La Ville Prise, Le Feu du*

Ciel, n'aient exercé sur l'art de Leconte de Lisle, tel qu'il se révèle surtout dans les *Poèmes Barbares*, une profonde influence. Mais, à dix-sept ans, il n'en a pas compris encore ni l'originale et étrange beauté, ni le rapport secret avec son propre génie. Il suit le goût du temps et le penchant de son âge ; il donne dans l'élégiaque et le sentimental. Sur le cahier où il transcrit ses vers favoris, il copie, des *Orientales*, *Grenade* et *L'Enfant Grec*, où le pittoresque domine, mais aussi *Fantômes*, qui est un morceau de pur sentiment, pêle-mêle avec quelques pièces des *Feuilles d'automne*, le *Désespoir* de Lamartine, son appel au peuple de 1830 *Contre la Peine de Mort*, et une poésie d'un auteur inconnu, *Les Deux Muses* (la Muse classique et la Muse romantique), à la fin de laquelle il écrit naïvement : « Sublime ! » Son admiration se trompe quelquefois d'objet. Même après plusieurs mois de séjour en France, il mettra encore sur le même pied Rességuier et Victor Hugo, Alfred de Vigny et Mme Tastu. Son excuse, c'est que beaucoup de gens qui auraient dû être plus éclairés que lui en faisaient autant. Pouvait-on exiger d'un « jeune sauvage » plus de discernement et de flair que des connaisseurs parisiens ?

Les premiers vers que nous possédions de Leconte de Lisle trahissent les mêmes tendances et la même évolution rapide. C'est un cahier intitulé *Essais poétiques de Ch. Leconte de Lisle*. Il contient une douzaine de pièces, accompagnées d'un *envoi* daté de novembre 1836. Les unes paraissent antérieures, les autres postérieures à cette date. De « ces premiers accents que son âme soupire », certains doivent remonter à la dix-septième ou même à la seizième année. Balbutiements touchants, mais balbutiements, et qui sentent encore l'enfance. La syntaxe en est incorrecte et la langue incertaine ; les tours d'un français suranné et le zézaiement du langage créole s'y mêlent à des expressions alors insolites, empruntées aux poëtes nouveaux. Ils ont la grâce indécise de l'adolescence, avec une pointe à la fois de langueur et d'enfantillage qui trahit l'origine exotique.

> Qui, toi, pauvre créole,
> Veux-tu chanter aussi ?..
> Une douce parole

> Comme un éclair a lui,
> Et de la poésie
> Une lueur d'espoir,

Une lueur amie
Advient fraîchir ma vie
Léger soupir du soir,
Puis jusqu'en ma pensée
Délirante d'amour,
D'odorance enivrée,
Semble un rayon du jour.
Oh ! laissez-moi chanter !
Qu'importe ma faiblesse ?
Car flamme enchanteresse
En moi paraît glisser,
Comme aux flots s'insinue
L'astre aux pâles rayons,
Et mon âme est émue
D'inconnus et doux sons !
Au long sentier des roses
J'irai par légers pas ;
Je parlerai tout bas
Et de petites choses...

Puis le ton s'affermit, la facture devient plus solide. Une autre pièce traite un thème courant chez les poètes de l'époque impériale en octosyllabes attendris et galants qu'on pourrait glisser sans disparate dans un recueil de Millevoye :

Jeune beauté, de ton empire
Jouis aux heures du printemps,
Car ce règne si doux expire
Et tous ces charmes qu'on admire
Cèdent aux insultes du temps...

Enfin, voici quatre pièces aux titres éloquents : *Sa voix*, *L'Aveu*, *La Désillusion*, *Le Souvenir*, qui sont comme quatre chapitres en vers du petit roman qui nous a été conté tout à l'heure. L'une d'elles esquisse le portrait de l'objet aimé :

Jamais d'un front plus blanc, plus doux et blonds cheveux,
En contours gracieux, en soyeuse auréole,
Ne tombèrent ainsi sur un cou plus neigeux
Et sur une plus rose épaule...

Une autre tâche à définir le charme de sa voix :

Sa voix est le parfum tombé de l'aubépine,
Vierge blanche qui dort au front de la colline
Sur son lit de bluets...

Une autre, en des termes où la virtuosité déjà remarquable de la forme traduit la sensation toute vive, et qui font penser à l'ode fameuse de Sapho, exprime le trouble du jeune homme en présence de celle qu'il aime :

Sais-tu que ton œil pur est mon ciel azuré ?
Sais-tu que ton regard est ma divinité ?

> Ta bouche, mon aurore ?
> Sais-tu que le baiser sur tes lèvres cueilli
> Est un feu délirant, le seul rayon ami
> Dont mon âme se dore ?
>
> Sais-tu bien que je tremble en écoutant ta voix ?
> Que la fièvre me prend lorsque je t'aperçois
> Et gracieuse et belle ?
> Sais-tu qu'en te touchant je ne sens plus ma main
> Que mon cœur palpitant s'échappe de mon sein,
> Semblant dire : « C'est elle » ?
>
> Le sais-tu ?... Non, sans doute. Oh ! tu n'y penses pas...
> Et moi je suis contraint, au seul bruit de tes pas,
> De m'appuyer bien vite,
> Car ma tête est en feu, mon front est enivré,
> Mes pieds semblent fléchir, et mon regard troublé
> Et te cherche et t'évite.

Ces vers sont-ils jamais passés sous les yeux de celle à qui ils étaient adressés ? Cela n'est guère probable. Ils ne furent lus sans doute que de l'ami privilégié que Leconte de Lisle avait choisi pour être le confident à la fois de sa passion et de son talent. Cet ami, Adamolle, était le fils d'un riche planteur des Hauts de Saint-Paul. Les deux jeunes gens s'étaient liés l'un à l'autre d'une de ces amitiés d'adolescents qui ont de l'amour l'emportement, la jalousie et les orages. A peine Leconte de Lisle fut-il parti pour la France, Adamolle eut peur que son ami ne l'oubliât. Il lui écrivit une lettre émue, désolée, inquiète, que nous n'avons pas, mais que nous pouvons imaginer facilement : la lettre de celui des deux pigeons qui reste au colombier. A cette lettre, voici ce que Leconte de Lisle, tout bouleversé, répondit :

... Mon ami, mon frère — laisse-moi te nommer ainsi — je te crois trop persuadé de mon affection pour qu'il me soit nécessaire de te répéter que jamais elle ne s'éteindra. Ne viens donc plus me causer une peine inutile en paraissant croire que de nouvelles connaissances pourraient, une seconde, me faire oublier mes vrais, mes seuls amis; nous nous comprenons, ô mon ami; entre nous, c'est à la vie, à la mort ! Ah ! crois-tu donc à cette amitié d'une heure, à ce sentiment bâtard que les hommes qualifient trop souvent d'un nom sacré ? Oh ! non, tu n'y crois pas, n'est-ce pas ?... Tu sais trop bien que, pour la véritable amitié, il faut l'union intime du cœur et de l'âme; mon ami, nous sommes donc nés l'un pour l'autre, car nos cœurs n'en font qu'un, et nos âmes sont sœurs.
Oh ! mon cher Adamolle, combien je regrette que notre langue ne puisse rendre l'ardeur de mon amitié !... Ah ! écris-moi souvent.... Tu dois com-

prendre tout le charme que j'éprouve à recevoir quelque souvenir de toi· quel plaisir je ressens en tâchant d'y répondre.

Oh ! jamais, non, jamais aucun autre ne te remplacera dans mon cœur, jamais rien n'altérera notre chère intimité ! Nous sommes séparés l'un de l'autre, peut-être pour toujours... Ah ! que du moins le souvenir, seul bien qui nous reste, emplisse, en quelque sorte, l'énorme espace qui nous désunit, adoucisse un peu l'amertume des regrets et des larmes de l'absence ! Mais cet espace lui-même, qu'est-il ? Rien, non, rien ! Je te vois, je te parle, je te serre d'ici dans mes bras ! Ô mon ami si cher, s'il ne faut pour nous rejoindre un jour que surmonter des obstacles proportionnés aux forces humaines, ah ! sois-en sûr, tu me reverras, je te reverrai aussi, et nous oublierons alors, dans notre joie, et nos maux et nos regrets passés !..

Cette exaltation de sentiment et de langage, ce lyrisme à la Rousseau, paraît avoir été un caractère commun à la plupart des jeunes créoles qui furent, aux environs de 1836, les compagnons d'âge et les amis de Leconte de Lisle. Pendant la semaine, tous ces fils de planteurs, dispersés dans les habitations des Hauts, y menaient la vie des gens de leur caste : oisiveté entrecoupée par accès d'activité violente, parties de chasse, longues flâneries sous la varangue de la maison paternelle, lectures solitaires, chevauchées à travers champs. Le dimanche, ils descendaient à la ville ; ils s'y retrouvaient entre camarades ; ils allaient — c'est Leconte de Lisle qui le dit — « fumer le poétique cigare au bord de la mer ». Ils s'asseyaient, le soir, sur la plage de sable noirâtre,

Au bruit pensif du flot que la vague soulève,

et, tandis que de leurs « lèvres émues » s'exhalaient les « épais tourbillons » de fumée,

Vapeur exaltatrice à leurs cerveaux ardents,

ils causaient. Ils parlaient d'avenir, de gloire et de poésie. Ils parlaient de politique et de religion. Et, comme la société au milieu de laquelle ils vivaient était conservatrice et traditionaliste, par cet esprit de contradiction qui est, chez les tout jeunes gens, manifestation d'indépendance, ils étaient démocrates et libres penseurs. Ils tenaient « les sentiments républicains et philosophiques » pour « les plus vraies comme les plus nobles des opinions humaines ». Ils détestaient les rois et abhorraient les prêtres. L'âme du cercle, le chef de la troupe, c'était Leconte de Lisle. Le rôle allait à son caractère. De son ascendance aristocratique il tenait cette hauteur un peu dédaigneuse et intimidante qu'il conserva toute sa vie. Il était de ceux qui sont nés pour commander, et non pour obéir. Cet empire qu'il exerçait naturellement sur ses compagons d'âge, il le mit au service des idées libérales et humanitaires qu'il avait puisées dans la lecture des philosophes du xviiie siècle. Il les avait trouvées dans les livres ; il les avait peut-être entendues tomber des lèvres de son père. M. Leconte de Lisle, suivant des témoignages un peu vagues, mais concordants, était, comme la plupart des bourgeois français de son temps, très probablement comme son propre père, l'apothicaire de Dinan qui composait des vers pour la fête de la Fédération, grand admirateur de Voltaire et de Jean-Jacques. Ajoutez qu'il était médecin, et qu'au début du xixe siècle, les médecins étaient ordinairement des incrédules. C'est vraisemblablement dans la bibliothèque de la maison paternelle que le jeune Charles avait trouvé l'ouvrage de l'abbé Raynal dont il avait extrait, pour le copier sur son cahier de poésies, la citation suivante : « La raison, dit Confucius, est une émanation de la divinité ; la loi suprême n'est que l'accord de la nature et de la raison ; toute religion qui contredit ces deux guides de la vie humaine est une religion infâme. » Et, au-dessous, il avait ajouté : « Telle est la religion dégénérée du Christ. » Voilà pour les prêtres. Quant aux rois, ils n'étaient pas mieux traités. Dans une lettre à Adamolle, de 1837, les Espagnols, qui « s'entremangent pour deux rois », sont qualifiés d' « insensés » ; un pays qui se révolte contre sa reine est un pays « qui commence à bien penser », et Louis-Philippe est flétri très sincèrement par Leconte de Lisle comme le plus despotique et le plus sanguinaire des tyrans. J'insiste sur ces opinions de jeunesse, parce que, contrairement à ce qui se passe chez la plupart des hommes, elles ne varieront pas. Il se pourra — et nous le verrons plus tard — qu'en traversant de certains milieux, elles se colorent de nuances superficielles qui peuvent, à l'observateur inattentif, donner l'illusion du changement. Le fond des idées de Leconte de Lisle est toujours resté identique à lui-même.

Il n'y a eu dans sa pensée ni hésitation, ni évolution. Il n'avait ni l'âme compliquée, ni l'esprit ondoyant, ni le caractère flexible. Tel il était à dix-neuf ans, tel il devait être toujours.

IV

Cependant, les années se passent, l'âge s'avance, le moment est venu de choisir une carrière. Il n'est pas question, pour le descendant des Lanux, de se faire, comme ses aïeux de Pontorson, d'Avranches et de Dinan, médecin ou apothicaire. Il ne convient pas non plus à ce jeune homme bien doué et noblement ambitieux de vivre indolemment sur son domaine du produit de ses cannes à sucre et du travail de ses noirs. D'ailleurs, la famille est nombreuse. Charles a derrière lui deux frères et trois sœurs. Toute cette progéniture ne peut évidemment subsister de l'héritage paternel. Puisque l'aîné a le goût du travail intellectuel, des études, des lettres, on en fera un magistrat. Pour être magistrat, il faut faire son droit ; pour faire son droit, il faut aller en France. Qu'à cela ne tienne, on l'y enverra. A Dinan, M. Leconte de Lisle a un cousin, M. Louis Leconte, avoué de son métier, adjoint au maire de la ville, candidat à une sous-préfecture. Cet homme posé, ce personnage important, bien vu du gouvernement, est le mentor tout désigné pour introduire le jeune homme dans la bonne société de la métropole et lui ouvrir l'accès d'une carrière. On lui expédiera Charles par le premier bateau. Notre apprenti poète ne demande pas mieux. Il est probable qu'il n'a point de vocation marquée pour la magistrature ; le droit, sait-il même ce que c'est ?... Oui, il le sait : c'est la liberté, c'est la France, c'est la littérature, c'est la gloire... Le 11 mars 1837, il s'embarque à destination de Nantes. Lorsqu'il monta sur le navire, le cœur lui battit sans doute : il battait, ce cœur de vingt ans, d'impatience, de curiosité et de désir.

En ce temps-là, les longs-courriers qui transportaient de Bourbon en France passagers et marchandises mettaient semaines sur semaines à faire le voyage. A celui qui portait Leconte de Lisle il fallut plus de trois mois. Il fut retardé dans sa marche non pas par le mauvais temps, mais par des calmes interminables. « Je ne connais rien de plus insipide à la mer, écrivait le jeune voyageur, que cette uniformité du ciel et de l'eau, sans qu'une fraîcheur aucune ride la face huileuse des vagues sur lesquelles le navire se balance légèrement sans bouger de place ; les jours se succèdent et se ressemblent ; nous ne savons que faire, tout nous endort, et

la voile tendue
Ne demande qu'un souffle à la brise attendue. »

On fume, on rêve, et bientôt on s'ennuie, surtout quand pour la première fois on vient de quitter sa famille. Certains biographes de Leconte de Lisle lui font accomplir, avant son embarquement pour la France, des voyages de moins grande portée, mais assez longs encore, à Madagascar, à Ceylan, dans l'Inde, aux îles de la Sonde. Il semble que ce soit une erreur. Voici, en effet, ce qu'au bout de quelques jours de traversée, il écrit à son ami Adamolle : « C'est une chose bien cruelle qu'un premier départ, lorsque, pour un temps illimité, l'on quitte tout ce que l'on aime. C'est une chose pleine d'amertume, qu'il faut avoir éprouvée, pour en exprimer avec vérité les diverses sensations. Je puis te dire en conscience tout le malaise et l'isolement où on se trouve plongé, car je suis du nombre de ceux qui la connaissent à fond. » Heureusement les escales où s'arrête le navire apportent quelque diversion à son chagrin. Au bout d'une vingtaine de jours de navigation, on arrive au Cap. Le spectacle est magnifique :

6 h. soir. Le ciel s'empourpre des derniers regards du soleil qui jette encore aux grandes hachures de la côte de longues gerbes lumineuses dont l'éclat se fond mollement aux légères brumes amoncelées par le soir sur le front des montagnes nues ; une large baie se creuse peu à peu, ceinte de rochers tailladés à grands traits ; le bleu de la mer y contraste avec singularité, s'opposant aux feux qui se brisent sur leurs flancs gigantesques. Jamais tableau plus grandiose et plus féerique ne s'offrira à mes yeux. C'est Falsebaie, éloignée du Cap de quelques heures.
A cinq heures du matin, nous doublons la pointe est de Bonne-Espérance. Une immense échappée de vue se déroule à nos yeux. La Croupe du lion, énorme sentinelle accroupie au-dessus de la ville, dessine ses larges contours,

et, plus loin, la Table épand sa blanche nappe de brume, comme un voile, sur les blanches maisons du Cap que l'on distingue au fond de la baie. Là sont ancrés vingt-huit navires de toutes nations...

Quand il descend à terre, c'est un émerveillement d'une autre nature. Le Cap est « une ville tout à fait européenne » : elle a « des rues larges et bordées de fort belles maisons anglaises, des magasins très brillants à l'extérieur, une immense place d'armes, une vaste bourse, un palais de justice... » Leconte de Lisle la visite à loisir. Il explore aussi les environs : il se rend, avec ses compagnons de voyage, chez un riche propriétaire de Constance, M. Cloots. « Comme il n'y était pas, nous entrâmes au salon pour nous reposer. M. Lenoy marchait devant nous ; il s'arrête tout d'un coup et recule, tout interdit; nous avançons... Une panthère énorme, accroupie au fond de l'appartement, fixait sur nous ses yeux brillants et féroces ; sa queue se redressait à l'entour de ses flancs tachetés et sa mâchoire entr'ouverte laissait voir de blanches et longues dents qui ne nous rassuraient pas. Cet animal était empaillé avec tant d'art qu'il était impossible de ne pas le croire vivant. » Ce fut la première rencontre de Leconte de Lisle avec

La reine de Java, la noire chasseresse,

dont la silhouette sinueuse et souple traverse les *Poèmes Barbares*. Il entendit hurler sur la grève du Cap les chiens sauvages dont il devait, bien des années plus tard, interpréter les lamentables aboiements. Il vit des babouins et des autruches. Il put même contempler de près deux lions, vivants cette fois, un mâle et une femelle. Il est vrai qu'ils étaient en cage. « Le mâle n'a que deux ans, il est déjà magnifique ; ses bonds sont effrayants et sublimes ; quand il rugit, les murs de sa prison en tremblent. » Mais plus qu'aux animaux féroces, empaillés ou non, il s'intéressa aux dames du pays. Il les trouva, en général, « assez mal faites ». Mais il y avait des exceptions ; et, en cette matière, c'est l'exception qui importe. « Nous logeons, écrivait-il, chez Mlle Bestaudig, grosse Hollandaise très gaie. Elle a deux nièces fort jolies, qui nous font de la musique chaque soir et chantent en hollando-français. » Ce hollando-français, et les jolies bouches d'où il sortait, et les frais visages qu'ornaient ces jolies bouches ne laissèrent pas de faire une vive impression sur le tendre cœur de notre créole :

> Anna, jeune Africaine aux deux lèvres de rose,
> A la bouche de miel, au langage si doux,
> Tes regards enivrants, où la candeur repose,
> Accordent le bonheur quand ils passent sur nous.
>
> Anna, quand ta main blanche au piano sonore
> Harmonise, en jouant, tes purs et frais accents,
> Nos cœurs muets d'ivresse et forcés par tes chants
> Écoutent... Tu te tais : ils écoutent encore !
>
> De ton front rose et blanc, Anna, tes bruns cheveux
> En anneaux arrondis, en soyeuse auréole,
> Tombent si mollement sur les contours neigeux
> De ton cou qui se fond à ta mouvante épaule.
>
> Anna, lorsque ta robe aux replis gracieux
> Nous frôle en se glissant, nos âmes en frissonnent,
> Comme les feuilles d'arbre inclinent et résonnent
> Sous les soupirs légers des vents voluptueux...

La pièce, que j'interromps à regret, est dédiée « à Mlle Anna Bestaudy ». Une fois en mer, l'image de la « jeune Africaine » dut hanter les rêveries du poète. Aux approches de Sainte-Hélène, elle fut supplantée par le fantôme de Napoléon. Le jeune voyageur ne pouvait manquer d'aller faire son pèlerinage « à la tombe du grand tyran ».

> Nous y montâmes le soir, écrit-il à Adamolle, il pleuvait, et tu dois concevoir combien était gai l'inculte rocher où dort le grand capitaine. Vouloir retracer ici ce que j'éprouvai ne te rendrait pas ma pensée à fond. Ce furent d'abord la pitié, le respect, l'admiration, car il était affreux de comparer ce qu'il fut à ce qu'il est aujourd'hui, de penser à l'*empereur* et au pauvre captif des Anglais, et cela sur sa tombe. Mais bientôt je me rappelai le jeune et invincible soldat de notre grande *République,* je me représentai le consul demi-despote, puis enfin l'empereur absolu de ce noble pays qui servit de base à sa gloire ; *et alors le respect et la pitié firent place au mépris et à la haine :* c'est le partage des tyrans, et Napoléon ne fut aussi qu'un tyran ; tyran plus grand que les autres, et pour cela même *encore plus coupable...*

Le reste de la traversée s'effectua sans incidents. Vers la fin de juin, Leconte de Lisle débarquait à Nantes. De là, il gagnait immédiatement Dinan, où il devait séjourner sous la protection de son oncle, M. Louis Leconte — son oncle à la mode de Bretagne, — en attendant l'établissement à Rennes et la reprise des cours de la Faculté de Droit. Avec son arrivée en France s'achevait l'époque fortunée de sa vie, l'âge des éveils, des émois et des ravissements, le temps d'insouciance et de libre flânerie qui avait passé si vite et qu'il devait regretter toujours.

CHAPITRE II

LES ANNÉES DE JEUNESSE :
LECONTE DE LISLE ÉTUDIANT A RENNES

I

Peu de temps après l'arrivée de Leconte de Lisle à Dinan, survint une longue lettre adressée par son père à M. Louis Leconte. Il est indispensable d'en citer au moins quelques passages. Outre que la sollicitude dont ils témoignent est fort touchante, ils éclairent d'un jour très vif le caractère du futur étudiant en droit.

M. Leconte de Lisle ne cachait pas la peine que lui avait causée e départ de son fils. « J'ai beau chercher à me faire une raison de son absence, écrivait-il, quand son souvenir me revient, et il me revient souvent, mes yeux se mouillent. Je me laisse volontiers pleurer. Puisses-tu, mon ami, n'être jamais obligé de te séparer de tes enfants à d'aussi immenses distances ; cela nuit au bonheur de la vie. » Puis, avec la minutie du père le plus attentif, il multipliait les recommandations que lui suggérait sa tendresse. « Mon premier désir est qu'il habite le quartier le plus aéré et par conséquent le plus sain... Il est peu difficile pour la nourriture : quant à la pension, qu'elle soit saine, c'est tout ce qu'il lui faut. Sous ce rapport, il n'est pas sensuel. S'il était possible qu'une personne fût chargée de son linge (celle chez qui il logerait, par exemple), cela serait fort utile pour lui, car nul, que je sache, ne porte plus loin l'insouciance en pareille matière... Je n'ai pas le désir qu'il soit un fashionable, mais cependant je serais désobligé que sa mise ne fût pas soignée. Veuille, mon ami, y donner la main, sans permettre l'excès contraire, qui jusqu'ici n'a jamais été dans ses goûts… Nous désirons vivement, Élysée et moi, qu'il puisse tenir son rang, qui le force à sortir des habitudes de trop de laisser aller qui lui sont naturelles. Si je me sers du mot *rang*, je veux dire tout simplement une bonne société. Peu soucieux qu'il était ici de voir le monde, nous craignons qu'il vive trop retiré, ce qui est toujours peu avantageux pour un jeune homme, lorsqu'il est destiné, si rien ne s'y oppose, à entrer dans la magistrature… »

Ses parents veulent donc qu'il ait des maîtres de dessin, de musique, d'escrime et de danse, et on prévoit dix francs par mois pour ses menus plaisirs, en recommandant que l'oncle soit inflexible sur la reddition des comptes : « Cela lui apprendra à avoir de l'ordre. Il n'est point habitué à garder de l'argent. Dans le principe, ne lui confie que l'argent de ses plaisirs et de ses leçons particulières, non qu'il soit aucunement capable d'en mésuser, mais il est si étourdi qu'il laisserait son secrétaire ouvert, et il pourrait être dupe. Lorsqu'il sera habitué à soigner lui-même ses affaires, il est digne de toute confiance : lui aussi sera un honnête homme. »

Tel qu'il est, avec sa touche familière et franche, qui ne dissimule point les ombres, d'ailleurs légères, ce portrait nous peint au vif un jeune créole, d'excellente famille, bien élevé, un peu insouciant et désordonné, sympathique en somme. Telle ne fut pas l'impression qu'il produisit sur ses parents de Dinan. Dès le premier jour, l'oncle et le neveu à la mode de Bretagne sentirent qu'ils ne s'accorderaient guère. En écrivant à Bourbon pour annoncer l'arrivée du voyageur, M. Louis Leconte crut devoir signaler qu'il avait remarqué chez lui de la tendance à la coquetterie, un peu de vanité et d'amour-propre. Trois mois après, nouvelle lettre, qui était, celle-là, un véritable réquisitoire. Charles était accusé « d'affecter un mépris sauvage pour tout ce qu'on est convenu de respecter dans la société », d'être froid et inégal de caractère, de manquer de politesse ; on lui reprochait ses opinions républicaines, sa prétendue myopie qui n'était qu'affectation et pose, ses dépenses exagérées pour sa toilette, ses achats excessifs de livres ; enfin certains déportements qui révélaient un tout autre personnage que « la demoiselle » qu'on avait annoncée.

Au moment où partait cette lettre, Leconte de Lisle avait déjà quitté la ville où il avait été vu d'un si mauvais œil. L'oncle, qui tenait à conserver intacte sa respectabilité bourgeoise et à ne se point brouiller avec la préfecture, s'était empressé d'évacuer sur Rennes ce neveu indocile et frondeur, qui risquait de faire scandale dans la société dinannaise, et de briser son avenir administratif[1]. On l'y avait logé non pas peut-être dans le quartier sain et aéré qu'aurait voulu son père, mais à deux pas d'un parent qui devait veiller discrètement sur lui. Il attendait là l'ouverture des cours de la Faculté de Droit, quand il découvrit que, pour prendre sa première inscription, il lui fallait exhiber un diplôme de bachelier ès lettres. Personne dans la famille ne s'en était avisé. Il fallut en référer à Bourbon. M. Leconte de Lisle, le père, déclara l'examen en question « ridicule », l'exigence « absurde », et s'en prit tout droit au ministère : « Je ne sais, en vérité, écrivait-il, quand le gouvernement cessera de aire des sottises. » Force fut bien de s'incliner, et de se mettre en devoir de remplir les formalités préliminaires : production d'un acte de naissance, d'une autorisation paternelle, toutes pièces à faire venir de Bourbon. Il y en avait pour plus de six mois. Après avoir séjourné à Rennes jusque vers la mi-janvier 1838, Leconte de Lisle s'en retourna à Dinan. Mais, si peu de temps qu'il eût passé dans la capitale de la Bretagne, il l'avait bien employé, selon ses goûts. Il y avait noué des relations littéraires avec deux poètes de son âge. L'un, Robiou de la Tréhonnais, un ridicule qui écrit, dira Leconte de Lisle, des vers sans rime ni raison, et qu'il prendra volontiers pour tête de Turc. L'autre, Julien Rouffet, un garçon doux, sentimental et pieux, qui ne tardera pas à quitter Rennes pour Lorient, où il exercera la profession de clerc de notaire. Entre les deux amis s'échangera, du début de 1838 à la fin de 1840, une correspondance assidue dont la partie la plus précieuse, je veux dire les lettres de Leconte

---

[1] Il venait d'être nommé maire de la ville en juillet 1837.

de Lisle, a été conservée et publiée[1]. Elle est, pour l'étude de la période où nous entrons, du plus haut intérêt.

Donc, à la fin de janvier 1838, le jeune homme était de nouveau à Dinan, non plus, cette fois, sous le même toit que son oncle. Il avait en ville sa chambre et sa pension. Il avait l'honneur de dîner à table d'hôte avec les principaux fonctionnaires de l'endroit. Les opinions de ces personnages officiels ne cadraient guère avec les siennes. Avec son caractère intransigeant et hautain, il enrageait de ne pouvoir, lui « enfant », rétorquer tout à son aise les notabilités de la ville. Il préparait, ou il était censé préparer son baccalauréat. Les maîtres et les classes ne le gênaient guère. Une tradition locale veut qu'il ait été élève au collège de Dinan. Mais, outre qu'il aurait été peut-être assez difficile d'astreindre à la discipline scolaire ce grand garçon de dix-neuf ans et demi, fort peu disposé à se laisser brider, le collège, à la suite d'une rivalité avec le séminaire où il avait eu le dessous, n'avait pas rouvert ses portes en octobre 1837. Les cours n'y furent repris que le 1er mai 1838. Les lettres de cette époque ne contiennent aucune allusion aux études classiques, aux régents, au terre à terre de ce que les jeunes Dinannais d'aujourd'hui appelleraient le « bachotage ». Elles donnent l'idée d'un genre de vie infiniment plus plaisant et brillant, dans le cadre archaïque de la petite ville bretonne où la destinée avait conduit Leconte de Lisle.

Dinan est bâti sur le bord d'un plateau qui domine de haut la vallée de la Rance, à l'endroit même où la rivière s'élargit pour former peu à peu le magnifique estuaire qui deviendra, en s'évasant toujours, la rade de Saint-Malo. Elle a encore son château féodal, ses anciens remparts, dont on a fait en partie de belles promenades, ses églises gothiques, ses vieilles maisons, penchées l'une vers l'autre des deux côtés des rues étroites qui dévalent jusqu'à la rivière par le faubourg du Jerzual. On y a, du haut de la tour Sainte-Catherine, une vue admirable sur les

---

[1]. Leconte de Lisle, *Premières Poésies et Lettres intimes*, publiées par B. Guinaudeau, Paris, 1902.

coteaux boisés qui encaissent la vallée, et nous savons par Leconte de Lisle qu'il eut là, en automne, des impressions exquises. Mais tandis que l'hiver de 1837-1838 enveloppait la Bretagne de son voile de brume, il songeait beaucoup moins sans doute à admirer la nature qu'à prendre sa part des divertissements qui ne manquaient point à la société du lieu. On dansa beaucoup à Dinan cet hiver-là. Parmi les jeunes Bretonnes se mêlaient les beautés de la colonie anglaise qui séjournait sur les bords de la Rance. Leconte de Lisle distingua aussitôt l'une d'elles, miss Carolina Beamish, « la femme la plus gracieuse, la plus noble que son œil eût jamais contemplée » ; il s'empressa de lui dédier un sonnet. Mais la sœur de Carolina, Marie Beamish, fit sur lui une impression encore plus profonde, et qui dura longtemps : à notre connaissance, au moins dix-huit mois. Pour le « doux ange, au doux nom de Marie », pour « le jeune cœur voilé d'une ombre virginale » qu'il aimait d'un idéal amour, il écrit maintes pièces, sonnets, romances, poèmes, où il platonise et pétrarquise tout à loisir. Il a dans la ville une réputation de poète ; il ne tiendrait qu'à lui de faire paraître dans l'*Annuaire de Dinan*, dont son oncle est l'éditeur, plusieurs de ses compositions ; elles y figureraient en bonne place, côte à côte avec celles des poètes bretons en vue : M. du Breil de Pontbriand, le vicomte de Lorgeril, Hippolyte de la Morvonnais, Édouard Turquety. Il refuse, sans qu'on sache trop pourquoi, avec une certaine hauteur. Est-ce pour faire pièce à son oncle ? Est-ce crainte d'être éclipsé par ces illustrations de province ? On trouve, dans une de ses lettres, un aveu qui est à retenir, car il vient du plus profond de sa nature : il se reconnaît orgueilleux, et doué « d'une envie de dominer plus forte parfois que sa volonté même ». Cet instinct dominateur, il l'exerce à plein sur le tendre et timide Rouffet. Il le conseille, et il le protège ; il ne cherche point, chose remarquable, à lui imposer ses opinions philosophiques ; il le tance, à l'occasion, d'exprimer dans ses vers, lui, « disciple du Christ », le désir de la mort et le découragement de la vie ; il s'entremet pour placer ses vers au *Dinannais*, ou pour lui chercher un emploi dans une étude ; il lui communique ses jugements sur les nouveautés littéraires, sur *Jocelyn*, sur le *Caligula* d'Alex. Dumas, sur *Ruy Blas* ; il critique les productions du jeune homme, et le prie, en retour, de lui dire ce qu'il pense des siennes « dans le détail ». Cependant, l'hiver se passe, et aussi le printemps, le printemps breton, précoce et doux, que Chateaubriand a décrit ; les vacances arrivent. Leconte de Lisle emploie août et septembre à faire « une tournée artistique » en Bretagne avec trois peintres paysagistes de Paris. Le voilà qui court les grands chemins, à pied, un sac de peinture sur le dos. Son oncle et sa tante en sont scandalisés ! Aussi sont-ils heureux de le voir, au mois d'octobre, partir pour Rennes, ses papiers cette fois bien en règle, en vue d'y affronter les épreuves du baccalauréat.

Le 14 novembre 1838, il est reçu, sans gloire. Ses notes, que voici, ne sont pas brillantes. Sa composition écrite — une dissertation latine, en ce temps-là — est « suffisante ». A l'oral, il est « faible » en arithmétique et en algèbre, « très faible » en géométrie, en physique et en chimie ; en philosophie, « passable » ; en grec « médiocre » (c'est de l'Homère qu'on a fait expliquer à ce futur traducteur d'Homère) ; « assez bon » en latin, en rhétorique, en histoire et géographie. Encore s'estime-t-il bien traité : il s'attendait à un échec. Mais, « MM. les examinateurs se sont montrés extraordinairement bienveillants » à son égard — en raison peut-être de son origine coloniale — ; les demandes qu'on lui a faites étaient des plus faciles, aussi a-t-il pu y répondre passablement ; « le résultat, conclut-il, a été plus favorable que je ne le méritais ». Peu lui importent, d'ailleurs, les satisfactions de pure vanité. L'essentiel, pour lui, c'est d'être définitivement hors de page, libre de s'abandonner tout entier à son goût pour l'inaction physique — il s'avoue franchement « apathique » — et pour la flânerie littéraire. La ville où il habite maintenant est noire et triste, surtout par ces courtes journées de novembre, où tous les nuages de l'Atlantique viennent crever sur la Bretagne ; il y est seul, mais il s'y trouve heureux. « La ville de Rennes, écrit-il, me plaît beaucoup ; rien ne me manque : la bibliothèque, le théâtre, une chambre tranquille, et point d'amis !!!! Que demanderais-je de plus ? »

Le jeune misanthrope a même poussé l'amour de l'isolement et de l'indépendance jusqu'à ne donner de ses nouvelles à ses parents qu'à de longs intervalles. Ceux-ci ne lui en ont pas gardé rancune. Ils l'ont défendu contre les acerbes critiques de son oncle, expliquant par un caractère froid, réservé, peu communicatif, l'attitude dédaigneuse qu'on lui reproche, affectant de prendre pour exaltation de jeune homme et amour du paradoxe les opinions subservives, en politique et en religion, qui ont exaspéré l'adjoint au maire de Dinan. S'ils ont eu quelque sujet de se plaindre du silence prolongé de Charles, le succès au baccalauréat a tout fait oublier. Et M. Leconte de Lisle, avec la même minutie qu'il a mise à organiser la vie matérielle de son fils, lui trace maintenant le programme de ses occupations d'étudiant. Il l'engage, pour compléter son éducation juridique, à travailler une heure le matin, et autant le soir, dans l'étude d'un avoué ; il lui recommande, en vue de sa future carrière, de suivre des cours d'anatomie et de physiologie — « ces connaissances sont de toute utilité en médecine légale » — de botanique, de chimie ; d'assister à ceux de la Faculté des Lettres ; d'étudier, à ses moments perdus, la flûte et le paysage, et de fréquenter la bonne société. Ces instructions du père étaient fort sages. On verra par la suite quel compte le fils devait en tenir.

Il ne se fit pas prier pour suivre les cours de la Faculté des Lettres. Ce dut être, j'imagine, pour le public lettré de Rennes, la grande attraction de l'hiver 1838-1839. La Faculté, qui venait d'être créée et qui n'avait pas encore de logis à elle, les inaugura, le 1er décembre, dans la salle des séances du Conseil municipal. M. Th. Henri Martin traita de l'histoire de la Tragédie chez les Grecs et chez les Romains ; M. Émile Delaunay, des origines de la littérature française. L'année suivante, à ces deux enseignements s'ajoutèrent la philosophie, l'histoire, les littératures étrangères. M. Varin fit, en « deux immenses tableaux aux proportions gigantesques » — ce sont les termes qu'emploie un de ses auditeurs, qui est peut-être Leconte de Lisle — la peinture de « l'ancien monde romain, le monde de l'esclavage et de la corruption », et, avec des « couleurs plus vives et plus étranges »,

celle de la « barbarie ». Charles Labitte étudia *La Divine Comédie.*
A l'issue des cours, la jeunesse qui les fréquente va continuer au
café de Bretagne, en fumant des pipes, les discussions entamées
en sortant. Le soir, elle se rend au théâtre pour y applaudir la
troupe du lieu ; à l'occasion, les artistes venus de Paris, M. et
Mme. Volnys, du Gymnase, Frédérick-Lemaître, Léontine Fay,
Mme Dorval. « Je n'ai pas besoin de vous dire, écrit Leconte de
Lisle à Rouffet, que je suis un habitué du théâtre. » Pour Mme Dorval, il a de l'enthousiasme ; pour Léontine Fay, il a un sentiment :
« Mon Dieu, avoue-t-il à son confident ordinaire, que je suis
enfant encore ! Pendant quinze jours je serai inquiet, tourmenté,
incapable d'aucun travail ; c'est à peine si je puis vous écrire,
tant mes idées sont confuses... Entre nous, je crois que je suis
amoureux. » Ou bien encore, après souper, on se réunit chez
Édouard Alix, horloger de son métier, écrivain à ses heures, ami
d'Édouard Turquety, le poète catholique, la grande illustration rennaise vers 1840, ami aussi d'Alexandre Nicolas, le professeur de rhétorique du Collège royal. Alix offre à ces jeunes
gens l'hospitalité de son salon, à leurs vers celle de son album.
Ce sont les soirées de Saint-Paul qui recommencent, avec leurs
longs *far niente*, animés de controverses ou égayés de causeries.
C'est l'indépendance et le vagabondage de l'esprit, se jetant sans
autre guide que sa curiosité et sa fantaisie dans toutes les avenues qui s'ouvrent devant lui. Et cela, pour Leconte de Lisle,
c'est le bonheur, un bonheur qu'il ne se lasse pas de savourer
et qu'il décrit en termes vraiment lyriques à son ami Rouffet :

O joies de la libre pensée, longs et doux rêves que nulle ombre n'obscur-
cit, ravissements inaltérables, oublis de la terre, apparitions du ciel, que
sont près de vous le bien-être matériel et la considération des hommes ?
Ivresses intelligentes, que sont près de vous leurs grossiers bonheurs ?

Ils vous traitent d'inutilités, les insensés ! Et cette injure qu'ils vous
jettent d'en bas devient leur propre châtiment, car elle donne la mesure
de leur âme. Présents divins, parfums consolateurs, qu'importe à la pensée
que vous avez choisie les blasphèmes de la foule ? Vous l'emportez trop
haut pour qu'ils parviennent jusqu'à elle.

O rayons de la poésie, vous brûlez parfois ; mais la souffrance que vous
causez n'a rien de commun avec la douleur terrestre. Vous brûlez et gué-
rissez tout ensemble... O rayons, vous avez des ailes, dont le souffle embaumé
rafraîchit votre propre flamme.

> Nous suivons une vie de pleurs et d'angoisses amères ; le sol est couvert de ronces et de pierres, et nos pieds sont nus ; mais que vous veniez à vous reposer dans notre cœur, pleurs, angoisses, blessures disparaissent ; car vous êtes aux lèvres de l'âme un avant-goût des félicités du ciel.
> Ô joies de la libre pensée, ô longs et doux rêves que nulle ombre n'obscurcit, ravissements inaltérables de la terre, apparitions célestes, à vous le songe de ma vie humaine, à vous le dévouement de mon intelligence bornée, à vous la réalité de mon existence immortelle !

De ces hauteurs, comment retomber à la basoche et au droit, « ignoble fatras, déclare le jeune homme, qui me fait monter le dégoût à la gorge » ? Aussi ne met-il pas les pieds à la Faculté, perdant, faute d'assiduité, les inscriptions qu'il a prises. En juillet 1839, sa résolution est arrêtée. « J'ai abandonné le Droit », écrit-il à Rouffet. Et, sans désemparer, il lui propose de publier en commun un recueil de poésies. La grosse affaire est de trouver un titre. Leconte de Lisle en a un tout prêt, qui ne manque pas d'une grâce symbolique : *Les Rossignols et le Bengali*. Les rossignols, ce sont les grands poètes de la métropole, auxquels le petit bengali, exilé de son île lointaine, demande de lui faire accueil. Mais Rouffet objecte avec raison que ce titre, excellent pour son ami, ne vaut rien pour lui-même. *Effusions poétiques* est banal ; *Cœur et âme* bien prétentieux. On songe encore à *Sourire et Tristesse*, ou à *Deux voix du cœur*. Entre temps on écrit à Gosselin, l'éditeur de Lamartine, pour lui proposer l'affaire. On se doute de ce que Gosselin dut répondre. Mais Leconte de Lisle est possédé du démon de la littérature. Il ne peut se résigner, dit-il lui-même, à rester ignoré. Il envoie à la *Revue des Deux Mondes* une pièce dédiée à George Sand, qui, naturellement, n'est pas insérée. A défaut de la *Revue des Deux Mondes*, il se rabat sur les journaux qui sont à sa portée. Il publie des vers dans *Le Foyer*, journal de littérature, musique, beaux-arts, et en même temps programme des spectacles, qui paraît à Rennes, tous les dimanches, pendant la saison théâtrale. Il en donne à *L'Impartial de Dinan*. Mais la fin de l'année scolaire amène avec elle une échéance redoutable. Que va dire la famille de Bourbon quand elle apprendra que l'étudiant en droit n'a pas même affronté l'examen ? M. Leconte de Lisle, mis au courant par son cousin de Dinan des fredaines du jeune homme, parmi lesquelles l'achat d'une paire de lunettes et d'une pipe en écume garnie d'argent pour le prix scandaleux de 16 francs, a d'abord montré de l'indulgence : « Je courbe la tête, priant Dieu qu'il s'amende, plus en état, à des distances pareilles, de pleurer, malgré mon caractère sévère que de heurter trop durement le coupable, craignant d'ailleurs de frapper à faux et à contre-temps. » Mais il finit par se fâcher. En novembre 1839, Leconte de Lisle reçoit de Bourbon une lettre qui trouble sa conscience : « Si vous saviez, confie-t-il à Rouffet, les craintes, les remords, les vaines espérances qui me torturent ! » En décembre, l'oncle de Dinan lui signifie que sa famille lui a décidément coupé les vivres, pour manifester son mécontentement du peu d'empressement qu'il met à l'étude du Droit ; qu'il ne dispose plus en sa faveur que de quatre à cinq cents francs, sur lesquels il a l'ordre de payer, jusqu'à épuisement, sa chambre et sa pension, sans lui donner le moindre argent en sus. Le résultat le plus clair de la mesure, c'est de jeter Leconte de Lisle définitivement dans la carrière d'homme de lettres ; et quelle carrière ! « Je vais donc, écrit-il à son ami, goûter d'une nouvelle existence ; je vais donc vivre de mon propre travail, ce qui me paraît peu probable cependant, car je ne suis bon à rien, si ce n'est à réunir des rimes simples ou croisées, lequel travail n'a pas cours sur la place, comme dit Chatterton. »

II

Le premier usage qu'il fait de sa liberté, c'est de coopérer activement à la mise en train d'une revue littéraire qu'un groupe de jeunes Rennais, auditeurs de la Faculté des Lettres, s'occupent de lancer. C'est Alexandre Nicolas, qui se chargea, en tête du premier numéro, de présenter ces jeunes gens au public comme les promoteurs d'« une croisade intellectuelle ». Après avoir établi la supériorité du Christianisme et de la loi du progrès qu'il apportait au monde sur les conceptions matérialistes de la société païenne, « serait-ce donc, continuait-il, une tentative déplacée que de former un recueil où toutes les inspirations littéraires fournies par la pensée chrétienne aux jeunes poètes, où toutes les nobles émotions que les arts sortis du Christianisme peuvent communiquer aux historiens, aux moralistes naissants, trouveraient un lieu qui les réunît, un foyer domestique.... », et cela en Bretagne, « dans cette terre chrétienne et catholique, où s'était levé l'astre de Chateaubriand ». On voit sous quel patronage se mettait la revue naissante. L'illustre écrivain agréa l'hommage et répondit par des vœux de bon succès.

Sous réserve de ces tendances morales et religieuses qui semblent avoir été celles du professeur de rhétorique au Collège royal plus encore que des étudiants qu'il patronnait, *La Variété*, comme le voulait son titre, professait le plus large éclectisme. Elle faisait appel aux jeunes talents, « à tous ceux qui se sentent tourmentés par ces voix intérieures qui révèlent à l'âme les mystères de la poésie, entraînés par l'espoir de faire quelque chose de bien. » Pour assurer la bonne tenue littéraire du recueil, le comité de rédaction prévenait, par une note sur la couverture, qu'il n'admettrait les articles « qu'après un examen scrupuleux ». A en juger par la critique qu'ils font, non seulement des productions de leurs pairs, mais des œuvres des littérateurs en vogue, ces jeunes semblent avoir été assez exigeants. *Les Rayons et les Ombres*, qui paraissent justement en 1840, sont jugés par eux « au-dessus de tout éloge ». Mais l'admiration qu'ils professent pour Balzac et George Sand ne les empêche pas de reconnaître que le style de l'un est diffus, et que telle pièce de l'autre — c'est de *Cosima* qu'il s'agit — « n'a pas réussi au Théâtre. Français et ne méritait pas de réussir ». Ils goûtent peu « les lions littéraires » du genre de Théophile Gautier, les écrivains « qui font de l'art pour l'art », et ils raillent avec esprit Alexandre Dumas qui, au lieu de composer des œuvres nouvelles, passe son temps à copier ses manuscrits et à les expédier à tous les souverains de l'Europe, lesquels, en retour, le couvrent de décorations. Et eux, qui se montrent si difficiles, font-ils œuvre qui vaille ? Bénézit, qui est musicien, donne un *Essai* très étudié *sur la Romance* ; Julien Rouffet, des vers pleins de sentiments ingénus et de grâces faciles ; Mille, les *Mémoires d'une puce de qualité*, qu. de la Cour de Versailles a passé à celle de Vienne, pour revenir aux Tuileries avec

Napoléon, et dépeint non sans humour un monde qu'elle a fréquenté de près. Le principal rédacteur, comme on s'y attend, c'est Leconte de Lisle. Sous son nom, et sous des pseudonymes divers, il fournit une bonne part de chaque livraison : critique, chroniques, nouvelles, poésies, il s'essaye dans tous les genres et dans tous il se distingue. Ses essais littéraires méritent de retenir particulièrement notre attention. On n'y trouve pas sans doute des idées profondes ; mais ils prouvent une connaissance personnelle assez étendue de la littérature française et des littératures étrangères, doublée d'une aptitude remarquable chez un si jeune homme à concevoir des idées générales et à les organiser en vastes synthèses. La « trilogie raisonnée », pour me servir de son expression, autrement dit la triple étude qu'il consacre à Hoffmann, à Sheridan et à André Chénier, a pour objet de montrer le rapport secret entre ces trois écrivains, différents de nationalité et de talent, mais qui tous les trois ont réagi, chacun à sa manière et dans son pays, contre le sentimentalisme excessif du XVIII siècle et régénéré l'art. Je laisse à Leconte de Lisle la responsabilité de sa théorie. Ce qu'il dit de Chénier nous intéresse particulièrement, parce que, tel que nous le connaissons déjà, nous ne nous attendions guère à l'entendre parler ainsi. Il admire profondément l'auteur des *Bucoliques* et des *Élégies*, il voit en lui l'héritier direct de Corneille, le rénovateur de la poésie française, « le Messie littéraire » ; mais il déclare qu'il lui a manqué une chose, sans laquelle « il n'a pu accomplir son œuvre » : à savoir, l'inspiration chrétienne. Il n'a voulu connaître que le glorieux passé de la Grèce antique ; « la sublime et douloureuse tristesse » de la Grèce moderne a échappé à ses regards. « Les rêves sublimes du spiritualisme chrétien, cette seconde et suprême aurore de l'intelligence humaine, ne lui avaient jamais été révélés. » Peut-être même, ajoute le critique, ne les eût-il pas compris. Heureusement, il est venu après lui un autre Chénier, « un Chénier spiritualiste, disciple du Christ, ce sublime libérateur de la pensée, un Chénier grand par le sentiment comme par la forme, M. de Lamartine ! »

On reconnaît ici les idées de M. Alexandre Nicolas. Le professeur de Rennes a-t-il donc eu assez d'influence pour y convertir — pour convertir au sens plein du terme — le jeune créole incrédule et têtu qui apportait de son île un si superbe mépris pour « la religion dégénérée du Christ » ? Au fond, les idées de Leconte de Lisle n'ont pas changé. Il n'a pas abandonné ses opinions politiques. En cette année 1840, n'étant pas, comme il dit à Rouffet, « républicain pour des prunes », il ne peut s'empêcher de protester en vers — que d'ailleurs il se garde de publier — contre le retour annoncé des cendres de l'Empereur.

> Tu vas abandonner dans son immensité
> Ce phare qui disait : Ici l'aigle a quitté
> L'ombre des bords humains pour la voûte éternelle
> O cendre, ne viens pas !..........
> Ne viens pas rappeler qu'il étouffa vingt ans
> La Vierge Liberté qui naissait dans le monde !
> Ne viens pas rappeler qu'en un jour triomphal
> Il plongea dans son sein le glaive impérial !...

Il n'a pas davantage renoncé à ses convictions philosophiques, Mais dans ce milieu breton, tout imprégné de poésie religieuse, au contact de ces jeunes gens, ses amis, dont la plupart sont sortis des séminaires ou des collèges ecclésiastiques de la province, il s'est enthousiasmé non pas pour le catholicisme à la Turquety, non pas même pour le traditionalisme à la Brizeux, mais pour un large spiritualisme, qu'il oppose à ce qu'il appelle d'un terme énergique « la brutalité » du siècle, l'appétit de jouissances, le mépris de la pensée et de l'art. Ses dieux littéraires, en 1840, c'est, avec Victor Hugo, George Sand et La Mennais : George Sand, « poète éclatant »,

> Ame que le génie
> Fit d'un rayon d'amour, d'orgueil et d'harmonie.
> Lyre où tombe un reflet de l'immortalité.
> Qui chante dans l'extase et dans la majesté !...

George Sand, « prêtresse de l'art »,

> Sans *qui* périrait tout un monde,
> Le monde de l'esprit, orbe des divins airs,
> Qui *d'elle*, son soleil, reçoit ses mille éclairs!

Parmi les héroïnes qui passent dans ses romans, celles qu'il préfère, ce sont « les anges candides », Indiana ou Geneviève, c'est la « mystique Hélène » des *Sept Cordes de la Lyre* ; par-dessus tout, c'est l'énigmatique Lélia,

> Sublime esprit, éclair de son génie,
> Mélange de beauté, de force et d'ironie,
> Cœur éteint et brûlant, abîme, être inouï,
> Dont le regard d'amour ou d'audace éblouit...

C'est cette incarnation du romantisme délirant, ce paradoxe psychologique, cette

> Création étrange, âme vierge et blasée

cherchant de passion en passion un idéal qu'elle n'atteint jamais, c'est elle que l'imagination de Leconte de Lisle, à la suite de George Sand, dresse dans la solitude du Monteverdor, parmi les glaciers et les cimes, « seule en face de Dieu », comme un symbole de la conscience désorientée et tourmentée de l'humanité moderne.

> O femme, que fais-tu ? Le bonheur effacé
> Fait-il battre ton cœur au doux nom du passé ?
> Les jours étincelants de ta fraîche jeunesse
> Parfument-ils ton âme en leur lointaine ivresse,
> Alors qu'avec l'amour et la sainte beauté
> Les anges te dotaient de leur sérénité ?
> Lorsque l'oiseau du ciel, s'éveillant à l'aurore,
> Emplissait de ses chants les feuilles qu'elle dore,
> Lorsque le vent léger frémissait dans les fleurs,
> Te souvient-il des jours où, tes beaux yeux en pleurs,
> Tu mêlais à ces voix ton hymne d'innocence,
> Et de Dieu dans le ciel, tu cherchais la présence ?...
> — Non, plus de chants, de pleurs, et surtout plus d'amour
> Lélia ! ton Éden se ferme sans retour ;
> L'antique Chérubin pour toi reprend son glaive,
> Car l'espérance a peur de la nuit de ton rêve !
> Car ton front est gonflé d'orages et de deuil,
> Car tu n'as plus qu'un Dieu qui t'entraîne : l'orgueil
> L'orgueil ! qui, devant toi, superbe créature,
> Fait se taire et pâlir la splendide nature !
> L'orgueil ! qui, sur le bord des abîmes glacés,
> Te dresse, pâle et grave, et les deux bras croisés,
> Jetant sur l'horizon où tout songe en silence
> Un regard enivré plein d'un mépris immense !

Après l'avoir ainsi magnifiée, le poète, assurément, l'engage à fléchir cette superbe indomptable, à s'humilier, à pleurer :

> Oh ! pleure, et doucement soulève ta jeune aile,
> Pour retrouver enfin l'enceinte maternelle !...
> Pleure ! — Les pleurs d'amour dont s'emplissent nos yeux
> Mettent une rosée en nos cœurs soucieux !
> C'est le doux souvenir qui charme la souffrance
> Que nous laisse en fuyant la menteuse espérance ;
> Dans l'ombre de la nuit c'est un rayon lointain
> Qui prédit le lever d'un céleste matin !...
> Ange déshérité, contemple sa lumière
> Dans ce rêve divin qu'on nomme la prière ;
> De l'oubli de la terre enveloppe ton cœur.
> Entends ces douces voix qui t'appellent : ma sœur !
> Et, livrant ton beau front aux brises immortelles,
> Laisse l'espoir divin t'emporter sur ses ailes...

Telle est, du moins, de cette *Lélia dans la solitude*, la version orthodoxe, celle que les lecteurs de *La Variété* eurent sous les yeux et qui s'accordait avec les tendances religieuses affichées par la revue. Mais il y en eut, dans le même temps, une autre, où le poète, loin d'incliner « le sombre esprit », « l'âme inconsolée », à la soumission et à la prière, l'exhortait à résister, à se raidir, à défier les puissances d'en haut :

> A quoi bon, Lélia, tous ces regrets infimes ?
> Ne laisse pas longtemps tes deux ailes sublimes
>   S'engourdir dans le deuil ?
> Vers le ciel irrité lève ta forte tête ;
> Le courage n'est beau qu'au sein de la tempête...
>   Le génie, c'est l'orgueil !....

Cette version-là, Leconte de Lisle ne la publia pas ; il n'en confia le texte qu'à son ami Rouffet. N'était-ce pas déjà, en 1840 ou 1841, dans le milieu où il vivait, une hardiesse assez remarquable que de dédier publiquement *à M. F. Lamennais* quelques strophes enthousiastes, d'une belle langue et d'un large mouvement:

> Quand la maison divine, aux âges prophétiques,
> Voyait ses voûtes d'or veuves des saints cantiques,
> Et l'herbe de l'oubli croître dans ses chemins,
> Une voix descendait sur l'aile du tonnerre,
> Et soudain quelque front vengeur et centenaire
>   Planait sur les pâles humains !
>
> Vieillard ! es-tu l'enfant de ces hommes sublimes
> Qui du Carmel pour tombe avaient choisi les cimes,
> Et de là, dans l'éclair, remontaient vers leur Dieu ?

> Vieillard ! viens-tu comme eux, dans ta large agonie,
> Jeter aux nations le cri de ton génie
> Ainsi qu'un immortel adieu ?...
>
> Dans l'amour et l'espoir, au fond des solitudes,
> S'abreuvant aux flots purs de célestes études,
> Ta croyance a coulé loin du siècle grondant,
> Jusqu'à l'heure où les cieux oubliés du vieux monde,
> Abaissant leurs regards sur ta tête profonde,
> L'ont ceinte d'un éclair ardent !
>
> Le monde, ensevcli dans sa morne tristesse,
> Comptait les jours sacrés que chanta sa jeunesse !
> Le monde pour son Dieu prenait l'iniquité ;
> Prophète ! il attendait, couvert de sa nuit sombre,
> Que ton geste sauveur lui désignât dans l'ombre
> L'étoile de la liberté !

Le Messie que Leconte de Lisle apostrophait en ces termes, c'était l'auteur des *Paroles d'un Croyant*. Dans ce livre, dont la forme insolite est directement imitée de l'Évangile, Lamennais condamnait la cité de Satan, la société moderne, abîme d'oppression et d'iniquité ; il esquissait à grands traits, il appelait, il prédisait une société meilleure, la cité de Dieu, où devaient régner l'égalité, la justice, la liberté et l'amour. En lisant ces pages enflammées, Leconte de Lisle crut voir se lever

> Un radieux soleil de jeunesse et de fête
> Sur notre vieille humanité !

Du messianisme à la façon de Lamennais, il n'y avait, jusqu'au socialisme, qu'un pas. Parmi les étudiants de Rennes, on ne comptait pas que d'anciens et fidèles disciples des séminaires. On y trouvait aussi des esprits avancés, des fouriéristes notamment, qui propageaient les doctrines de leur maître. *La Variété*, à l'occasion, s'était intéressée aux publications de l'École sociétaire. En vérité, il était temps, dans les premiers mois de 1841, qu'elle cessât de paraître, faute de pécune. Encore un peu, et ses premiers patrons l'auraient désavouée. On peut même se demander s'ils ne l'avaient pas déjà fait.

III

De cette tentative, Leconte de Lisle avait retiré de notables satisfactions d'amour-propre. Non seulement il s'était vu imprimé tout vif, mais ses camarades l'avaient choisi comme président du comité de rédaction. « Ainsi me voilà par le fait, annonçait-il à Rouffet avec un orgueil non déguisé, rédacteur en chef d'une publication littéraire. C'est encore bien peu, sans doute, mais enfin c'est un premier échelon. » Il faisait, dans son petit cercle, figure de Maître. On lui dédiait des articles et des vers. Mais sa situation matérielle était devenue, depuis la fameuse lettre de décembre 1839, de plus en plus précaire. Dans le courant de l'année 1840, il est à bout de ressources. Le 26 mai, il écrit à Rouffet : « J'ai maintenant une prière à vous faire, c'est de ne m'écrire que lorsque vous pourrez affranchir vos lettres, car on refuse de les payer pour moi, et je ne possède plus un centime... Je suis maintenant dans un accès de tristesse et d'inquiétude, car je ne sais que devenir. Si je pouvais trouver une place quelconque qui me permît de vivre et d'écrire, je l'accepterais avec joie. Tenez, il y a des moments d'abattement où l'expansion même me fait mal. Il m'est impossible de vous analyser toute ma colère et mon ennui. » L'idée lui était venue de fonder avec Rouffet et Houein, un de leurs amis, un pensionnat à Quintin, petite ville des Côtes-du-Nord. L'un aurait fait le grec et la philosophie, l'autre le latin et le français ; lui se réservait la rhétorique, la géographie et l'histoire. L'entreprise n'était guère réalisable pour des gens dénués du moindre capital. Leconte de Lisle se tira d'affaire tant bien que mal en vendant ses livres et ses effets. Au mois d'octobre, il fut heureux d'aller se mettre un peu au vert chez l'oncle Leconte, à Dinan. Il y prit quelques semaines d'un repos dont il avait besoin. « Dinan, écrivait-il à Rouffet, m'a laissé dans l'âme un souvenir de calme et de bien-être moral. Jamais cette petite ville ne m'a paru plus pittoresque. L'automne qui jaunit les feuilles, et le soleil levant ou couchant qui les dore une seconde fois, font des vallées qui entourent les vieux murs de vivants contes des *Mille et une nuits*. Puis, mon oncle a été bon pour moi, et ce n'est pas peu dire. Les rédacteurs des deux journaux m'ont fait du charlatanisme, et, pour tout dire en un mot, j'ai fumé platoniquement mon cigare sur les fossés pendant vingt jours, en admirant les belles dames et demoiselles anglaises qui s'y promènent depuis six heures du matin jusqu'à huit heures du soir, inclusivement. » Si l'oncle avait été bon pour le neveu, c'est que le neveu avait fait à l'oncle de belles promesses. Il avait promis de ne plus vendre ses hardes, de prendre ses inscriptions et de suivre les cours. Chose étonnante! il tint parole...pendant trois mois. Le 29 janvier 1841, il était admis au premier examen de baccalauréat en droit, avec deux rouges et une noire. Mais, cet effort une fois fait, il retomba dans ses errements habituels. L'oncle le sut, et se fâcha. Le 7 février, le pauvre Leconte de Lisle s'empressa de faire amende honorable. « Votre lettre, mon cher oncle, m'a fait beaucoup de peine. La promesse que j'avais faite à ma tante de ne plus me défaire de mes vêtements n'a pas été oubliée. Si vous avez été informé que je persistais à vendre mes habits, on vous a fait un infâme mensonge. Quant à mes mauvaises connaissances, mon cher oncle, l'influence qu'elles exercent sur ma conduite se réduit à me faire rester dans ma chambre toute la journée, si ce n'est pour aller aux cours. Nous nous rassemblons le soir pour causer, et à cela se réduit mon crime. Depuis quelque temps, je suis on ne peut plus assidu à la Faculté. Si je suis appelé devant elle pour quelques absences, je viens d'écrire au doyen pour lui expliquer mes motifs, et j'espère qu'il y aura égard. J'ai maintenant la ferme volonté de terminer le plus tôt possible mes études de droit ; mais si je recevais d'aussi affreuses lettres que par le passé, je ne sais trop ce que je ferais. Je suis bien avec papa maintenant, et j'ai une grâce à vous demander, c'est de ne pas lui écrire contre moi. Fiez-vous encore à ma promesse de travail, je la tiendrai... » Serments d'ivrogne ! du moins M. Leconte les jugea tels, car il fut inflexible. Deux mois plus tard, le jeune homme se plaignait de ne pas recevoir d'argent ; il suppliait son oncle de lui « faire parvenir cinq francs au moins ». Au mois de septembre, nouvelle requête. Cette fois, c'est un appel désespéré. Il « manque absolument de tout»; il ne sait même plus comment se faire la barbe ; il a été obligé de recourir « à la bonne volonté, d'un ami « pour se procurer un peu de sirop, attendu qu'il avait la fièvre et que la soif le dévorait. Toutes ses instances sont vaines. Sa famille rêve toujours pour lui d'une place de substitut, ou de procureur du roi, ou de juge auditeur au tribunal de Saint-Denis. Elle espère triompher de sa mauvaise volonté en le laissant, pendant le temps qu'il faudra, au régime de la vache enragée. On ne lui envoie plus d'argent, on ne lui écrit plus. Avec une aussi forte tête, la manière forte n'avait pas grandes chances de succès. Elle faillit mettre les choses au pire. Peu s'en fallut que Leconte de Lisle ne versât dans la bohème, et de l'espèce la plus déplaisante. N'avait-il pas imaginé, de concert avec un camarade — un capitaliste celui-là, le fils d'un notaire de la ville — de fonder un journal satirique, intitulé *Le Scorpion*. On se doute de ce que peut être, dans une ville de province, un journal satirique, de quels ragots il vit, à quelles inavouables rancunes, à quelles basses vengeances, à quelles louches entreprises il peut servir d'instrument. Rien que le titre de celui-ci était inquiétant. L'imprimeur auquel les deux associés s'adressèrent, quand il vit de quoi il retournait, refusa tout net. Sans sourciller, ils le citèrent à comparaître, le 28 décembre 1842, devant le tribunal civil de Rennes, en vertu de l'article 7 de la Charte de 1830, qui accordait à tout Français le droit de publier ses opinions. Le refus de l'imprimeur était une atteinte à la liberté de la presse. L'avocat du défendeur n'eut pas de peine à répondre qu'on ne pouvait forcer un imprimeur à imprimer un journal dont le premier numéro risquait de le conduire en police correctionnelle, et, sur avis conforme du procureur du Roi, les demandeurs furent déboutés, le 9 janvier 1843.

Cette fois, c'était la fin. La vie à Rennes n'était plus possible. A la hâte de quitter une résidence dont il avait épuisé les maigres charmes, se joignait chez le jeune homme le désir de retrouver sa famille et de revoir son île natale. Il avait, depuis longtemps déjà, le mal du pays. Pendant les premiers mois de son séjour en France, le changement de vie, la nouveauté des objets avaient distrait sa pensée de tout ce qu'il laissait derrière lui. Mais, depuis 1839, il y songeait souvent, et il n'y songeait pas sans regrets. Quelques lignes de Byron, qui lui tombaient sous les yeux, rame-

naient-elles son souvenir vers les montagnes de Bourbon : « Oh !
s'écriait-il, »

> Oh ! j'ai pu vous quitter, Reines orientales
> Qui couronnez vos fronts de clartés aurorales...
> Oh ! j'ai pu vous quitter !... Je vous aimais pourtant
> J'ai fui vos pieds d'encens pour le pâle occident,
> J'ai préféré la tombe aux clartés de l'aurore !
> Filles du Ciel natal, vous reverrai-je encore ?

Rimait-il une odelette à une galère, ce joli coquillage des mers du sud, si commun dans les parages de Bourbon, qui ressemble, quand il vogue à la surface des flots, à une carène minuscule surmontée d'une voile de gaze, il la chargeait en pensée d'un message pour sa patrie :

> Ah ! perle de l'onde azurée,
> Si vers l'aurore diaprée
> Tu touches la rive sacrée,
> Hélas ! que j'ai fui (sic) sans retour,
> O ma précieuse nacelle,
> Mon cœur te conduira vers elle,
> Car tu lui portes mon amour.

A Rouffet, qui lui avait dédié quelque pièce de vers où il lu parlait des siens, il répondait : « Vos vers sont touchants, mon ami. Ils ont reporté ma pensée vers l'île éloignée où j'ai vu ma mère, et je vous sais gré des larmes dont ils ont rempli mes yeux... » Et, à son tour, il épanchait en vers, dans le sein de son ami, son âme oppressée :

> Vous m'avez bien compris : mon ciel étincelant,
> Mes beaux arbres, les flots de mes grèves natales
> Ont laissé dans mon cœur leur souvenir brûlant...
> Oui, j'éprouve loin d'eux des tristesses fatales...
>
> O mon île, mon doux et mon premier berceau,
> Mère que j'ai quittée ainsi qu'un fils rebelle,
> J'irai sous tes palmiers me choisir un tombeau...
> La France est douce aussi, mais la France est moins belle.
>
> Mangoustans, frais letchis dont j'aimais le parfum !
> Oh ! mes jeux, tout enfant, à l'ombre des jam-roses !
> Mon Orient vermeil, qui brûlais mon front brun !
> Aube qui me frôlais de tes lèvres de roses !

> Pardon ! J'ai loin de vous égaré mon destin !
> Pourtant je vous aimais, ô brumes diaphanes
> Feuillages nonchalants que perlait le matin,
> Et vous, ô mes ravins, et vous, ô mes lianes

Enfin il allait les revoir. Au mois de septembre 1843, il rentrait dans la maison des Hauts de Saint-Paul. C'était vraiment le retour de l'enfant prodigue. Il fut accueilli comme tel, à bras ouverts, bien qu'il ne rapportât pas le précieux talisman, le diplôme de licencié en droit qui lui aurait ouvert tout grand l'accès de la magistrature. On ne l'en considérait pas moins chez lui, si nous en croyons une lettre de son frère Alfred à l'ami Adamolle, comme « hautement placé quant à la littérature », pourvu d'idées « de haute philosophie » et « de principes irréprochables ». Avec cela on devait faire son chemin dans l'île ; et sa famille, envahie d'un optimisme bien naturel en pareille circonstance, estimait sans doute comme lui, mais pour d'autres raisons, que pendant ce long séjour à Rennes, s'il n'avait pas conquis le grade désiré, après tout il n'avait pas perdu son temps.

CHAPITRE III

LES DÉBUTS LITTÉRAIRES :
LECONTE DE LISLE A PARIS

I

Une fois passées les premières effusions de joie qui suivirent le retour de Leconte de Lisle au pays natal, il fallut songer aux affaires sérieuses et choisir une carrière. Sans la licence en droit, le jeune homme ne pouvait ni avoir accès à la magistrature ni être régulièrement inscrit au barreau. Quand il s'installa à Saint-Denis, fût-ce bien, comme le disent ses biographes, en qualité d'avocat ? Ce dut être plutôt, j'imagine, en qualité d'homme d'affaires. Mais quel homme d'affaires que ce poète de vingt-cinq ans ! Il habitait, dans le beau quartier de la ville, et dans une des rues les plus riantes de ce quartier, une maisonnette entourée de manguiers et d'arbres à pain, qui avait vue d'un côté sur la montagne, de l'autre sur la mer. Le site était admirable. Il s'y ennuya. Dans sa résidence nouvelle, il n'avait ni camarades, ni amis, personne avec qui disserter à perte de vue sur ses sujets favoris, religion et politique, littérature et art ; personne avec qui fumer, comme jadis, « le poétique cigare » au bord de la mer. Il se sentait « horriblement seul ». Il n'avait pas oublié son cher Adamolle, « l'ami », « le frère », auquel en quittant Bourbon, il avait juré une amitié éternelle ; et Adamolle ne l'avait pas oublié non plus. Mais Adamolle n'était pas à Saint-Denis ; il était resté sur les Hauts de Saint-Paul, dans l'habitation paternelle ; il s'était marié. Il n'y avait d'autre ressource que de correspondre avec lui de temps à autre. Et c'est grâce aux cinq ou six lettres de Leconte de Lisle à Adamolle qui nous ont été conservées qu'il nous est possible d'avoir, sur cette période de sa vie, quelques demi-clartés.

Dans ces lettres, il n'est guère question, comme on peut le croire, des affaires que fait, ou plutôt que ne fait pas Leconte de Lisle. Depuis qu'il a écrit dans les journaux de Rennes et de Dinan et dirigé *La Variété*, il se sent homme de lettres jusqu'au bout des ongles. Le plus clair de ses loisirs, dans sa petite maison sous les manguiers, se passe à composer des vers, et aussi des nouvelles, qui sont d'un placement plus facile dans les gazettes du lieu. Adamolle se charge d'en faire insérer une dans le *Courrier de Saint-Paul*. Négociation épineuse, car Leconte de Lisle, avec ce caractère entier et cette raideur orgueilleuse que nous lui connaissons, est peu disposé à se soumettre aux volontés d'un directeur de journal. En envoyant sa copie à Adamolle, il le somme d'exiger en son nom « qu'il ne soit pas retiré un mot, une virgule, un alinéa ; sinon, non ! c'est-à-dire, renvoie-moi le tout ». Deux lignes plus bas, il y revient encore : « Ne fais pas la moindre concession au sujet de la bluette que voici : j'en serai cruellement — et il répète, et il souligne — *cruellement* désobligé. » Les pourparlers ainsi engagés n'aboutissent pas. Le directeur du *Courrier* n'ayant point fait à Leconte de Lisle « les propositions qu'il était en droit, pensait-il, d'attendre de lui », le poète invite Adamolle à retirer le manuscrit. « Je t'écris cela parce que le bon plaisir d'un journaliste est moins que de la fumée pour moi, et que je suis habitué à leur imposer mes façons d'être et de voir, et non à supporter leurs éloges ou leurs critiques, dont je me soucie excessivement peu, et pour cause. » Question de principe. Il faut faire aussi la part de la mauvaise humeur. A la fin d'une de ces lettres, Leconte de Lisle l'avoue lui-même : « Je suis dans un de mes jours noirs aujourd'hui et je souffre affreusement, pour les causes que je t'expliquerai. »

De quoi souffre-t-il, et par qui ? Nous ne pouvons là-dessus que faire des conjectures. Très probablement, il souffre du contact journalier avec les planteurs et les négociants de Saint-Denis. Tout créole qu'il fût d'origine et de tempérament, il n'aimait pas les créoles, et les jugeait sans indulgence. « Le créole, écrivait-il quelques années plus tard, a le cœur fort peu expansif et trouve profondément ridicule de s'attendrir. Ce n'est pas du stoïcisme, mais bien de l'apathie et, le plus souvent, un vide complet sous la mamelle gauche, comme dirait Barbier. Ceci soit dit sans faire tort à l'exception, qui, comme chacun sait, est une irrécusable preuve de la règle générale [1]. » Autant que par leur sécheresse de cœur, les créoles qu'il fréquentait lui déplaisaient par leur vulgarité d'esprit, leur horreur des idées, leur incapacité d'enthousiasme, leur indifférence aux beautés de la nature. « Le créole — c'est toujours lui qui parle — est un homme grave avant l'âge, qui ne se laisse aller qu'aux profits nets et clairs, au chiffre irréfutable, aux sons harmonieux du métal monnayé. Après cela tout est vain, amour, amitié, désir de l'inconnu, intelligence et savoir ; tout cela ne vaut pas un grain de café. » Et il ajoute : « J'ai toujours pensé que l'homme ainsi fait n'était qu'une monstrueuse et haïssable créature. Qui donc en délivrera le monde [2] ? » Ce n'est pas tout. Lui qui est depuis longtemps imbu d'idées philosophiques et humanitaires, lui qui vient de passer six années en France, où il n'y a point d'esclaves, il doit souffrir du traitement barbare infligé par des maîtres sans entrailles à ces pauvres noirs, ces grands enfants, forts, paresseux et bons, pour qui il se sent une naturelle sympathie. Mais surtout il souffre du manque d'harmonie entre lui et les membres de sa famille la plus proche ; il souffre de n'être pas compris des siens. Sa famille a fait, pour l'envoyer en France, elle fait encore pour le soutenir à Saint-Denis des sacrifices qu'elle estime naturellement considérables et dont elle se juge peu récompensée. Elle est déçue dans ses espérances et dans ses ambitions, humiliée dans son orgueil. On raille, paraît-il, « le poète ». On devine ce que cette simple phrase évoque de menus froissements, de blessures d'amour-propre, de coups d'épingle qui se répètent et qui font plaie. Toutes ces causes réunies, et la dernière à elle seule serait suffisante, l'amenèrent à un état de crise sur lequel nous éclairent quatre lettres, toutes les quatre du début de 1845.

1. Lecomte de Lisle : *Sacatove*. — 2. *Ibidem*.

« Voici quatorze mois que je suis à Bourbon : 420 jours de supplice continu ; — 10.080 heures de misère morale ; — 60.480 minutes d'enfer ! Il n'est pas Dieu possible que cela ne compte pas plus tard ». Ainsi débute la première de ces lettres, écrite tout au commencement de janvier, puisqu'elle porte à son destinataire des souhaits de bonne année. On ne s'étonnera pas, après cela, que Leconte de Lisle n'ait dès lors qu'une idée en tête, qui est de s'en retourner en France. Une occasion s'est offerte, que, pour des raisons que nous dirons tout à l'heure, il n'a pas voulu saisir. Il est déçu, mais non désespéré. Il a confiance en lui ; il se sent destiné à autre chose qu'à « la vie stupide » qu'il mène. Et là-dessus il entame sans crier gare, pour l'édification d'Adamolle, une longue dissertation philosophique en jargon d'école, à travers laquelle on démêle assez facilement, sous l'impersonnalité apparente, le besoin de protester contre les sentiments qu'on lui prête dans son entourage et l'idée qu'on s'y fait de lui. Comme il est au-dessus de son milieu, indifférent aux affaires de ce monde, ne s'intéressant qu'aux choses de l'esprit et aux spéculations métaphysiques, étranger et distant, les gens qui n'ont pas les mêmes goûts que lui — ou, comme il dit, « le vulgaire » — lui reconnaissent une belle intelligence, mais l'accusent d'être égoïste et de manquer de cœur. L'objet de sa dissertation est d'établir que l'on ne saurait séparer le cœur de l'intelligence, que « le cœur n'existe que parce qu'il y a intelligence » et que « s'il y a intelligence, il y a virtuellement cœur aussi, alors même que ce mode ne nous serait pas visible et palpable. » Cette démonstration n'a pas paru péremptoire à Adamolle, et il a eu sans doute l'imprudence de le dire, car il se fait taxer, dans la lettre suivante, écrite le 18 janvier 1845, d'hérésie en matière de logique. Il a eu le tort plus grave — dans les but très louable d'incliner son irritable ami à modérer ses désirs et à se soumettre à la loi commune — de risquer une distinction entre les joies *réelles* de l'homme, celles qui s'offrent à sa portée, qu'il n'a qu'à étendre la main pour saisir, et les joies *factices*, qu'il va, à sa peine et à son dam, chercher trop loin ou trop haut. Son correspondant le rétorque avec vigueur : « Les joies *réelles*... ne sont ni l'amour, ni l'amitié, ni l'ambition comme on les conçoit sur terre, car tout cela passe et tout cela s'oublie ; mais elles sont dans l'amour de la beauté impérissable, dans l'ambition des richesses inamovibles de l'intelligence, et dans l'étude sans terme du juste, du bien et du vrai absolus, abstraction faite des morales *factices* d'ici-bas. Les joies fausses sont dans la vie vulgaire ; les joies réelles sont en Dieu ». Adamolle s'est permis enfin d'insinuer que si Leconte de Lisle veut aller à Paris, c'est qu'il trouve l'existence, à Saint-Denis, monotone, et qu'il ne serait pas fâché de se distraire un peu. « Ce que je chercherais à Paris, mon vieil ami, ne serait pas une vie plus émotionnée (*sic*)..... Ce que je désirerais là-bas, c'est au contraire une vie plus calme que celle-ci, plus propice à l'étude, et non plus bruyante. J'ai toujours détesté le bruit que font les hommes, et eux aussi... » Il veut se persuader qu'au fond Adamolle éprouve les mêmes souffrances que lui, mais qu'il estime plus sage de dissimuler son mal. « Crois-moi, le remède à cette gangrène générale est une vraie foi en un Dieu *vrai*. Quel est ce Dieu ? Nous en parlerons quand tu voudras ». Adamolle est tout étourdi de cette philosophie. Il admire les principes de son ami, il envie la quiétude qu'ils lui ont apportée ; il se déclare prêt à aborder avec lui la question de Dieu. « Hélas ! Hélas ! répond Leconte de Lisle, ce sont bien là ces principes tant et si vainement cherchés par beaucoup d'intelligences fortes et belles sans doute, mais trop préoccupées d'intérêts contingents ; mais pour qu'ils m'aidassent à conquérir cette heureuse quiétude dont tu parles, il faudrait que je puisse m'abstraire d'un monde aveugle ou de mauvaise volonté. Or, un homme, quel qu'il soit, peut-il s'abstraire incessamment de l'humanité ? » Pour ce qui est de Dieu, de sa substance et de ses attributs, il renvoie son correspondant aux *Sept Cordes de la Lyre*, de Mme Sand. « *Une part* de vérité est contenue dans ce poème magnifique. » Adamolle n'est guère capable de suivre son ami si haut. Ces aperçus sur la nature de l'Être lui rappellent surtout leurs conversations de jadis sur la grève de Saint-Paul. Il regrette le temps passé ; il regrette de ne plus retrouver l'ami qu'il a connu. Et Leconte de Lisle découvre avec stupeur l'abîme qui s'est creusé entre lui et celui qu'il aimait le plus, abîme qui ne pourra se combler. La page vaut qu'on la cite tout entière. Il y a quelque chose qui serre le cœur dans le spectacle de ces deux âmes qui, malgré elles, se détachent l'une de l'autre, quelque chose aussi qui force le respect dans l'obstination farouche avec laquelle la plus fortement trempée suit sa voie, sans plus regarder en arrière :

> Je m'aperçois avec une sorte de terreur que je vais me détachant, en fait, des individus, pour agir et pour vivre, par la pensée, avec la masse seulement. Je m'efface, je me synthétise ! C'est le tort, — si c'en est un — de la poésie que j'affectionne entre toutes. J'ai donc dû te paraître un égoïste, mon ami, alors même que tout au rebours, c'était l'oubli de ma propre individualité qui donnait cette apparence mauvaise et misérable à mes actions, ou plutôt à mon manque d'action. Hélas ! mon vieux camarade, il ne faut pas s'accoutumer à vivre seul, car le contraire se réapprend facilement [on attendrait plutôt : *se désapprend*]. Ne crois pas cependant que cela tue le cœur, parce que cela l'élargit. L'individu en souffre, l'homme s'en irrite, mais qui sait si Dieu n'y gagne pas ? Quant à nous, mon cher Adamolle, vois un peu ! Nous nous sommes séparés durant de longues années, nous avons aimé d'autres hommes, et ils nous ont aimés ; notre cœur a ressenti d'autres besoins que ceux auxquels satisfaisait notre première affection. Nous avons été heureux, nous avons souffert et nous nous sommes à demi retrouvés. D'où vient-il donc que nous devions nier l'amitié qu'il ne nous a pas été donné de poursuivre aussi naïve qu'autrefois ? La faute n'en est ni à moi ni à toi. Tu t'es marié, tu as vécu d'une vie inflexible dans ses limites. Je me suis aventuré aussi dans une route divergente, et j'ai cherché ma plus grande somme de bonheur dans la contemplation interne et externe du beau infini, de l'âme universelle du monde, de Dieu dont nous sommes une des manifestations éternelles. Il ne faut pas douter, mon ami. Il faut laisser aux niais et aux lâches leurs stupides négations du cœur immortel et de l'intelligence divine de l'homme, car c'est là de la misère morale, mille fois plus affreuse que la misère matérielle, puisque c'est une dégradation de Dieu en nous. Tu as souffert, mon vieil ami, mais l'épuration est dans la douleur. Tu as aimé saintement, mais l'amour illumine à jamais notre cœur. Et tu te dis glacé, désespéré, sans désirs et sans passions ! Tu te mens à toi-même. L'homme qui a souffert et qui a aimé, quelle que soit sa grandeur, quelle que soit son humilité, s'il a souffert, s'il a aimé saintement, cet homme ne s'éteindra jamais, pas même sous l'haleine de ce qu'on nomme la mort et qui n'est que le réveil.

De ce pathos romantique, tout enguirlandé des festons de la rhétorique à la mode, il résulte avec la dernière évidence que Leconte de Lisle ne se sent plus, avec les gens parmi lesquels il vit, rien de commun. Il n'a, dans ces conditions, qu'une chose à faire : c'est, puisqu'il le peut, de s'en aller. Après bien des hésitations, il accepte la proposition que lui ont faite, par l'intermédiaire de son ami Villeneuve, un étudiant qu'il a jadis connu à Rennes, les rédacteurs de *La Démocratie Pacifique*, journal phalanstérien de Paris. On lui promet « en attendant mieux, 1.800 fr. par an d'appointements fixes et l'impression, aux frais de l'Ecole sociétaire, d'un volume de poésies prêt à être publié ». En avril 1845, vraisemblablement, il s'embarquait sur le trois-mâts *La Thélaire*, capitaine Bastard, à destination de Nantes. La traversée dura deux mois. A ce voyage se rapporteraient les impressions d'où sont nées beaucoup plus tard deux pièces des *Poèmes Tragiques*, *L'Albatros* et *Sacra fames*, qui évoquent, au milieu de la tempête, le puissant oiseau, le « roi de l'espace »,

Fendant le tourbillon des rauques étendues,

ou, dans la solitude de l'Atlantique,

Le sinistre rôdeur des steppes de la mer,

e requin immobile entre deux eaux, le corps inerte et l'œil terne, guettant la proie que happeront ses redoutables mâchoires. Une de ces légendes dont on se plaît à embellir la vie des poètes veut que, pendant les longues journées de flânerie sur le pont du navire, il ait relu le cahier de poésies qu'il emportait avec lui, et que, feuillet par feuillet, il l'ait jeté à la mer, ne gardant que la seule *Hypatie*, qui figurera en tête des *Poèmes Antiques*. Il me paraît peu probable qu'au mois d'avril 1845, *Hypatie* fût déjà composée ; moins probable encore que le jeune poète dispersât de si bon cœur aux souffles de l'Atlantique le mince volume sur lequel reposait toute sa fortune. Quoi qu'il en soit, en juin 1845, il était à Nantes, et de Nantes il allait à Brest rejoindre Paul de Flotte, sous les auspices duquel il devait se présenter rue de Beaune, aux bureaux de *La Démocratie Pacifique*, où il était attendu.

II

L'auteur de la *Théorie des quatre mouvements et des destinées générales*, l'inventeur de l'harmonie universelle fondée sur l'attraction passionnelle et obtenue par l'organisation phalanstérienne, Charles Fourier, était mort en 1837 sans avoir réussi ni à imposer ses idées au public, ni à les réaliser dans les faits. Mais, sous le nom d'*École sociétaire*, un petit nombre de fidèles, groupés autour de Victor Considérant, avaient recueilli l'héritage du Maître et s'occupaient de propager la bonne doctrine. Après l'avoir prêchée de ville en ville, ils avaient, en 1843, créé ou ressuscité, pour la répandre, deux organes, une revue mensuelle, *la Phalange*, et un journal quotidien, *la Démocratie Pacifique*. C'est à l'une et à l'autre de ces publications que Leconte de Lisle s'était engagé à collaborer. Il ne s'y était pas décidé sans avoir hésité beaucoup et, pour commencer, refusé. Ce n'est pas qu'il eût de la répugnance pour les conceptions fouriéristes. On se souvient que *La Variété* avait, en son temps, signalé avec sympathie comme « un ouvrage sérieux » tranchant sur la foule des romans nouveaux, le livre où M*me* Gatti de Gamond traçait le plan d'un *Essai de réalisation d'une commune sociétaire, d'après le système de Charles Fourier*. Mais, en 1845, s'il était d'accord en gros avec l'école, s'il pouvait même dire « qu'il partageait entièrement certains de ses principes », il se trouvait en dissidence avec elle « à l'endroit des conséquences arbitraires » qu'à son avis, elle en déduisait « faussement ». D'où ses scrupules, « n'étant pas homme, disait-il, à écrire contre sa conscience en quoi que ce soit ». Ces scrupules, il avait fini, la nécessité aidant, par s'en dégager. Pour pouvoir vivre à Paris, il fallait entrer à *La Démocratie Pacifique* ; pour y entrer, il fallait être phalanstérien. « Je l'étais, tu l'es, écrivait-il, dès son arrivée en France, à son ami Bénézit, nous le sommes tous, nous qui croyons aux destinées meilleures de l'homme et qui confessons la bonté de Dieu ; artistes et hommes de science, nous tous qui savons que l'art et la science sont en Dieu, et que le beau et le bien sont aussi le vrai. Cela étant, j'y suis arrivé. » Ce fouriériste par persuasion n'était guère en état, on le comprend, de prêcher l'Évangile nouveau. Il lui fallait tout au moins commencer par l'apprendre. Pour lui en donner le loisir, on n'utilisa ses services que dans la partie littéraire des deux périodiques. Jusqu'à la fin, ou peu s'en faut, de 1846, il ne contribuera à *La Démo-*

cratie Pacifique que par un ou deux comptes rendus de théâtre et par des nouvelles qui sont fort intéressantes, mais qu'il serait trop long d'analyser ici. Elles sont faites avec ses souvenirs de toute sorte : souvenirs de son enfance à Bourbon, souvenirs de sa courte escale au Cap de Bonne-Espérance, souvenirs de ses lectures de Rennes, souvenirs d'Hoffmann et de Jean-Paul, souvenirs de Balzac et de Musset : le tout dans le plus pur goût romantique d'après 1830. A *La Phalange*, il réserve ses vers. Ce sont de longues pièces en alexandrins à rimes plates, amples, oratoires, tout à fait dans le ton et dans l'esprit de ces poèmes sur *La Gloire et le Siècle* ou sur *Lélia dans la solitude*, qu'il insérait jadis dans *La Variété*. L'inspiration s'en accorde avec les sentiments et les idées du groupe phalanstérien en ce qu'ils ont de plus large et de plus général. L'un d'eux, *Hélène* — ce n'est pas la pièce du même nom qui figure dans les *Poèmes Antiques* — débute par un hymne à la beauté grecque,

> la vivante harmonie
> De la forme parfaite alliée au génie

vers qui le poète, comme autrefois Chénier et après lui Musset, rêve d'aller en un doux pèlerinage au « paradis païen », à

> la contrée immortelle,
> Où rayonne Aphrodite au cœur de Praxitèle,
> Où les dieux helléniens, Paros immaculé
> De qui le ciel attique a seul été foulé,
> Jaillissent, lumineux, sous la main qui les crée,
> Dans leur nudité chaste et leur pose sacrée...

Mais ce n'est là qu'un rêve ! Lui aussi, il se rend compte qu'il est « venu trop tard dans un monde trop vieux ». La beauté antique, dont Hélène est le symbole, appartient au passé. La beauté à qui doit aller l'admiration des hommes, c'est la beauté de l'avenir.

> Oh ! cherchons en avant l'Hélène universelle !
> Non le marbre vivant, mais l'astre au feu si beau
> Qui reluit dans nos cœurs comme un sacré flambeau !
> La multiple beauté dont l'attraction lie

> D'un lien d'amour le ciel et la terre embellie,
> Et qui fera tout homme, au moment de l'adieu,
> Plus digne de ce monde et plus digne de Dieu !...

Et les lecteurs de *La Phalange* penseront sans doute que cette beauté idéale se trouvera réalisée un jour par l'École sociétaire. Un autre poème, *Architecture*, élève une protestation énergique contre les restaurateurs, les maçons, les badigeonneurs, les bourgeois — suprême insulte ! — qui salissent donjons et cathédrales. Non que le poète ait la moindre sympathie pour l'âge dont ces édifices sont les vestiges, ou la moindre tendresse pour le culte qu'ils abritent encore. Il en parle avec autant de dédain que font ses nouveaux frères. Au « vieux catholicisme » dont il prédit la ruine, il oppose « un plus divin système » ; au-dessus des églises gothiques, des temples vermoulus

> Dont le sens est futile et ne nous suffit plus

il voit

> Le temple harmonieux, en qui le monde espère,
> *Se dresser* lentement à l'horizon prospère.

Ce système, pourquoi ne serait-ce pas celui de Fourier ? ce temple, pourquoi ne serait-ce pas le phalanstère ? — Une autre pièce, *La Robe du Centaure*, — qui sera recueillie plus tard, avec de notables changements, dans les *Poèmes Antiques*, — évoque l'image d'Hercule, rongé jusqu'aux moelles par la fatale tunique qui s'est collée à sa chair, et montant sur le bûcher dont la flamme « l'exhalera dans les cieux ». Et c'est là un magnifique symbole de ces passions dévorantes qui font à la fois la douleur et la grandeur de l'homme :

> O saintes passions, inextinguible ardeur,
> O source de sanglots ! ô foyer de splendeur !...
> Passions, passions, enivrantes tortures,
> Langes divins, linceul des fortes créatures,
> Gloire à vous, qui toujours sous notre ciel terni
> Chauffez l'autel glacé de l'amour infini !
> Insondable creuset d'alchimie éternelle,
> L'esprit qui défaillait retrempe en vous son aile

> Et sur la hauteur sainte où brûle votre feu,
> Vous consumez un homme et vous faites un dieu !

Mais les disciples de Fourier, en lisant ces vers, ne manqueront pas de se souvenir que leur Maître a fait de l'attraction passionnelle la loi de l'univers moral, et qu'il a vu dans le libre jeu des passions se développant sans heurt et sans contrainte, le principe même de l'universelle harmonie et la collaboration au plan divin. Voici enfin la parabole des *Épis* — car c'est bien, dans un cadre apocalyptique, une parabole à la manière de l'Évangile, — qui semble avoir été composée tout exprès pour réconforter leur courage et les exciter à poursuivre sans trêve leur propagande. Le poète est transporté en esprit sur le sommet d'une montagne. De là, il voit, sur toute l'étendue du globe, des millions et des millions d'épis poindre et surgir au-dessus des sillons, parure de la terre, émerveillement du ciel. Mais, tandis que la moisson dorée se balance dans la lumière, sournoisement, insensiblement, les herbes mauvaises, la ronce, l'ivraie, se glissent parmi elle, l'envahissent et l'étouffent. Est-ce donc là le sort réservé à toute généreuse pensée ? De toutes les forces de son âme, le poète proteste contre le « sens terrible », contre la « leçon d'enfer »

> Non ! quelle que soit l'ombre où vainement médite
> L'humanité perdue en sa route maudite,
> Enfants de Dieu, certains de l'appui paternel,
> Apôtres ignorés de son dogme éternel !
> Vous qui, pour la nature inépuisable et belle,
> N'avez jamais trouvé votre lyre rebelle,
> Oh ! non, dans ce tumulte où vont mourir vos voix,
> Comme l'oiseau qui chante en la rumeur des bois,
> Que le siècle aveuglé vous brise ou vous comprime,
> Ne désespérez point de la lutte sublime !
> Épis sacrés ! un jour, de vos sillons bénis,
> Vous vous multiplierez dans les champs rajeunis,
> Et dépassant du front l'ivraie originelle,
> Vous deviendrez le pain de la vie éternelle !

Si la pensée est flottante, les vers sont éloquents, et je regrette de ne pouvoir citer plus largement les pièces auxquelles ils appartiennent et qui demeurent enfouies dans la revue fouriériste où il n'est guère facile d'aller les chercher. Ils firent sensation parmi les rédacteurs de *La Démocratie Pacifique*. L'un d'eux en parla avec éloges dans le numéro du 3 janvier 1846. Il y signalait « un sentiment élevé de la grandeur de l'homme et des splendeurs de la nature, de nobles élans vers l'idéal, une facture sévère et d'une rare distinction ». La fin de l'entrefilet dut, pour Leconte de Lisle, gâter tout. « On peut regretter, ajoutait le critique anonyme, la limpidité de la poésie du xviiie siècle. » Il y avait, par bonheur, au nombre des lecteurs de *La Phalange*, des gens qui avaient le goût moins timide. Deux jeunes littérateurs, du même âge environ que Leconte de Lisle, lui firent particulièrement fête. Tous deux étaient imbus d'opinions avancées, tous deux passionnés pour la Grèce antique. L'un Thalès Bernard, fils d'un conventionnel, avait été, avant d'entrer au ministère de la guerre, le secrétaire de l'helléniste Philippe Lebas. Il occupait ses loisirs à traduire, en le complétant, le *Dictionnaire mythologique* de Jacobi. L'autre, Louis Ménard, à peine sorti de l'École normale supérieure, où il n'était resté que deux mois, avait publié, en 1843, une traduction en vers du *Prométhée délivré* d'Eschyle. Par eux Leconte de Lisle fut introduit dans une société plus littéraire que le groupe phalanstérien. Ils le mirent en relations notamment avec Baudelaire, que Louis Ménard avait eu pour camarade à Louis-le-Grand, avec Théodore de Banville, qui venait de donner coup sur coup *Les Cariatides* et *Les Stalactites*. C'était le moment où la renaissance hellénique suscitée par Chateaubriand et par Chénier, favorisée par la sympathie générale pour la cause de l'indépendance grecque, hâtée par les récits des voyageurs, accomplie par les découvertes des archéologues, les articles des critiques, les travaux des philologues et des esthéticiens, gagnait la poésie et l'art. Leconte de Lisle n'était pas grand clerc à cette époque, en matière d'antiquité. Il ne savait guère le grec, et on peut se demander même si vraiment il le sut jamais à fond, bien qu'il ait passé une partie de sa vie à traduire les poètes grecs. Mais, il avait naturellement le goût de la grandeur simple, des attitudes calmes et des lignes harmonieuses. Il avait comme un pressentiment de la beauté grecque. Ses amis n'eurent pas grand peine à le convertir au culte nouveau. Il y fit une profession de foi solennelle dans le poème à la *Vénus de Milo* que *La Phalange* publia dans les premiers mois de 1846. La statue fameuse, que le hasard d'un coup de bêche donné par un paysan avait fait découvrir en 1820 dans une des Cyclades, était depuis vingt-cinq ans au Louvre, où elle recevait les hommages de ses adorateurs. C'est, j'imagine, au sortir d'une visite au musée, que Leconte de Lisle conçut les stances suivantes, que je tiens, et pour cause, à citer dans leur rédaction originale :

> Salut, marbre sacré, rayonnant de génie,
> Déesse irrésistible au port victorieux,
> Pure comme un éclair et comme une harmonie,
> O Vénus, ô beauté, blanche mère des Dieux !
>
> Force génératrice en univers féconde,
> De l'ombre et de la mort souffle toujours vainqueur,
> O reine, nudité sublime, âme du monde,
> Salut ta gloire ardente illumine mon cœur !
>
> Salut ! à ton aspect le cœur se précipite,
> Un flot marmoréen inonde tes pieds blancs ;
> Tu marches, fière et nue, et le monde palpite,
> Et le monde est à toi, déesse aux larges flancs ..
>
> Bienheureux les enfants de la Grèce sacrée !
> Oh ! que ne suis-je né dans leur doux archipel
> Aux siècles glorieux où la terre inspirée
> Voyait les cieux descendre à son premier appel !
>
> Allume dans mon sein la sublime étincelle ;
> N'enferme point ma gloire au tombeau soucieux ;
> Et fais que ma pensée en rythmes d'or ruisselle,
> Comme un divin métal au moule harmonieux !
>
> Déesse ! fais surtout qu'embrasé de ta flamme,
> A ton culte éternel je consacre mes jours,
> Que je n'étouffe pas sur les autels de l'âme
> La forme, chère aux dieux, la fleur de leurs amours
>
> Sur le globe altéré de ta sainte caresse,
> De l'Olympe infini daigne abaisser les yeux :
> Sois de l'humanité la divine maîtresse,
> Et berce sur ton sein les mondes et les cieux.

Cette année 1846 marque véritablement, dans la carrière poétique de Leconte de Lisle, une étape, et une étape décisive. Il se rendait compte lui-même que depuis qu'il avait quitté la Bretagne il avait fait de grands progrès. « Mon séjour à Bourbon, écrivait-il à Bénézit en 1845, ne m'a pas été inutile dans un sens : j'y ai vécu seul avec mes livres, mon cœur et ma tête... Les deux années qui nous ont séparés ont été favorables au développement de ma poésie ; ma forme est plus nette, plus sévère et plus riche que tu ne l'as connue ; à Rennes, je n'avais guère que des dispositions, comme on dit. » Avec ce qu'il appelle lui-même ses « poèmes grecs », il inaugure une nouvelle manière, moins « énergique » et moins « vivante », de son propre aveu, que l'ancienne, mais supérieure « sous le rapport de la pureté et de l'éclat ». Ces formules, que j'extrais d'une lettre au même Bénézit du 11 octobre 1846, méritent d'être retenues. Elles marquent le moment précis auquel Leconte de Lisle abandonne, sous les influences que nous avons indiquées, non pas le romantisme (il restera un romantique, dans le fond du cœur, toute sa vie), mais l'esthétique romantique, et en conçoit une autre, mieux appropriée à sa nature morale et à ses goûts littéraires, où le sentiment aura sa pudeur, où il sera discipliné, contenu, d'aucuns diront étouffé par l'art. Dans la seconde moitié de 1846, et en 1847, paraissent successivement dans *La Phalange* une dizaine de compositions dans lesquelles un sujet grec et mythologique sert parfois encore d'expression et de symbole à une pensée toute moderne, mais dans lesquelles aussi l'élément pittoresque et plastique, la couleur locale, l'exactitude archéologique prennent rapidement une place de plus en plus grande et qu tend à devenir prépondérante. Ces poèmes, dont deux seulement ont été rejetés par l'auteur de son œuvre définitive, *Les Sandales d'Empédocle* et *Tantale*, — forment comme le premier noyau des *Poèmes Antiques*, dans lesquels ils entreront, après avoir subi des modifications plus ou moins profondes, la plus apparente consistant dans la substitution des noms de la mythologie hellénique à ceux de la mythologie romaine. C'est l'*Idylle Antique* et l'*Églogue Harmonienne*, — actuellement *les Éolides* et le *Chant alterné*, — c'est *Hylas*, *Glaucé*, *Thyoné*, des fragments d'*Orphée et Chiron* — le futur *Khirôn* — et *Niobé*. Une série d'autres pièces continuent de traduire les inquiétudes métaphysiques, religieuses, sociales, dont la pensée de Leconte de Lisle est assaillie : *La Recherche de Dieu*, *Le*

Voile d'Isis, *Les Ascètes* (celle-ci publiée non pas dans *la Phalange*, mais dans la *Revue Indépendante* de Pierre Leroux et de George Sand). Un seul poème, *La Fontaine des Lianes*, que nous retrouvons avec une insignifiante modification de titre, dans les *Poèmes Barbares*, évoque les paysages de l'île natale.

Dans tout cela, qu'y a-t-il pour le fouriérisme ? Le titre de l'*Églogue Harmonienne* ; une bien vague allusion dans *Tantale*, pris pour symbole du vulgaire qui ne peut pas, ou ne veut pas, assouvir sa soif de vérité aux sources qui lui sont offertes (entendez, s'il vous convient, aux flots purs de la doctrine sociétaire). Dans *La Recherche de Dieu*, l'inspiration, sinon proprement fouriériste, du moins, au sens le plus large, socialiste à la façon de 1840, est évidente. Le poète se présente comme un vieillard centenaire, — assez proche parent du Moïse d'Alfred de Vigny, — qui a passé sa longue vie à s'enquérir de Dieu. Il l'a demandé aux prophètes et aux sages, à la nature et aux religions, et ni les prophètes, ni les sages, ni la nature, ni les religions n'ont répondu. Il a cru, à l'exemple de la candide Allemagne — cette conception suffirait à dater la pièce —, le trouver dans les douces affections du foyer et de la famille ; il a cru le trouver encore dans le délire de la passion et de la volupté ; c'est en vain, et il se désespère, et il se lamente. Mais l'Esprit de la terre — un cousin de « l'Esprit de la lyre » que fait, dans les *Sept Cordes*, si éloquemment et si abondamment parler George Sand, — arrête ses cris pusillanimes, et, en même temps que ses plaintes, celles du genre humain tout entier :

> Cesse ta morne plainte, et songe, Humanité,
> Que les temps sont prochains où de l'iniquité.
> Dans ton cœur douloureux et dans l'univers sombre.
> Les rayons du bonheur s'en vont dissiper l'ombre...
> O roi prédestiné d'un monde harmonieux,
> Marche, les yeux tendus vers le but radieux !
> Marche à travers la nuit et la rude tempête,
> Et le soleil demain luira sur ta conquête !
> O sainte créature aux désirs infinis,
> Que de trésors sacrés, à tes pieds réunis,
> Pour prix de tes douleurs et de ton saint courage
> Vont racheter d'un coup de longs siècles d'orage !
> Le travail fraternel, sur le sol dévasté,

> Alimente à jamais l'arbre de liberté:
> La divine amitié, l'ambition féconde,
> La justice et l'amour transfigurent le monde !
> Et de la profondeur de l'éternel milieu,
> Du pôle couronné de son cercle de feu,
> Des monts, des océans, des vallons, de la plaine,
> De l'humanité sombre encore, et d'ennuis pleine,
> Mais radieuse et belle en ce jour glorieux,
> Des fertiles sillons, des calices joyeux,
> De ma lèvre entr'ouverte et d'amour animée,
> Caressant d'un baiser ma planète embaumée,
> Dieu, Dieu que tu cherchais, pauvre esprit aveuglé,
> Dieu jaillira de tout, et Dieu t'aura parlé !

Le Voile d'Isis est une leçon à l'usage des rois. Le « thérapeute » qui fait ses dévotions dans le temple de Saïs — entendez le fidèle de la religion nouvelle, de la religion de l'avenir, — vante le bonheur de ceux qui sont initiés aux mystères de la déesse. Survient le Pharaon — mettons, si vous voulez, que le Pharaon ce soit Louis-Philippe. Gonflé de sa puissance et de sa gloire, il veut forcer les portes du sanctuaire et monter sur l'autel. Mais le thérapeute ne se laisse pas émouvoir. Il barre la route à cet orgueilleux, et au trouble de son cœur il oppose la sérénité de « l'homme obscur, couronné de justice », qui lit dans le ciel comme dans un livre et connaît le secret des temps futurs :

> Il sait, il voit ! — Au loin, plus heureuse et plus belle
> Aux desseins créateurs cessant d'être rebelle,
> L'humanité surgit à ses yeux étonnés ;
> Et de liens fleuris les peuples enchaînés
> Des concerts éclatants de leur joie infinie
> Chantent dans sa beauté la nature bénie !
> Heureux ce juste, heureux ce sage, heureux ce dieu !
> L'amour et la science ont accompli son vœu ;
> Et désormais sa vie est comme une onde pure,
> Qui dans un lit plein d'ombre et de soleil murmure,
> Certaine qu'au delà d'un monde encor terni,
> Elle se bercera dans l'arome infini !

Ni *La Recherche de Dieu*, ni *Le Voile d'Isis*, n'ont été admis par Leconte de Lisle dans le recueil de ses œuvres. *Niobé*, au contraire, figure en belle place dans les *Poèmes Antiques*. Telle que nous la lisons aujourd'hui, la pièce, après avoir évoqué le « marbre sans pareil », le « marbre désolé » en qui s'est muée la mère douloureuse et tragique, s'arrête sur une interrogation qui reste en suspens :

> Oh ! qui soulèvera le fardeau de tes jours ?
> Niobé ! Niobé ! souffriras-tu toujours ?

Dans le texte de *La Phalange*, la question recevait aussitôt sa réponse :

> Non, s'il est vrai que l'âme aux lyres des poètes
> Parfois ait délié la langue des prophètes ;
> Si le feu qui me luit éclaire l'avenir,
> O mère, ton supplice un jour devra finir.
> Un grand jour brillera dans notre nuit amère.
> Attends, et ce jour-là tu renaîtras, ô mère !
> Dans ta blancheur divine et ta sérénité ;
> Tu briseras le marbre et l'immobilité ;
> Ton cœur fera frémir ta poitrine féconde ;
> Ton palais couvrira la surface du monde,
> Et tes enfants, frappés par des dieux rejetés,
> Tes enfants, ces martyrs des cultes détestés,
> Seuls dieux toujours vivants que l'amour multiplie,
> Guérissant des humains l'inquiète folie,
> Chanteront ton orgueil sublime et ta beauté
> O fille de Tantale ! ô mère Humanité

Cette prédiction, confuse de style et obscure de sens, pouvait s'appliquer, en 1847, aux adeptes du Phalanstère, ni plus ni moins qu'à tous ceux, et ils ne manquaient pas, qui prétendaient avoir en poche une recette infaillible pour faire le bonheur du genre humain. Elle tenait si peu au corps de l'œuvre que l'auteur, en 1852, réduira le plus aisément du monde cet appendice à quelques vers d'une signification encore plus vague, et que, dans la version définitive, il pourra, sans inconvénient aucun, le supprimer tout à fait. Que conclure de là ? Que si, entre 1840 et 1848, dans l'âge d'or du socialisme, au temps où ses théories se développaient dans les nuages, sans contact avec la réalité, Leconte de Lisle, comme beaucoup d'autres écrivains, a caressé de beaux rêves de justice, de fraternité, de félicité universelle, et célébré d'avance la réouverture du Paradis terrestre, il n'a jamais, — il était pour cela trop profondément artiste, — voué sa poésie à développer les conceptions parfois incohérentes ou bizarres de

Fourier, ni lié, fort heureusement, le sort de ses vers à celui d'un système déjà caduc[1].

III

De la meilleure foi du monde, cependant, le poète, au bout de quelques mois de séjour à Paris, avait donné son adhésion à la pensée du Maître. Le 31 juillet 1846, il écrivait à son ami Bénézit une lettre du plus pur esprit phalanstérien. Il s'y élevait contre « les infâmes théories des économistes français et anglais », de ces économistes qui étaient les bêtes noires de Fourier. « L'école sociétaire, poursuivait-il, dont je fais partie, a pour mission de combattre ces calomnies divines et humaines. Elle est venue fonder le droit du pauvre au travail, à la vie, au bonheur ! Elle a donné et donne chaque jour les moyens scientifiques d'organiser sur la terre la charité universelle annoncée par le Christ — n'oublions pas que Fourier se donnait volontiers comme le réalisateur des « promesses de Jésus-Christ, annonçant bien formellement un révélateur pour la patrie industrielle » — et, depuis vingt ans, sa devise est celle-ci en tête de toutes ses publications : *Vos omnes fratres estis* ! Vous êtes tous frères ! » Suivait une diatribe enflammée contre le catholicisme, objet d'horreur pour les nations. « Que les démons catholiques aillent grincer des dents où bon leur semble, tandis que les génies heureux de l'Éden berceront entre leurs bras l'humanité outragée longtemps, mais qui renaîtra jeune et belle, au soleil de l'amour et de la liberté. » On le voit, la prose de Leconte de Lisle n'est pas, en cette matière, beaucoup plus précise que ses vers. Il compensait, comme il arrive souvent, le vague des conceptions par l'ardeur des convictions et par la violence du langage. Un des rares articles politiques qu'il ait nsérés dans *La Démocratie Pacifique*, — il y en a trois en tout,

---

1. Les poèmes écrits à cette époque portent parfois des traces de la terminologie fouriériste. Mais la seule pièce de Leconte de Lisle qui se rattache étroitement au système est une *Ode à Fourier*, morceau de circonstance, sans intérêt littéraire, composé par le poète pour le banquet phalanstérien du 7 avril 1846, jour anniversaire de la naissance du maître, et inséré dans le compte rendu que donna de la fête *la Démocratie Pacifique* du 8 avril.

entre le 25 octobre et le 29 novembre 1846, — est un appel non déguisé à l'insurrection. Après avoir évoqué, dès les premières lignes, le souvenir de la Convention Nationale, et réclamé l'avènement du droit et de la justice, l'auteur avertit les riches et les rois de prendre garde : d'heure en heure approche « la guerre de celui qui n'a rien contre celui qui a tout ! » Il souhaite « une rénovation progressive et pacifique » ; mais, si la révolution ne peut se faire sans que le sang coule, « souvenons-nous, s'écrie-t-il en terminant, que nos pères ont combattu et sont morts pour le triomphe de la justice et du droit, et que nous sommes leurs héritiers. »

Il faut faire ici la part de rhétorique et de la surexcitation qui régnait à cette époque dans le petit cénacle mi-littéraire, mi-politique que fréquentait Leconte de Lisle, où, à des écrivains et des artistes d'opinions très avancées, comme Ménard et Thalès Bernard, le peintre Jobbé-Duval, le sculpteur Jacquemard, se mêlaient des révolutionnaires comme de Flotte, des bohèmes comme Bermudez de Castro, gentilhomme espagnol de la noblesse la plus authentique, qui sera expulsé de France après 1848, ou Cressot, que notre poète, quelque dix ans plus tard, définissait « l'être le plus maigre et le plus nerveux que le soleil ait éclairé, homme de corde, homme de poignard, homme de fioles de poison, dramaturge et poète élégiaque ». Il faut tenir compte aussi de la situation personnelle de Leconte de Lisle, qui semblait revenu aux plus sombres jours de sa vie à Rennes. Dans la semaine même où il rédige l'article de *La Démocratie Pacifique* que j'ai cité tout à l'heure, écrivant au fidèle Bénézit, il fait allusion à « de cruels embarras de sa vie ». « Ils ont été de toute sorte pour moi en ces derniers temps, poursuit-il, moraux et matériels. J'en suis sorti avec plus d'une blessure. Le trouble et la nuit s'étaient faits dans ma conscience, mais je me suis aperçu à temps que je courais à ma perte morale. La lutte a été rude ; de grandes incertitudes m'ont assailli et m'ont déchiré en quatre sens contraires ; mais, au moment où cet orage intellectuel et moral prenait fin, voici que les exigences inexorables de la matière ont commencé leur œuvre. » Et il avoue des inquiétudes d'argent. Déjà, quelques mois plus tôt, il avait dû refuser à son ami de lui prêter 300 francs, parce qu'il ne les avait pas. Faut-il s'étonner s'il prend en haine une société qui étouffe l'intelligence ? « Cela ne durera pas, s'écrie-t-il, il ne faut pas que cela dure. L'heure viendra où il faudra bien que tout cela croule. Avec quelle joie je descendrai de la calme contemplation des choses pour prendre ma part du combat et voir de quelle couleur est le sang des lâches et des brutes. Les temps approchent à grands pas, et plus ils avancent, plus je sens que je suis l'enfant de la Convention et que l'œuvre de mort n'a pas été finie. Que l'heure est longue à sonner ! Quand demain viendra-t-il ? Peut-être jamais. » Je sais bien qu'à cette lettre il y a un *post-scriptum*. Son auteur, en la relisant, s'est effrayé de ce qu'avait écrit sa plume : « Ne tiens pas compte de toutes les choses incohérentes que je viens de te dire : ma tête n'est pas encore bien remise ; j'ai la fièvre et le spleen ». On comprend tout de même mieux, quand on a lu ces confidences, que Leconte de Lisle ait accueilli avec un enthousiasme sans bornes la révolution qu'il avait appelée de ses vœux.

Il s'y jette à plein cœur et à plein corps. Un des premiers soins du gouvernement provisoire nommé le 24 février a été de charger, le 4 mars, une commission de préparer l'émancipation des noirs dans toutes les colonies françaises. Il est entendu qu'une large indemnité sera accordée aux propriétaires. Ceux-ci, néanmoins, sentent leurs intérêts menacés. Leurs mandataires en France protestent contre la mesure annoncée. Ils contestent au gouvernement provisoire le droit de la prendre. Cette attitude indigne les jeunes créoles de Paris. Sur l'initiative de Leconte de Lisle, une réunion a lieu ; il y prend la parole, il entraîne l'assistance ; une adresse au Gouvernement, qu'il a rédigée, est signée séance tenante.

> Les soussignés, jeunes créoles de l'Ile de la Réunion, présents à Paris, viennent porter leur adhésion complète, sans arrière-pensée, au gouvernement de la République.
> Nous acceptons la République dans toutes ses conséquences.
> L'abolition de l'esclavage est décrétée, et nul Français n'applaudit plus énergiquement que nous, jeunes créoles de l'Ile de la Réunion, à ce grand acte de justice et de fraternité que nous avons toujours devancé de nos vœux.
> Nous tenons pour insensés et ennemis de leur pays ceux qui oseraient opposer une résistance coupable au décret libérateur du gouvernement provisoire.

De la rue de Grenelle, où on s'est rassemblé, on se rend en cortège à l'Hôtel de Ville, et c'est Leconte de Lisle à qui revient l'honneur, bien mérité, de remettre entre les mains du gouvernement le généreux manifeste. La démarche eut en haut lieu tout le succès qu'on en pouvait attendre. Quelques semaines plus tard, par le décret du 27 avril, l'esclavage était définitivement aboli. Elle en eut beaucoup moins à la Réunion. Les planteurs, que ruinait plus ou moins le changement de régime, en voulurent à ces jeunes gens, surtout à celui qui avait pris la tête du mouvement, et M. Leconte de Lisle donna satisfaction à leur rancune en supprimant à son fils la modeste pension qu'il lui avait faite jusqu'alors.

A cette date du 27 avril, Leconte de Lisle n'était plus à Paris. Dès les premiers jours, en bon révolutionnaire, il s'était affilié à un club. Lorsque le Club des Clubs, que dirigeait Marc Dufraisse, entreprit, avec l'approbation du ministère de l'Intérieur, de centraliser, en vue des élections prochaines, les efforts des clubs parisiens et d'envoyer des délégués en province pour y faire de la propagande, Leconte de Lisle et son ami Jobbé-Duval furent parmi ceux sur lesquels se porta son choix. Le rôle de ces « apôtres », comme les dénommaient les instructions rédigées à leur usage, était purement officieux. Ils étaient censés « voyager pour leurs propres affaires, pour visiter des amis, des parents, ou même pour leur plaisir » ; ils devaient user non pas d'autorité, mais de persuasion, « ne pas perdre une minute, créer des clubs, associer les électeurs, unir les républicains, faire pénétrer le républicanisme par tous les pores », et rendre compte, chaque jour, au Comité révolutionnaire des résultats de leur mission. Leconte de Lisle fut envoyé tout naturellement en Bretagne, sous couleur de visiter sa famille de Dinan. M. Louis Leconte n'était plus maire depuis un an déjà, mais il avait toujours beaucoup de prestige dans la ville et d'influence sur ses concitoyens. Il est peu probable qu'il fût disposé à patronner son jeune cousin. Leconte de Lisle, froidement accueilli, fit de son mieux. Il assista à la plantation, le 14 avril, sur la place du Guesclin, d'un arbre de la liberté, en présence des autorités, du clergé, des pompiers et de la garde nationale. Il fonda un *Club républicain démocratique.* Il harangua le peuple. Mais, dénué de relations et de ressources, il « s'éreinta » — c'est son mot —, sans autre bénéfice que d'assurer, par ses déclarations enflammées, le succès de la liste réactionnaire. Et un beau jour qu'il avait prononcé, probablement, un discours plus violemment anticlérical que d'habitude, menacé d'être lapidé par la foule, il dut se sauver en sautant par la fenêtre.

Il se vengea de son échec en déblatérant tout à son aise sur « l'état d'abrutissement, d'ignorance et de stupidité » de la Bretagne. « Que le grand diable d'enfer emporte les sales populations de la province ! » écrivait-il à Louis Ménard. Mais cette prise de contact avec la réalité, hors des milieux parisiens et de l'atmosphère surchauffée des clubs, eut l'avantage d'une leçon de choses. Elle ôta au jeune délégué à la propagande toute illusion sur les chances d'avenir du régime issu, deux mois plus tôt, des journées de février. Dès le 30 avril, il écrivait à Louis Ménard :

> Tout est peut-être à recommencer. Il est clair comme le jour qu'on veut nous escamoter la Révolution. L'Assemblée sera composée de bourgeois et de royalistes. Elle votera de belles et bonnes lois réactionnaires, laissera l'ordre social et politique existant sous Louis-Philippe subsister indéfiniment, et, qui sait ? nous imposera bientôt une autre royauté. Eh bien ! on en verra de rudes. Je ne désespère pas, pour mon compte, d'aller crever au Mont-Saint-Michel.
>
> Que l'humanité est une sale et dégoûtante engeance ! Que le peuple est stupide ! C'est une éternelle race d'esclaves qui ne peut vivre sans bât et sans joug. Aussi ne sera-ce pas pour lui que nous combattrons encore, mais pour notre idéal sacré. Qu'il crève donc de faim et de froid, ce peuple facile à tromper, qui va bientôt se mettre à massacrer ses vrais amis.
>
> Voici que la réaction m'a rendu communiste enragé... Le peuple français a besoin d'un petit Comité de Salut public qui le force, comme disait cet autre au club Blanqui, d'après Mme de Staël, à faire un mariage d'inclination avec la République.

C'est dans cet état d'exaltation, accru sans doute encore par les mesures d'ordre prises par le gouvernement après la manifestation du 15 mai, notamment par l'arrestation de son ami Paul de Flotte, que les journées de juin trouvèrent Leconte de Lisle. Y joua-t-il un rôle, et lequel ? Fit-il le coup de feu sur les barricades, avec de Flotte ? ou se contenta-t-il, avec Louis Ménard, de porter aux insurgés la formule du fulmi-coton ? Fut-il arrêté, soit pour avoir de la poudre dans ses poches, soit pour toute autre raison ? Il faut bien le croire, puisqu'il racontait lui-même qu'il avait passé en prison quarante-huit heures, « les plus longues heures de sa vie ». Il sortit, en tout cas, de cette terrible crise, totalement désabusé sur l'efficacité des révolutions et bien résolu à ne plus s'y mêler ; désabusé sur le compte du peuple, qui « a été balayé sur les boulevards par quatre hommes et un caporal » et qui « est rentré chez lui, froid, indifférent et inerte » ; désabusé sur les démocrates actuels, les Blanqui, les Louis Blanc, les Barbès, « trop bêtes et trop ignorants ». Il gardait sa foi dans la République, « rêve sacré de sa vie », dans la transformation magnifique » de la société actuelle, dans l'avenir de l'humanité. Mais il devenait « de jour en jour moins sectaire en fait de socialisme », et surtout il comprenait qu'il avait autre chose à faire en ce monde que de pérorer dans les clubs ou de descendre dans la rue. Avant tout, il était poète. Même au plus fort des agitations politiques, il ne l'avait jamais oublié. « Tout cela n'empêche pas, mon ami, écrivait-il de Dinan à Louis Ménard, que je ne vive toujours sur les hauteurs intellectuelles, dans le calme, dans la contemplation sereine des formes divines. Il se fait un grand tumulte dans les bas-fonds de mon cerveau, mais la partie supérieure ne sait rien des choses contingentes. » Il mettait entre les activités, même spirituelles, une hiérarchie. Au sommet, l'art et les artistes ; au plus bas degré, la politique et les politiciens. C'est ce qu'il explique, non sans véhémence, à Louis Ménard, que l'expérience n'a pas instruit. N'a-t-il pas publié, au début de 1849, dans *Le Représentant du Peuple*, un récit des derniers événements où il a flétri les fusillades de juin ? Condamné à quinze mois de prison et 10.000 francs d'amende, il s'est réfugié à Bruxelles, où il rédige des brochures révolutionnaires et continue, en compagnie d'autres exilés, cette vie d'exaltation factice et de discussions stériles que Leconte de Lisle a désormais en horreur. Il admet, lui, que l'artiste ait des opinions politiques, et qu'au besoin il descende, pour les défendre, « dans le tumulte des choses passagères » ; mais non pas que, pour elles, il déserte son art et avilisse son esprit.

Comment l'artiste ne voit-il pas que tous ces hommes voués aux brutalités de l'action, aux divagations banales, aux rabâchages éternels des mesquines et pitoyables théories contemporaines, ne sont pas pétris du même limon que le sien ? Comment ne s'aperçoit-il pas que ces hommes paraissent s'inquiéter de la réalisation d'un idéal quelconque, parce qu'ils ont beaucoup plus de sang dans les veines que de matière cérébrale dans le crâne ? La grossièreté de leurs sentiments, la platitude et la vulgarité de leurs idées ne le blessent-elles point ? La langue qu'ils parlent est-elle semblable à la sienne ? Comment peut-il vivre, lui qui était l'homme des émotions délicates, des sentiments raffinés et des conceptions lyriques, au milieu de ces natures abruptes, de ces esprits ébranchés à coups de hache, toujours fermés à toute clarté d'un monde supérieur ? Une loi de nécessité harmonique n'enveloppe-t-elle pas et ne dirige-t-elle pas ce qui est ? Ces hommes ont été confinés par elle aux infimes échelons de la grande hiérarchie humaine.

Et que son ami ne lui objecte pas que la lutte continue entre les principes qu'ils confessent tous deux et les iniquités sociales. Elle durera toujours, cette lutte, mais il est plus d'une façon d'y prendre part :

...Les grandes œuvres d'art pèsent dans la balance d'un autre poids que cinq cent millions d'almanachs démocratiques et sociaux. J'aime à croire, — et puisse le rapprochement monstrueux m'être pardonné, — que l'œuvre d'Homère comptera un peu plus dans la somme des efforts moraux de l'humanité que celle de Blanqui... Ne t'enfonce pas dans cette atmosphère où tu ne saurais respirer. Je te le dis sincèrement, la plus grande peine que je pourrais éprouver serait de te voir, toi que j'aime et que j'estime entre tous, comme homme et comme poète, descendre pour toujours dans ces bas fonds de notre malheureuse époque de décadence, pour y consumer en efforts stériles, en déviations déplorables, ta jeunesse et ton intelligence...
Donnons notre vie pour nos idées politiques et sociales, soit, mais ne leur sacrifions pas notre intelligence, qui est d'un prix bien autre que la vie et la mort, car c'est grâce à elle que nous secouerons sur cette sale terre passionnée la poussière de nos pieds pour monter à jamais dans les magnificences de la vie stellaire. Ainsi soit-il !

En attendant, et tant qu'on demeure sur cette misérable terre des hommes, il faut vivre. Or Leconte de Lisle, privé de la modeste pension qu'il recevait de sa famille et des maigres appointements qu'il touchait à *La Démocratie pacifique*, où depuis 1848, il a cessé de collaborer, n'a plus de moyens d'existence. Dans le premier moment, l'idée lui vint de s'en retourner à Bourbon ; on peut se demander s'il y eût été, à cette époque, beaucoup mieux reçu qu'à Dinan. Le ministre de l'instruction publique lui rendit service en n'accueillant pas la candidature qu'il avait posée, en qualité de « bachelier ès lettres, ancien rédacteur de la *Revue*

Indépendante et de plusieurs autres recueils périodiques » à une chaire d'histoire au Collège national de l'île de la Réunion. Un an plus tard, il proposait à Ménard de partir avec lui pour son pays. « Nous nous bâtirons une case dans les bois, et nous fumerons le calumet de paix à l'ombre des nates et des tamariniers. Nous serons heureux et nous aurons beaucoup d'enfants ; notre vie sera douce et tranquille, notre vieillesse sera honorée... » L'ironie de cette boutade déguise mal le découragement. Dans l'intervalle, Leconte de Lisle a essayé sans succès de faire du journalisme. Il n'a pas pu rester à *La Réforme*, le journal de Lamennais, où on l'a trouvé trop anticlérical ; il n'a même pas voulu entrer à *La Cité du peuple*, sachant d'avance qu'on ne l'y garderait pas deux jours. Il loge chez les amis qui veulent bien lui offrir un asile. Il en est réduit pour subsister, à donner des leçons de grec et de latin. Il cherche des travaux de librairie. Il place chez le libraire Ducloux une traduction de l'*Iliade*. Par un nouveau coup de la guigne qui décidément s'attache à lui, son manuscrit est égaré par l'éditeur. En guise de compensation, Ducloux s'offre à lui imprimer un volume de vers, ce volume de vers que tout jeune poète rêve de publier, auquel celui-ci songe depuis 1840. Et c'est ainsi que paraissent les *Poèmes Antiques*, vers la fin de novembre 1852.

Cette date clôt la période des débuts littéraires de Leconte de Lisle. L'histoire de sa vie devient désormais, avant tout, l'histoire de ses œuvres. Et cette histoire est fort simple : en 1852, les *Poèmes Antiques* ; en 1855, les *Poèmes et Poésies* ; en 1862, les *Poésies Barbares* ; les trois volumes réduits à deux dans les éditions nouvelles de 1872 et de 1874, par la répartition entre les *Poèmes Antiques* et les *Poèmes Barbares* du contenu des *Poèmes et Poésies* ; en 1884, les *Poèmes Tragiques* ; en 1895, l'année qui suit la mort du poète, les *Derniers Poèmes*. Quitte à revenir plus tard, et selon que l'occasion s'en présentera, à la biographie de Leconte de Lisle, le moment paraît venu de faire passer sa poésie au premier plan, et d'étudier les grands aspects de sa pensée et de son art.

CHAPITRE IV

LECONTE DE LISLE ET LES DIEUX

L'œuvre de Leconte de Lisle, à la considérer sommairement, est comme une vaste fresque où l'auteur, avec l'ample et libre génie d'un artiste de la Renaissance, aurait développé, sur deux ou trois plans, tout le tableau du monde. En haut, dans un ciel d'or, les dieux, tous les dieux, les plus archaïques et les plus nouveaux, les plus majestueux et les plus monstrueux, les plus rudimentaires et les plus accomplis, depuis le fétiche de l'Indien jusqu'aux Immortels de Phidias. Plus bas, les hommes, les hommes de tous les temps, de tous les pays, de toutes les races, anciens et modernes, raffinés et barbares, civilisés et sauvages, vêtus de peaux, coiffés de plumes, drapés de laine ou bardés de fer. Au fond, la nature immense et mystérieuse, la prairie où paît le bison, la jungle où rôde le tigre, le désert que traverse l'éléphant, la forêt vierge, l'océan infini. Devant ce spectacle magnifique et disparate, la première impression est une impression de confusion et d'étrangeté. Pour quel dessein a-t-on choisi et assemblé les formes innombrables qui se trouvent ainsi réunies ? Quelle est la loi de leur ordonnance ? Et quel est le sens général qui doit, pour le spectateur, se dégager de cet ensemble ? Avant de répondre à ces questions, il nous faut, tout d'abord, examiner en détail chacune des parties qui le composent. Quand nous aurons analysé l'idée que Leconte de Lisle se fait, et qu'il veut nous donner, des dieux, des hommes et de la nature, alors, seulement, nous pourrons nous demander quelle est la signification profonde et comme la philosophie de son œuvre.

I

Commençons par les dieux. Parmi ceux dont Leconte de Lisle nous a retracé l'image, celui de la Bible occupe une place tout à fait en vue. C'est lui qui est en cause tout le long de ce *Qaïn* dont la masse colossale se dresse, dans les éditions actuelles, au frontispice des *Poèmes Barbares*. Nous sommes à la veille du Déluge. Le meurtrier d'Abel est mort depuis longtemps ; mais la ville qu'il a fondée pour y établir sa lignée,

> Henokhia, cité monstrueuse des Mâles,
> Antre des Violents, citadelle des Forts,

dresse toujours sur l'horizon livide ses « murailles de fer », ses « palais cerclés d'airain » et ses « spirales de tours ». Au faîte, couché sur le dos, la face tournée vers les nues, l'Ancêtre repose, selon sa volonté, dans le sépulcre que les siens lui ont bâti. Mais les temps sont venus ; la vengeance du Seigneur va s'accomplir sur la race maudite. Qaïn sort de son sommeil. Dans un long réquisitoire, tantôt violent et tantôt ironique, il rejette sur l'Éternel le crime dont il va être puni dans ses fils. Il évoque les souvenirs de l'Éden, de ce séjour de bonheur où il aurait dû vivre, d'où il a été exclu dès avant sa naissance pour une faute qu'il n'avait pas commise. Il se révolte contre le châtiment immérité. Il dénonce la fourberie d'Iahveh, l'embûche qui lui a été tendue, le piège où il est tombé. Dieu l'a maudit : il maudit Dieu à son tour. Cette humanité qu'Iahveh veut détruire, il prédit qu'elle survivra au cataclysme qui doit l'engloutir. Elle se rira de sa puissance, elle oubliera jusqu'à son nom ; affranchie de la crainte, elle retrouvera le bonheur et rentrera dans l'Éden. Tout disparaît sous les grandes eaux. Mais quand l'œuvre de mort semble accomplie, le poète, ou plutôt le Voyant qui lui prête ses yeux, aperçoit Qaïn le Vengeur, l'éternel ennemi d'Iahveh, qui marche, sinistre, dans la brume,

> Vers l'Arche monstrueuse apparue à demi.

Il y a ici autre chose qu'une reconstitution préhistorique. Cet Iahveh n'est pas seulement le Dieu de la Bible, dont il emprunte le nom. C'est le Dieu de toutes les religions qui adorent un être souverain et infini, tout-puissant et éternel, distinct du monde dont il est le créateur. C'est le Dieu des Juifs, et c'est le Dieu des Chrétiens, et c'est aussi le Dieu des Philosophes ; c'est l'idée même de la Divinité à qui s'en prend le poète, et dont il entreprend, sous une forme concrète, de faire ressortir le mystère insupportable à la raison humaine, les contradictions et les impossibilités. Qaïn, qui n'a pas demandé à naître, Qaïn, qui porte le poids d'une faute dont il n'est pas responsable, Qaïn, voué par les instincts que son maître a mis en lui à la violence et au meurtre, et puis châtié pour s'y être abandonné, c'est l'homme, l'homme de tous les temps, qui proteste contre la destinée qui lui est faite, et, par sa bouche, c'est le problème du mal que pose, après tant d'autres, Leconte de Lisle, le double problème de la souffrance et du péché.

> Ténèbres, répondez ! Qu'Iahveh me réponde !
> Je souffre, qu'ai-je fait ? — Le Khéroub dit : Qaïn !
> Iahveh l'a voulu. Tais-toi. Fais ton chemin
> Terrible. — Sombre Esprit, le mal est dans le monde.
> Oh ! pourquoi suis-je né ? — Tu le sauras demain.

Il reprend la longue plainte élevée par les poètes depuis le commencement du siècle, celle que Lamartine avait poussée dans cette ode au *Désespoir* que l'adolescent de Bourbon copiait, on s'en souvient, d'un bout à l'autre sur son cahier, et aussi dans ses *Novissima Verba* ; celle que Vigny avait fait entendre dans ses poèmes bibliques, dans *La Fille de Jephté*, dans *Le Déluge*, dans *Le Mont des Oliviers*. Cette grande composition est, dans son inspiration première, fortement marquée de romantisme. Pour la bien comprendre, il faut la replacer à sa date, non pas 1869, où elle parut dans le second *Parnasse Contemporain*, mais 1845, où elle fut conçue en ses éléments essentiels. C'est en 1845, en effet, que, dans *La Phalange*, dont il était, comme on sait, un des collaborateurs, Leconte de Lisle put lire le compte rendu d'un ouvrage de Ludovic de Cailleux, *Le Monde Antédiluvien, poème biblique en prose*, et qu'il fut amené à lire l'ouvrage lui-même, auquel il doit la couleur générale de son œuvre et nombre de traits dont il a enrichi ses descriptions. Mais si dans la partie descriptive de son Qaïn, il s'est largement et très heureusement souvenu de Ludovic de Cailleux, l'inspiration philosophique lui venait en droite ligne du *Caïn* de Byron. Il avait découvert probablement le poète anglais au cours de son premier séjour en France. Sa correspondance et sa poésie de cette époque expriment à plusieurs reprises une admiration qui semble dans la première ferveur. Il était encore sous le charme en 1845, comme le prouve un article qu'il donna à *La Phalange* dans les premiers mois de l'année suivante, sur les *Femmes de Byron*. Il y parle avec le plus vif enthousiasme de « l'héroïque aventurier », de « l'homme immortel » tombé pour la cause de la liberté hellénique. « A l'un des horizons de ma vie, déclare-t-il, j'ai rencontré l'œuvre d'un grand poète, et maintenant, remis de l'éblouissement premier, je vais d'une page à l'autre, admirant et songeant. » Avant d'écrire son *Qaïn*, il rêva sur celui de Byron. Il en mit dans la bouche de son propre héros les interrogations courroucées et menaçantes, les blasphèmes et les anathèmes, les refus hautains de plier le genou, d'adorer et de servir. Mais, — ce que Byron n'avait pas fait, — il couronna son œuvre par une allusion très certaine aux espérances dont l'entretenait sa foi humanitaire :

> Dieu triste, Dieu jaloux qui dérobes ta face,
> Dieu qui mentais, disant que ton œuvre était bon,
> Mon souffle, ô Pétrisseur de l'antique limon,
> Un jour redressera ta victime vivace,
> Tu lui diras : « Adore » ! Elle répondra : « Non !... »
>
> J'effondrerai des Cieux la voûte dérisoire.
> Par delà l'épaisseur de ce sépulcre bas
> Sur qui gronde le bruit sinistre de ton pas,
> Je ferai bouillonner les mondes dans leur gloire,
> Et qui t'y cherchera ne t'y trouvera pas.
>
> Et ce sera mon jour ! Et, d'étoile en étoile,
> Le bienheureux Éden longuement regretté
> Verra renaître Abel sur mon cœur abrité ;
> Et toi, mort, et cousu dans ta funèbre toile,
> Tu t'anéantiras dans ta stérilité.

Ainsi se clôt cette ample déclamation que Leconte de Lisle, au dire de José-Maria de Heredia, voulut un moment retrancher de son œuvre, comme trop byronienne, qu'il garda cependant et qu'il fit bien de garder, car si l'idée maîtresse n'en était pas neuve, même en 1845, le décor en est le plus magnifiquement barbare qu'il y ait dans les *Poèmes Barbares* et dans toute la poésie française.

Mais quand il la publia dans *Le Parnasse*, il y avait déjà longtemps que sa pensée avait pris, en matière de religion, un tour assez différent. Elle avait suivi le mouvement qui, depuis le commencement du siècle, entraînait des esprits pénétrants et libres à regarder de près les grandes manifestations religieuses de tous les temps, non pas pour y chercher des motifs de nier ou des raisons de croire, mais pour y étudier, comme à sa source même, la vie morale de l'humanité. Le xviiie siècle avait cru en finir avec ce qu'il appelait dédaigneusement les « superstitions ». Mythes païens ou dogmes chrétiens, il les considérait indistinctement comme un ramas d'inventions ridicules ou odieuses, un tissu d'impostures imaginées par les prêtres et imposées par les rois. Mais on s'aperçut assez vite que l'explication était trop simple pour rendre compte d'un fait aussi universel, aussi inhérent à la nature de l'homme que le fait religieux. On essaya d'en donner une interprétation scientifique. Volney, dans *Les Ruines* (1791), Dupuis, dans l'*Origine de tous les cultes* (1795) rapportèrent à une cause unique la naissance de toutes les religions. Cette cause, c'était la crainte et en même temps la curiosité éprouvées par les premiers hommes devant la puissance mystérieuse qui se manifestait à eux par les grands phénomènes de la nature : sentiments que les prêtres de tous les temps n'avaient pas manqué d'exploiter. « L'histoire entière de l'esprit religieux, disait Volney, n'est que celle des incertitudes de l'esprit humain qui, placé dans un monde qu'il ne comprend pas, veut cependant en deviner l'énigme, et qui, toujours étonné de ce prodige mystérieux et visible, imagine des causes, suppose des fins, bâtit des systèmes, puis, en trouvant un défectueux, le détruit pour un autre non moins vicieux, hait l'erreur qu'il quitte, méconnaît celle qu'il embrasse, repousse la vérité qu'il appelle, compose des chimères d'êtres disparates, et, rêvant sans cesse sagesse et bonheur, s'égare dans un labyrinthe de peines et de folies. »

Le ton est encore singulièrement méprisant. Mais en poursuivant, avec une érudition mieux informée et un esprit moins étroit, ces recherches sur l'origine des religions, les philologues qui s'y adonnèrent ne tardèrent pas à reconnaître que sous la variété des croyances et des symboles, par le moyen de dogmes qui choquent notre raison ou de pratiques qui heurtent nos usages, s'exprime un sentiment essentiel à l'âme humaine, et le plus profond qu'elle puisse éprouver. Des grandes races qui ont tour à tour tenu la tête de l'humanité, chacune a eu sa religion, c'est-à-dire sa façon propre d'entrer en rapports avec l'inconnu et l'invisible qui nous presse de toutes parts, de résoudre l'énigme au sein de laquelle nous vivons, de concevoir l'homme et le monde. Et de la conception qu'elle s'en est faite ont découlé non seulement son culte, mais ses lois, ses mœurs, son art, sa civilisation tout entière. Le fait religieux s'est imposé comme un fait historique, le plus extraordinaire, le plus passionnant des faits historiques, le plus considérable aussi, celui sur lequel savants et philosophes se pencheront désormais, non plus comme autrefois, avec mépris et avec horreur, pour le railler et pour le maudire, mais avec curiosité et sympathie, pour l'approfondir et pour le comprendre. L'initiateur du mouvement fut un érudit d'Allemagne, le Dr Frédéric Creuzer, dont l'ouvrage capital, *Les Religions de l'antiquité considérées principalement dans leurs formes symboliques ou mythologiques*, parut entre 1810 et 1812. Religions de l'Inde, de la Perse et de l'Égypte, religions de l'Asie occidentale et de l'Asie mineure, religions de la Grèce et de l'Italie sont étudiées en détail dans les huit volumes de texte que comprend la *Symbolique* de Creuzer, telle qu'elle fut chez nous traduite, commentée et complétée, de 1825 à 1849, par Jean-Daniel Guigniaut. La lecture de ce volumineux traité, bourré de citations et hérissé de références, n'était guère accessible aux profanes ; mais, de bonne heure, les idées de Creuzer avaient été mises à la portée du public par des ouvrages d'un maniement plus commode et d'une forme moins austère. En 1824, Benjamin Constant publiait son livre *De la Religion considérée dans sa source, ses formes et son développement*. Dès la préface, l'ouvrage s'annonçait comme une apologie du sentiment religieux, soigneusement distingué, il est vrai, des formes religieuses. L'auteur y voyait un des plus beaux titres de l'espèce humaine, et « une loi fondamentale de notre nature ». Le moment lui semblait favorable, le règne de l'intolérance étant passé, « pour s'occuper de ce vaste sujet sans partialité comme sans haine,... pour juger la religion comme un fait dont on ne saurait contester la réalité, et dont il importe de connaître la nature et les modifications successives. » Si le sentiment religieux est un et indestructible, les institutions religieuses sont diverses et périssables ; mais le sentiment religieux ne peut se passer de leur soutien. « A chaque époque, la forme qui s'établit naturellement est bonne et utile ; elle ne devient funeste que lorsque des individus ou des castes s'en emparent et la pervertissent pour prolonger sa durée. » Le sentiment religieux, en dernière analyse, c'est le sentiment de l'infini. Comme il « se proportionne à tous les états, à tous les siècles, à toutes les conceptions, les apparences qu'il revêt sont souvent grossières. Mais, en dépit de cette détérioration extérieure, on retrouve toujours en lui des traits qui le caractérisent et le font reconnaître ». Que si certaines religions ont présenté des rites barbares ou licencieux, la faute n'en a pas été au sentiment religieux, mais aux prêtres qui s'en sont emparé à leur profit et ont usurpé le droit de parler au nom des puissances invisibles. Constant invitait d'ailleurs à distinguer non seulement entre les diverses religions, mais entre les diverses époques de ces religions, à ne pas confondre notamment sous le nom de mythologie la religion des Grecs et celle des Romains, alors que les dieux de la Grèce n'ont en commun avec ceux d'Ovide et de Virgile que le nom et quelques fables dont la signification avait changé.

En 1841, dans son *Génie des Religions*, Edgar Quinet développait avec éclat, en les appliquant aux religions de l'antiquité, des idées analogues. Il ne se proposait rien de moins que « de déduire de la religion la société politique et civile. » Il était persuadé que le principe de vie qui assure le développement et la conservation des sociétés, que « le génie éternellement présent, dont se forme la substance même des peuples », n'était autre que le sentiment religieux. « Ne croyez pas connaître un peuple si vous n'êtes remonté jusqu'à ses dieux. » Il se flattait d'apporter à cette étude non seulement la plus haute impartialité, mais la sympathie la plus entière : « Au lieu de porter l'esprit de mon temps dans ces temps reculés, j'ai cherché plutôt à dépouiller l'homme de nos jours pour revêtir l'homme antique. » Et, loin de voir dans les variations de la croyance humaine une preuve d'ignorance et de faiblesse, « le signe de la misère » de l'homme, il en faisait au contraire « le signe de sa grandeur ». L'homme « poursuit l'infini d'une poursuite éternelle, changeant de temple, de sanctuaire, de société, sans changer de désir. » L'historien qui s'apprête à le suivre dans ses démarches parfois déconcertantes déclare d'avance qu'il ne le fera qu'avec respect. « Dans ce pèlerinage à travers les cultes du passé, errants d'autel en autel, nous n'irons pas, infatués de la supériorité moderne, nous railler de la misère des dieux abandonnés ; au contraire, nous demanderons aux vides sanctuaires s'ils n'ont pas renfermé un écho de la parole de vie ; nous chercherons dans cette poussière divine s'il ne reste pas quelque débris de vérité... »

Ces idées étaient dans l'air au temps où Leconte de Lisle menait à Rennes la vie d'étudiant libre que nous avons décrite ; et, quand il revint de Bourbon en 1845, un des premiers articles qu'il put lire dans cette *Phalange* à laquelle il collaborait, ce fut une longue étude de Gérard de Nerval sur la manière dont le culte d'Isis se célébrait à Pompéi, qu'en revenant d'Égypte il avait visitée. Il s'était assis sur les ruines, dans le temple de la déesse, et il avait médité avec tristesse sur le sort réservé aux traditions religieuses du genre humain, réservé « au Christ lui-même, ce dernier des révélateurs, qui, au nom d'une raison plus haute, avait, autrefois, dépeuplé les cieux ».

O nature ! s'écriait-il, ô mère éternelle ! Était-ce là vraiment le sort réservé au dernier de tes fils célestes ? Les mortels en sont-ils venus à repousser toute espérance et tout prestige, et, levant ton voile sacré, déesse de Saïs ! le plus hardi de tes adeptes s'est-il donc trouvé face à face avec l'image de la Mort ? Si la chute successive des croyances conduisait à ce résultat, ne serait-il pas plus consolant de tomber dans l'excès contraire et d'essayer de se reprendre aux illusions du passé ?

Je ne sais si notre poète feuilleta les volumes dès lors traduits de la *Symbolique* de Creuzer ; je ne sais pas davantage s'il connut l'ouvrage de Benjamin Constant. Il est très probable qu'il lut celui de Quinet. Quoi qu'il en soit, la substance de cette littérature et la conception nouvelle de l'histoire des religions ne pouvaient manquer de lui être transmises par l'intermédiaire de son ami Louis Ménard. De celui-ci, les idées en cette matière nous sont amplement exposées dans des ouvrages de haute érudition ou de vulgarisation scientifique, *La Morale avant les philosophes* et *Le Polythéisme hellénique*, et dans ces *Rêveries d'un païen mystique*, qui sont, en même temps qu'un des petits chefs-d'œuvre du xixe siècle, un curieux document sur un état d'âme sinon unique, tout au moins très particulier. De ces trois livres, les deux premiers ne furent publiés que vers 1860, après l'apparition, par conséquent, des *Poèmes Antiques* ; le troisième parut plus tardivement encore. Mais les théories qu'y développe l'auteur étaient d'origine fort ancienne chez lui et déjà fixées dans leurs grandes lignes en 1845, quand Leconte de Lisle le connut.

Louis Ménard n'appartenait à aucune religion déterminée ; mais il se flattait dans une certaine mesure de participer à toutes. Loin d'exclure aucune divinité de son culte, il était disposé à y admettre, non pas tour à tour, mais à la fois, toutes celles qu'avait adorées l'humanité.

> Le temple idéal où vont mes prières
> Renferme tous les dieux que le monde a connus..
> Évoqués à la fois de tous les sanctuaires,
> Anciens et nouveaux, tous ils sont venus.

Les dieux qu'enfanta la Nuit primitive, et ceux que la terre adore en sa vieillesse ; les dieux contemplateurs, perdus dans un rêve sans fin, et les dieux qui règlent avec ordre et harmonie la vie de l'univers ; les dieux guerriers et les dieux pacifiques, tous ils sont là, attestant par leur sacrifice leur caractère divin ; et même, au fond du temple, une chapelle discrète est réservée à la Mère du Christ :

> Fleur du Paradis, Vierge immaculée,
> Puisque ton chaste sein conçut le dernier Dieu,
> Règne auprès de ton fils, rayonnante, étoilée,
> Les pieds sur la lune, au fond du ciel bleu [1].

Et ce n'est pas là, comme on pourrait croire, une fantaisie de poète. C'est l'expression même de la conviction de Louis Ménard. Selon lui, « pour l'intelligence qui embrasse dans leur harmonie les révélations successives du divin, chaque affirmation de la conscience humaine est un des rayons de l'universelle vérité, une des faces du prisme universel [2]. » La raison est incapable d'exprimer la vie : « les questions d'origine échappent à l'observation et à la science ; cependant l'esprit humain ne peut se désintéresser de ces problèmes ; il faut donc qu'il se contente de solutions mythologiques, puisqu'il ne s'en présente pas d'autres. » Ces révélations partielles, exprimées en symboles hiéroglyphiques, forment à elles toutes la mystérieuse explication de l'univers, le voile d'Isis, ce riche manteau dont chaque peuple a tissé un pan avec amour. Car les peuples naissent, vivent et meurent, et avec eux leur religion, qui est leur âme. « Un peuple qui a renié ses dieux est un peuple mort [3]. » Tous les cultes se remplacent les uns les autres : celui du Christ, qui est venu le dernier, disparaîtra à son tour, et alors la grande nuit enveloppera le monde, car il ne semble pas au « rêveur » dont j'analyse les songeries que dans notre âge positif un culte nouveau puisse s'établir.

Ménard est le dévot de tous les dieux et le fidèle de toutes les religions. Pourtant il y a une religion qu'il préfère et des dieux qui lui semblent plus beaux. Cette religion, c'est le polythéisme hellénique ; ces dieux, ce sont les dieux de l'Olympe, Zeus, Héra, Athéna, Apollon, qu'il se garde bien de confondre avec les dieux latins auxquels on les assimile d'ordinaire. Depuis longtemps on ne veut voir dans leur légende « qu'un tissu de fables immo-

---

1. *Les Rêveries d'un païen mystique* : *Panthéon*. — 2. *Ibidem* : *Le banquet d'Alexandrie*. — 3. *Ibidem* : *Le voile d'Isis*.

rales et absurdes » ; il y faut saluer au contraire « les grands symboles par lesquels les contemporains d'Hésiode et d'Homère traduisaient leur intuition des lois générales du monde [1] ». Les uns expriment le sentiment de la vie universelle ; les autres incarnent les principes primordiaux des choses ou les forces élémentaires de la nature ; les autres, les lois modératrices de l'univers. Les luttes où ils se heurtent sont une image de l'harmonie du monde obtenue par l'équilibre des contraires. Cette variété paraissait à Louis Ménard beaucoup plus conforme à la réalité, plus satisfaisante pour l'esprit que l'unité de l'Iahveh biblique. Mais la meilleure justification du polythéisme hellénique, elle était pour lui dans le merveilleux développement de la civilisation grecque. « Les religions sont la vie des peuples ; elles en répondent devant l'histoire ; l'art, la science, la morale et la politique s'en déduisent comme une conséquence de son principe[2]... Un jour viendra où la religion qui a fait la Grèce si grande sera jugée selon ses œuvres. Elle a passé vite, comme la beauté, comme le printemps, comme le bonheur ; mais elle a créé la civilisation grecque, et on ôterait plutôt le soleil du ciel que la Grèce de l'histoire[3]. » Elle en occupe « le point culminant ». Depuis lors, il n'y a eu que décadence, et Ménard en veut à Socrate et, avec Socrate, à tous les philosophes grecs qui ont détruit la religion de leur pays et ouvert ainsi une ère d'horreur, d'abaissement, d'oppression et de ténèbres pour l'humanité.

II

Si je me suis attardé à exposer par le menu les conceptions religieuses du « païen mystique », c'est que du même coup j'exposais par avance, au moins en partie, les conceptions religieuses de Leconte de Lisle. Celles-là ont, dans une large mesure, déterminé celles-ci. Le fait a été signalé il y a déjà longtemps, dès 1870, par quelqu'un — probablement Thalès Bernard — qui con-

---

1. *La Morale avant les philosophes.* — 2. *Ibid.* — 3. *Du Polythéisme hellénique.*

naissait bien l'auteur des *Poèmes Antiques*, et sa personne autant que son œuvre. Ce « gaspilleur » de génie, — comme Barrès appelle quelque part Louis Ménard, — qui possédait à lui tout seul des aptitudes qui auraient suffi à six, et qui, pour cette raison, n'a pas laissé de chef-d'œuvre, qui était peintre, poète, chimiste, philosophe, helléniste, historien, critique d'art, n'a pas seulement initié son ami à la culture grecque ; il lui a transmis quelques-unes des idées générales qui sont l'armature de son œuvre. C'est grâce à lui qu'au romantisme ou byronisme de *Qaïn* s'est superposée, sans le détruire ni même le recouvrir toujours entièrement, une conception plus neuve et plus féconde. Par elle, et non pas purement par le goût du pittoresque et du bizarre et une sorte de manie archéologique, s'explique cette revue universelle des mythes, des symboles, des cosmogonies et des théogonies qui compose pour une bonne part l'œuvre poétique de Leconte de Lisle. Il convient d'ailleurs de noter qu'en s'inspirant des idées de son ami, il les a modifiées selon la tournure de son caractère et de son esprit. De mystique qu'elle était chez son initiateur, la curiosité des religions est devenue chez lui proprement historique. Lui-même, lorsqu'il a loué, et critiqué aussi, le jour où il prenait séance à l'Académie française, *La Légende des Siècles* de Victor Hugo, il a très bien su, en disant ce que son illustre prédécesseur n'avait pas fait, définir ce qu'il avait voulu faire : « accorder une part égale aux diverses conceptions religieuses dont l'humanité a vécu, et qui toutes ont été vraies à leur heure, puisqu'elles étaient les formes idéales de ses rêves et de ses espérances ». *A leur heure* : toute la différence entre Ménard et lui est là. Ces antiques croyances auxquelles il s'intéresse en philosophe, elles ne sont pour lui qu'un passé mort. Il ne satisfait pas, — ou ne trompe pas —, en rassemblant ces mystérieux symboles, un besoin de croire : c'est son imagination de poète à quoi il donne jeu en les reconstituant. Son Panthéon, à lui, n'est pas un sanctuaire où on s'agenouille. C'est un musée où l'on passe, où l'on regarde avec curiosité, avec admiration parfois, et d'où l'on sort tout imprégné de la mélancolie des choses qui ne sont plus.

Toutes les religions qui ont jamais existé, depuis les plus informes jusqu'aux plus belles, ont droit, nous l'avons vu, de retenir l'attention du poète. Avec ce sens du relatif qui est le sens historique, il dégage de chacune d'elles, en la simplifiant au besoin, ce qu'elle contient d'original. Au *Kalewala*, recueil des antiques traditions finnoises, il emprunte, pour en orner son poème du *Runoïa*, le mythe d'Ilmarinnen, l'éternel Forgeron, qui sur l'enclume d'or forge le couvercle de l'univers,

La tente d'acier pur, étincelante et ronde,

et, de son marteau divin, fixe,

dans l'air vermeil,
Les étoiles d'argent, la lune et le soleil.

Ailleurs, par la voix d'un barde celtique, il chante le premier matin de la race des Purs, le paisible sommeil du roi Dylan, bercé dans son palais de nacre par le murmure des grandes eaux, et la beauté des choses et le bonheur de l'homme, jusqu'au jour où le vieux dragon Avank,

Aux sept têtes, aux sept becs d'aigle, aux dents de fer,
Aux yeux de braise, au souffle aussi froid que l'hiver,

envieux de cette béatitude, rompt les digues de l'océan et ouvre un passage aux flots qui submergent l'univers ; puis, la vie à nouveau pullulant sur la terre, et les migrations des Kymris, voguant en flottilles innombrables, à travers la nuit et la tempête, vers l'Occident inconnu[1]. Sans se laisser rebuter par la diffusion du récit, la complication des détails, la barbarie des noms, il tire de l'ancienne *Edda* le récit de l'origine des choses : la naissance du géant Ymer, celle du roi des Ases, que la Vache céleste nourrit du lait de ses mamelles sacrées ; le meurtre d'Ymer, dont le cadavre forme de son crâne le ciel, de ses yeux les astres, les rochers de ses os, et dont le sang produit le déluge ; le couple humain sortant de l'écorce du frêne, la défaite des génies du mal enchaînés dans les antres de la terre, le règne de Balder,

---

1. *Poèmes Barbares* : *Le massacre de Mona.*

> Le plus beau, le meilleur d'une immortelle race :
> L'aube a de ses clartés tressé ses cheveux blonds,
> L'azur céleste rit à travers ses cils longs,
> Les astres attendris ont, comme une rosée,
> Versé des lueurs d'or sur sa joue irisée,
> Et les Dieux, à l'envi, déjà l'ont revêtu
> D'amour et d'équité, de force et de vertu ;

enfin les sombres jours, les jours des épreuves sacrées, les puissances mauvaises déchaînées, les astres tourbillonnant au vent comme une grêle d'or, et se heurtant les uns contre les autres, et volant en éclats ; la Terre s'enfonçant avec horreur dans l'Océan noir [1]. Si ces légendes sont étranges, elles sont poétiques, et on comprend qu'elles aient séduit l'imagination de Leconte de Lisle. Mais, avec la même conscience, il contera, et par deux fois, la Genèse polynésienne, qui est bien, en fait de cosmogonie, ce qu'on peut trouver de plus plat et de plus sec. Le divin Mahouï, après avoir longtemps de son dos musculeux remué les montagnes et soufflé la flamme par les cratères des volcans, s'apaise enfin, son œuvre étant accomplie.

> Il s'endormit dans Pô, la noire Nuit sans fin,
> D'où vient ce qui doit naître, où ce qui meurt retombe,
> Ombre d'où sort le jour, l'origine et la tombe,
> Dans l'insondable Pô, le Réservoir divin [2].

On le voit, aucune métaphysique, si rudimentaire soit-elle, ne paraît à Leconte de Lisle indigne d'être revêtue de ses vers. Mais, comme il est naturel, c'est aux grandes religions qui ont régné ou qui règnent encore sur l'humanité qu'il s'attarde avec prédilection.

Il s'est intéressé, un des premiers, sinon le premier, parmi les poètes de son temps, aux religions de l'Inde. Elles venaient de nous être révélées, grâce aux travaux des indianistes anglais, allemands et français du XIXe siècle. Les grandes épopées et les livres sacrés, le *Ramayana*, le *Mahabarata*, le *Rig-Véda*, le *Bhâgavata-Purâna* venaient d'être traduits chez nous, dans la période qui va de 1840 à 1850, par les soins de Fauche, de Lan-

---

1. *Poèmes Barbares* ; *La légende des Nornes*. — 2. *Derniers Poèmes* : *Le Dernier des Maourys*.

glois, d'Eugène Burnouf. A la plus ancienne de ces religions, au naturalisme préhistorique dont les *Védas* sont le monument, il emprunta ce sentiment profond de la vie universelle, cette adoration des forces élémentaires qu'il a exprimés dans l'*Hymne à Sûrya* et dans la *Prière védique pour les morts*. De ces deux morceaux, l'un décrit en vers majestueux et calmes la courbe du soleil dans l'espace, depuis l'aube où il s'élève dans le ciel, jusqu'au soir où il redescend dans les flots de la mer. L'autre, adressée à Agni, le dieu du feu et de la lumière, supplie le Berger du monde d'accueillir l'homme pour qui vient de s'ouvrir la tombe maternelle :

> Ne brûle point celui qui vécut sans remords.
> Comme font l'oiseau noir, la fourmi, le reptile,
> Ne le déchire point, ô Roi, ni ne le mords !
> Mais plutôt de ta gloire éclatante et subtile
> Pénètre-le, Dieu clair, libérateur des morts !

Au *Bhâgavata-Purâna*, il demanda les formes modernes de la pensée religieuse des Hindous. Il en tira les éléments d'une conception panthéiste de l'univers, magnifiquement symbolisée dans la description de Baghavat, ou Visnou, ou Hari, puisque sous ces trois noms, c'est le même dieu en qui s'incarne le monde :

> Hari, le réservoir des inertes délices,
> Dont le beau corps nageait dans un rayonnement,
> Qui méditait le monde, et croisait mollement
> Comme deux palmiers d'or ses vénérables cuisses...
>
> A ses reins verdoyaient des forêts de bambous ;
> Des lacs étincelaient dans ses paumes fécondes;
> Son souffle égal et pur faisait rouler les mondes.
> Qui jaillissaient de lui pour s'y replonger tous.
>
> Un Açvatha touffu l'abritait de ses palmes ;
> Et dans la bienheureuse et sainte Inaction
> Il se réjouissait de sa perfection,
> Immobile, les yeux resplendissants, mais calmes.

Du bouddhisme enfin, il retient la notion de l'ascétisme qui, par la mortification et l'extase, fraye au sage le chemin vers l'Infini, le libère des passions terrestres et de son individualité, l'unit à l'Essence première, et le perd dans la béatitude du Nirvâna.

Les religions de l'Inde sont des religions de la nature, mais d'une nature exubérante, qui accable l'homme de sa fécondité et de sa grandeur ; leurs symboles ont quelque chose de démesuré et de monstrueux. Les dieux de la Grèce sont aussi des personnifications de la nature, mais d'une nature tempérée, bienveillante, plus à la mesure de l'être humain. Leconte de Lisle a vu, comme l'enseignait la mythologie de son temps, en eux et en leurs aventures, la figuration des phénomènes cosmiques. Il a célébré *Le Réveil d'Hélios* comme il avait chanté la gloire de Sûrya. Il a conté l'histoire d'*Héraklès solaire*, et salué, comme jadis les femmes de Byblos, *Le Retour d'Adônis*. Mais, moins encore que par leur puissance, c'est par leurs proportions parfaites et par leur noble beauté que ces dieux plus voisins de l'homme l'ont touché. En même temps qu'ils incarnent les forces de la nature universelle, ils symbolisent aussi les instincts profonds de notre nature humaine. Les uns suscitent à leur gré ces passions redoutables qui troublent les cœurs et bouleversent le monde. Les autres protègent et dispensent les vertus qui font les sages et les héros. Il y a lutte entre ces êtres divins. Le poème d'*Hélène*, que l'on peut, du reste, interpréter diversement, est un épisode de cette lutte, et l'intérêt véritable n'en consiste point dans la trahison infligée à Ménélas, ni dans la chute de la Laconienne aux bras du Phrygien, mais dans l'antagonisme qui met aux prises d'un côté Éros, dompteur du ciel et dominateur du monde, Aphrodite, dispensatrice des voluptés dégradantes ; de l'autre, Zeus, protecteur de l'hospitalité, Pallas-Athéné, déesse de la sagesse, et la chaste Artémis.

Leconte de Lisle n'a pas dissimulé les côtés voluptueux et sensuels du paganisme hellénique. Mais il a pris plaisir à en faire ressortir aussi les côtés nobles et intellectuels. Tandis que les superstitions grossières demeuraient abandonnées à la foule, des âmes élevées accueillaient avec sympathie une interprétation des mythes qui s'accordait avec l'idéalisme d'un Platon, ou le mysticisme de l'école d'Alexandrie. C'est ce paganisme épuré, en quelque sorte, dont le poète a déploré la disparition et dont il a célébré la grandeur en des vers qui rappellent de très près la prose de Louis Ménard que je citais tout à l'heure :

> Écoute au bord des mers, au sommet des collines,
> Sonner les rythmes d'or sur les lèvres divines,
> Et le marbre éloquent, dans les blancs Parthénons,
> Des artistes pieux éterniser les noms.
> Regarde, sous l'azur qu'un seul siècle illumine,
> Des îles d'Ionie aux flots de Salamine,
> L'amour de la patrie et de la liberté
> Triompher sur l'autel de la sainte Beauté ;
> Dans l'austère repos des foyers domestiques
> Les grands législateurs régler les Républiques,
> Et les sages, du vrai frayant l'âpre chemin,
> De sa propre grandeur saisir l'Esprit humain !
> Tu peux nier nos Dieux, ou leur jeter l'outrage,
> Mais de leur livre écrit déchirer cette page,
> Coucher notre soleil parmi les astres morts...
> Va, la tâche est sans terme et rit de tes efforts.
> Non, ô Dieux protecteurs, ô Dieux d'Hellas, ma mère,
> Que sur le pavé d'or chantait le vieil Homère,
> Vous qui vivez toujours, mais qui vous êtes tus,
> Je ne vous maudis pas, ô Forces et Vertus
> Qui suffisiez jadis aux races magnanimes,
> Et je vous reconnais à vos œuvres sublimes !

Ainsi répond à l'évêque Cyrille, qui la somme de renoncer à ses dieux morts et à leur culte impur, et de confesser « l'unique et sainte vérité », Hypatie, la belle philosophe, la vierge savante; dont les chrétiens, en la lapidant, feront une martyre.

III

Le paganisme ainsi conçu prétend rivaliser avec la morale chrétienne. Les deux conceptions présentent de profondes différences que dans le *Chant Alterné*, — l'*Églogue Harmonienne* de 1846, — Leconte de Lisle a fait admirablement ressortir. Deux voix, auxquelles, dans la première rédaction du poème, il avait donné les noms significatifs de *Pulchra* et de *Casta*, célèbrent en stances qui se répondent le caractère dominant de l'ancien culte et du nouveau. Je citerai seulement les dernières, dans la version originale :

PULCHRA

Dans l'Attique sacrée aux sonores rivages,
Dans la douce Ionie aux souffles amoureux,
Partout où le soleil éclaire un monde heureux,
La volupté divine a reçu mes hommages !

CASTA

Partout où l'on gémit, où murmure un adieu,
Partout où l'âme humaine a replié son aile,
J'ai fait germer toujours l'espérance éternelle,
Et j'ai guidé la terre au-devant de mon Dieu !

PULCHRA

Moi, je suis la beauté, la forme enchanteresse,
Chère à tout cœur gonflé par de chauds battements
Et je n'ai point d'égale, et comme une maîtresse,
J'enveloppe le monde entre mes bras charmants !

CASTA

Je suis l'amour sans tache, impérissable flamme,
Aurore du seul jour qui n'ait pas de déclin !
Les yeux ne m'ont point vue, et je veille dans l'âme,
En y parlant du ciel à ce monde orphelin !

« Le poète » alors, prenant la parole, confondait dans une même adoration ces deux aspirations de l'âme vers un idéal éternel :

O beauté, que le sage et l'artiste ont aimée,
Rayon des anciens jours qui dores l'avenir !
Et toi, sainte pudeur, ô lampe parfumée,
    Que rien ne peut jamais ternir !

Divin charme des yeux ! — ô chasteté bénie !
Double rayonnement d'un immuable feu !
Sur ce monde échappé de sa main infinie
Vous êtes la lumière et l'empreinte de Dieu !

Cette conclusion a disparu du texte de 1852. Au lieu de réconcilier dans un même culte les deux religions antagonistes, le poète, selon la version nouvelle, les regarde, avec un regret mélancolique, sombrer toutes les deux dans le même oubli. Sans doute il cède à un scrupule d'artiste ; il veut dissimuler son moi, effacer tout vestige de lyrisme romantique, et donner au morceau le caractère d'objectivité absolue qu'il a choisi pour être le signe distinctif de sa poésie. Mais on peut se demander s'il n'a pas eu le désir de retirer au christianisme une adhésion qu'il ne se souciait pas de lui donner, un hommage qu'il était de moins en moins disposé à lui rendre. La loi de Jésus lui apparaît surtout comme une loi qui contraint, qui violente et mutile la nature humaine. C'est ainsi qu'il la définit par la bouche même de son fondateur :

> Je suis le sacrifice et l'angoisse féconde ;
> Je suis l'Agneau chargé des souillures du monde ;
> Et je viens apporter à l'homme épouvanté
> Le mépris de la vie et de la volupté !
> ....
> Je romprai les liens des cœurs, et, sans mesure,
> J'élargirai dans l'âme une ardente blessure.
> La vierge maudira sa grâce et sa beauté ;
> L'homme se rentra dans sa virilité ;
> Et les sages, rongés par les doutes suprêmes,
> Sur leurs genoux ployés inclinant leurs fronts blêmes,
> Purifiront au feu leur labeur insensé [1].

Ce n'est pas qu'il ne puisse y avoir dans cette doctrine de l'austérité et du renoncement, de l'humiliation de l'esprit et de la mortification des sens, une grandeur abrupte et comme une sorte de beauté sauvage qu'un poète du tempérament de Leconte de Lisle ne pouvait méconnaître. Un de ses plus beaux poèmes [2] est consacré à exalter les âmes ardentes, que chassait vers la Thébaïde, au IIIe siècle de notre ère, le dégoût de la corruption qui submergeait l'empire comme une mer, ces anachorètes qui, dans la solitude, déchiraient « d'une main éperdue » leur chair encore frémissante des passions du monde, et dont les os blanchissaient dans les antres du désert. En ces « rêveurs », en ces « martyrs », en ces « vaillantes créatures », il a salué des poursuivants de l'idéal et des « amants désespérés du ciel ». Mais dans une rédaction antérieure, dont la pièce actuelle n'est qu'un abrégé très adouci, il gourmandait avec véhémence ces « orgueilleux », ces « fous sublimes » qui trouvaient une jouissance condamnable à piétiner tout ce qu'il pouvait y

---

1. *Poèmes Barbares* : *Le Runoia.* — 2. *Poèmes Barbares* : *Les Ascètes.*

avoir dans leur vie d'affections naturelles et de sentiments humains :

> Ah ! fuir le sol natal, les tendresses premières,
> Étouffer dans son cœur les souvenirs amis,
> L'amour et la beauté, ces divines lumières....
> C'était commettre un crime, et vous l'avez commis !

Entre la religion de la beauté harmonieuse et de la nature librement épanouie, et la religion de la contristation volontaire et de la souffrance voluptueusement embrassée, entre le paganisme et le christianisme, tels qu'il se les représentait, son choix, s'il en avait eu un à faire, n'aurait pas été douteux. Il faut toujours, sur cette matière, en revenir à cette belle pièce d'*Hypatie* qui, dans l'édition de 1852, ouvrait les *Poèmes Antiques* comme une déclaration solennelle et une profession de foi :

> O Vierge, qui d'un pan de ta robe pieuse
> Couvris la tombe auguste où s'endormaient tes Dieux,
> De leur culte éclipsé prêtresse harmonieuse,
> Chaste et dernier rayon détaché de leurs Cieux !...
>
> Le vil Galiléen t'a frappée et maudite [1]
> Mais tu tombas plus grande ! Et maintenant, hélas !
> Le souffle de Platon et le corps d'Aphrodite
> Sont partis à jamais pour les beaux cieux d'Hellas !
>
> Dors, ô blanche victime, en notre âme profonde,
> Dans ton linceul de Vierge et ceinte de lotos ;
> Dors ! l'impure laideur est la reine du monde,
> Et nous avons perdu le chemin de Paros !...

Je n'ai en vue, en ce moment, bien entendu, que le christianisme considéré pour ainsi dire en soi et dans son essence, abstraction faite des formes sous lesquelles il s'est organisé et perpétué au sein des nations. Pour une de ces formes, en particulier, pour l'Église catholique, Leconte de Lisle a toujours nourri, — nous y reviendrons plus tard — la plus profonde horreur. Mais, s'il n'a pas varié dans son aversion pour « la religion dégénérée du Christ », du moins il a toujours parlé du Christ lui-même avec infiniment de respect et une sorte de piété. Dans

---

1. Le texte de 1852 porte exactement : L'homme en son vol fougueux l'a frappée et maudite.

le temps de son séjour à Rennes, ému peut-être et comme gagné par la contagion d'une ferveur religieuse dont quelques-uns de ses plus chers amis lui donnaient le spectacle, — le pieux Rouffet, par exemple, ou bien encore Houein, « charmant garçon, doux, religieux et instruit », — il avait composé sur Jésus enfant une petite pièce intitulée *Issa ben Mariam*, dont le titre trahit une recherche, assez curieuse pour l'époque, de couleur exotique, mais dont l'inspiration est tout orthodoxe. Elle décrit en strophes délicatement nuancées le repos de l'enfant-dieu, et conclut ainsi :

> Tu dormais plein de grâce, enfant de l'Orient.
> L'ange des songes d'or ouvrait en souriant
>   Ses ailes sur ta tête blonde,
> Et ta mère veillait son trésor précieux ;
> Mais nul ne devinait que de tes faibles yeux
>   Jaillirait l'aurore du monde !
>
> Mais nul ne devinait, mystérieux martyr,
> Que de ton sang sacré fécondant l'avenir
>   Sombre de haine et de souffrance,
> Un jour tu doterais la frêle humanité
> Des rayons de l'aurore et de la liberté
>   Et de l'immortelle espérance !...

Plus tard il devait revenir maintes fois à la personne du Christ, et son œuvre définitive contient au moins une dizaine de passages où Jésus est mis en scène sous des aspects différents. Je laisse de côté *La Passion* dont on a grossi le recueil posthume du poète, étant bien avéré que, malgré la dédicace : *A ma mère*, elle ne fut jamais qu'une de ces besognes plus ou moins lucratives dont Leconte de Lisle était contraint de s'acquitter par les nécessités de la vie. Ce commentaire rimé du Chemin de la Croix ne rend à l'analyse ni émotion religieuse ni sentiment poétique. Ces quatorze ou quinze tableaux ont de l'imagerie pieuse, telle qu'elle est trop souvent exécutée, la banalité et la froideur. D'autres, moins orthodoxes, sont infiniment plus touchants, parce que le cœur du poète s'y est librement exprimé. Tantôt il a peint le Dieu de la crèche,

> le dernier-né des familles divines,
> Le fruit de leur sillon, la fleur de leurs ruines,

> L'Enfant tardif, promis au monde déjà vieux,
> Qui dormit deux mille ans dans le berceau des Dieux [1],

et tantôt l'époux divin, le pâle jeune homme à qui se voue le tendre cœur des vierges :

> Il est noble et grand comme Gabriel...
> De ses cheveux blonds le rayonnement
> L'enveloppe et fait luire chastement
> Sa beauté parfaite [2].

Il a suivi le Christ au cours de sa vie publique ; il l'a montré, lui, le dieu miséricordieux, tout « pâle de courroux », chassant à grands coups de fouet les vendeurs du temple,

> crevant les sacs, les escarcelles
> Pleines d'argent, poussant les bœufs sur les vaisselles,
> Et les outres de vin sur les riches tissus,
> Et l'âne sur l'ânier et le tout par-dessus [3].

Il l'a montré au jardin des Olives,

> S'abattant contre terre avec un grand soupir,
> Désespérant du monde et désirant mourir

tandis que sous les murs de Tsiôn étincelle dans l'ombre la torche de Judas [4]. Il l'a montré sur la colline âpre et nue qu'ensanglante le soleil couchant, suspendu au gibet, entre les deux suppliciés :

> Il était jeune et beau ; sa tête aux cheveux roux
> Dormait paisiblement sur l'épaule inclinée,
> Et d'un mystérieux sourire illuminée,
> Sans regrets, sans orgueil, sans trouble et sans effort,
> Semblait se réjouir dans l'opprobre et la mort.
> Certes, de quelque nom que la terre le nomme,
> Celui-là n'était pas uniquement un homme [5]...

Il l'a montré à sa dernière heure, poussant vers les sombres nuées un cri d'angoisse et d'épouvante, ne croyant plus à sa mission ni à sa divinité, doutant de lui-même et s'entendant déjà désavouer par l'avenir :

---

1. *Poèmes Barbares* : *Le Runoïa*. — 2. *Poèmes Barbares* : *La Fille de l'émyr*. — 3. *Poèmes Barbares* : *Les Paraboles de dom Guy*. — 4. *Poèmes Tragiques* : *La Bête écarlate*. — 5. *Poèmes Barbares* : *Le Corbeau*.

> Descends de ton gibet sublime,
> Pâle crucifié, tu n'étais pas un Dieu !...
>
> Cadavre suspendu vingt siècles sur nos têtes,
> Dans ton sépulcre vide il faut enfin rentrer.
> Ta tristesse et ton sang assombrissent nos fêtes ;
> L'humanité virile est lasse de pleurer.

Le poète, il est vrai, relève le blasphème. « Non, s'écrie-t-il, Fils du charpentier, tu n'avais pas menti ! »

> Tu n'avais pas menti ! Ton Église et ta gloire
> Peuvent, ô Rédempteur, sombrer aux flots mouvants ;
> L'homme peut, sans frémir, rejeter ta mémoire,
> Comme on livre une cendre inerte aux quatre vents !...
>
> Car tu sièges auprès de tes Égaux antiques,
> Sous tes longs cheveux roux, dans ton ciel chaste et bleu :
> Les âmes, en essaims de colombes mystiques,
> Vont boire la rosée à tes lèvres de Dieu !
>
> Et, comme aux jours altiers de la force romaine,
> Comme au déclin d'un siècle aveugle et révolté,
> Tu n'auras pas menti, tant que la race humaine
> Pleurera dans le temps et dans l'éternité [1].

Il semble que Leconte de Lisle ne se résigne pas sans peine à livrer à l'oubli cette grande figure, qui incarne aux yeux du monde, des incrédules aussi bien que des croyants, la compassion épanchée sur toutes les misères humaines et l'infinie miséricorde. Il faut pourtant qu'elle y descende et s'y ensevelisse comme les autres, puisque c'est la commune destinée de tous les êtres surnaturels auxquels l'humanité a voué successivement son admiration et son amour. Tel est, en fait d'histoire des religions, le dernier mot du poète. Il nous est donné dans la grande pièce, d'une magnifique tristesse, intitulée *La Paix des Dieux*, œuvre de ses dernières années, qui figure en tête de ses *Derniers Poèmes* et peut servir de conclusion, dans l'ordre d'idées où nous sommes, à toute son œuvre.

L'homme demande au Démon qui le hante sans cesse, à « cet âpre désir des choses éternelles » qui fait à la fois sa vie et son

---

1. *Poèmes Barbares* : *Le Nazaréen*.

tourment, de lui ouvrir « la Cité du silence et de l'ombre », le sépulcre où dorment les Dieux évanouis. — Le Charnier divin ! répond le Spectre ; regarde, il est au fond de ton propre cœur :

> Là sont tous les Dieux morts, anciens songes de l'Homme,
> Qu'il a conçus, créés, adorés et maudits...

Et les uns après les autres, il évoque leur image et il les appelle par leur nom : les Dieux de l'Égypte, Ammon-Râ, ceint des bandelettes funèbres, et Thoth le Lunaire, et Anubis l'aboyeur, et Isis, et Apis ; les dieux du Gange ; les Baalim des nations farouches, le sinistre Iahveh, le sombre Ahrimân, et les dieux assyriens, et les Kymriques, et les Aztèques, et les Scandinaves, et les Immortels assis autour du Kronide sur le Pavé d'or ; enfin, dans le brouillard qui monte et l'enveloppe,

> Le blond Nazaréen, Christ, le fils de la Vierge,
> Qui pendait tout sanglant, cloué nu sur sa croix...

Et l'Homme, désespéré, pleure sur ses Dieux morts. Mais du fond de lui-même il entend monter, « triste comme un sanglot », une voix, la voix de son inexorable Raison :

> Rien ne te rendra plus la foi ni le blasphème,
> La haine ni l'amour, et tu sais désormais,
> Éveillé brusquement en face de toi-même,
> Que ces spectres d'un jour, c'est toi qui les créais.
>
> Mais va ! Console-toi de ton œuvre insensée !
> Bientôt ce vieux mirage aura fui de tes yeux,
> Et tout disparaîtra, le monde et ta pensée,
> Dans l'immuable paix où sont rentrés les Dieux!

Ainsi, l'homme, en ce monde, n'a d'autre secours à espérer que de lui-même et de l'humanité. Ce qu'il doit en attendre, il en pourra juger d'après son histoire, telle que le poète, nous le verrons, la lui met sous les yeux.

CHAPITRE V

LECONTE DE LISLE ET LES HOMMES

1

L'œuvre de Leconte de Lisle, considérée d'un certain biais, est, nous l'avons vu, une théogonie. Mais l'auteur ne sépare pas de l'histoire des dieux, l'histoire des hommes qui, par un renversement du rapport habituel des termes, ont créé ces dieux. Et comme cette histoire ne s'attache pas à suivre l'ordre des événements, ni à en dérouler totalement le récit, ni à enchaîner les causes et les effets, mais comme, au gré de la fantaisie poétique, elle choisit des épisodes et traite des fragments, recueille des traditions, peint des mœurs, ranime des passions et recrée des âmes, elle n'est point une histoire, mais une épopée, plus exactement une suite de courtes épopées, une légende de l'humanité, cette « légende des siècles » que Victor Hugo portait déjà dans sa tête au temps même où paraissaient les *Poèmes Antiques*, et pour laquelle, avec ce sens du style lapidaire qui lui était propre, il a trouvé, après quelques tâtonnements, le titre définitif.

Le mot lui appartient, sans contestation possible. Mais la chose, à qui revient la gloire d'en avoir été l'inventeur ? Est-ce à lui ? Est-ce à Leconte de Lisle ? A s'en rapporter exclusivement aux dates, on a vite fait de trancher la question. Les *Poèmes Antiques* sont de 1852; la première série de *La Légende des Siècles* est de 1859. « S'il faut — comme on l'a dit — que l'un des deux poètes ait imité l'autre », on en conclura, et on en a conclu « que c'est Victor Hugo, puisqu'il n'est venu qu'à la suite[1] ». Ce serait

---

1. Brunetière, *L'évolution de la poésie lyrique en France au XIX⁰ siècle*, 2⁰ éd., Paris, 1895, t. II, p. 184.

peut-être voir les choses un peu simplement. D'abord, parmi les poèmes qui composent le recueil de 1859, on en peut compter un certain nombre qui avaient été écrits entre 1840 et 1852 ; et, si ce qu'il y avait dans la tentative de Victor Hugo de particulièrement original était d'embrasser l'histoire entière de l'humanité, depuis la création jusqu'au jugement dernier, l'idée n'avait certainement pu lui en venir de ce volume des *Poèmes Antiques*, exclusivement voué, ou peu s'en faut, à la glorification du génie hellénique, et grossi, sans plan arrêté, d'une douzaine de morceaux qui n'ont rien d'antique, ni rien d'épique, ni même rien de commun entre eux, tels que *Juin*, *Midi* ou *Nox*, et *La Fontaine aux Lianes*, et les chansons imitées de Burns. Et l'on serait tenté, au contraire, de penser que c'est Leconte de Lisle qui a pu être engagé par l'exemple de Victor Hugo à étendre le cercle de ses compositions aux civilisations du Nord et au Moyen Age, si, en 1854, tel des poèmes, et non des moindres, qui figureront dans les *Poésies Barbares* de 1862 — c'est *Le Runoïa* que je veux dire — n'avait été inséré dans la *Revue de Paris*, si la plupart des autres ne s'étaient succédé de 1857 à 1860 dans la *Revue Contemporaine*, si, enfin, le titre du recueil n'avait été trouvé dès 1858. Faut-il donc à tout prix que l'un des deux poètes ait « imité » l'autre, et cette question d'antériorité ne perd-elle pas toute l'importance qu'on a cru devoir y mettre, si tous les deux, s'emparant presque au même moment d'un sujet — ou d'un ordre de sujets — qui, depuis quelque temps déjà « était dans l'air », ils l'ont conçu d'une manière fort différente et mis en œuvre chacun à sa façon ?

A supposer, en effet, qu'on veuille remonter jusqu'aux origines de cette épopée moderne dont, vers le milieu du XIXe siècle, Victor Hugo et Leconte de Lisle nous ont donné les chefs-d'œuvre, il faut, en dernière analyse, les chercher dans le grand et persévérant labeur d'érudition scientifique qui, depuis le milieu environ du XVIIIe siècle, nous avait fait de mieux en mieux connaître les commencements de notre race et les premiers âges de l'humanité. Ce sont les efforts accumulés de consciencieux chercheurs et de modestes savants qui l'avaient rendue possible ;

et celui qui fut vraiment, sinon le créateur, tout au moins l'initiateur du genre, celui qui le premier fit jaillir des cendres refroidies du passé une étincelle de vie, c'est celui qui fut aussi l'initiateur de l'histoire moderne — j'entends de l'histoire considérée comme œuvre d'art — ce Chateaubriand dont la grande figure domine tout notre XIXe siècle littéraire et se dresse à l'entrée de toutes ses avenues. Je ne citerai pas une fois de plus la page fameuse d'Augustin Thierry, si souvent alléguée et que tout le monde connaît; mais je ne puis m'abstenir de rappeler ici que c'est de Chateaubriand et de ses *Martyrs*, et, pour préciser encore, du VIe livre des *Martyrs*, tout plein d'une si pittoresque et si poétique barbarie, que se sont inspirés et réclamés les jeunes écrivains qui, aux alentours de 1830, ont entrepris de faire de l'histoire le récit animé et vivant des actions des hommes, de nous restituer non seulement la teneur et la trame des faits, mais le décor où ils se sont encadrés, mais les passions dont ils ont été les gestes, mais les idées, les croyances, les préjugés ou les mirages qui ont mis ces passions en jeu, de représenter chaque époque, chaque peuple, chaque siècle, avec sa façon propre d'être, de penser et de vivre, son langage, son costume, sa couleur, en un mot non pas d'enregistrer mais de ressusciter le passé. Cette devise féconde que Michelet n'avait pas encore inscrite au fronton de son *Histoire de France*, mais dont son *Histoire du Moyen Age* était, avant la lettre, l'illustration, elle convenait aux poètes encore plus qu'aux historiens, et il était naturel que le mot d'ordre passé par la poésie à l'histoire fût repassé par l'histoire à la poésie. C'est de la rencontre de cette conception poétique de l'histoire avec l'idée, chère aux philosophes, du progrès indéfini ou tout au moins de l'évolution nécessaire de l'humanité que sortit, entre 1850 et 1860, cette renaissance de l'épopée que, dès 1828, en une page quasi prophétique, Quinet avait appelée et annoncée. Aux épopées à la façon antique, *Iliade* ou *Odyssée*, *Ramayana* ou *Mahabarata*, « conçues par l'esprit national,... œuvre et tableau d'une race et d'une nation », il opposait l'épopée de Dante, qui lui apparaissait comme « l'œuvre et l'image du genre humain ».

Et maintenant, — ajoutait-il, — qu'un homme dispose des annales de l'humanité comme de celles du peuple grec, que pour unité il choisisse l'unité de l'histoire et de la nature, qu'il rapproche des êtres réels à travers les siècles dans la voie merveilleuse de l'infini, que ces scènes se succèdent et s'enchaînent non plus dans les ombres de l'enfer, du purgatoire ou du paradis du Moyen Age, mais dans un espace aussi illimité, brillant d'une lumière plus complète, il aura atteint la forme possible et nécessaire de l'épopée dans le monde moderne [1].

A cette date de 1828, déjà Lamartine, dans un moment d'illumination, avait jeté le plan de cet immense poème allant du ciel à la terre et de la terre au ciel, dont *Jocelyn* et *La Chute d'un Ange* ne furent que des épisodes, et Alfred de Vigny avait montré, dans les plus remarquables de ses *Poèmes Antiques et Modernes*, dans son *Déluge*, dans son *Moïse*, quelle grandeur épique peut se déployer dans le cadre de quelques centaines ou même de quelques vingtaines de vers.

Ainsi, ce dont il convient de louer Victor Hugo et Leconte de Lisle, ce n'est pas d'avoir inventé de toutes pièces, et avant tous autres, l'épopée de l'humanité, c'est de l'avoir réalisée, et de l'avoir réalisée d'une manière si différente. Si l'on veut savoir dans quel dessein Victor Hugo a entrepris son œuvre, il suffit de relire ce paragraphe de la préface qu'il y a mise :

> Exprimer l'humanité dans une espèce d'œuvre cyclique, la peindre successivement et simultanément sous tous ses aspects, histoire, fable, philosophie, religion, science, lesquels se résument en un seul et immense mouvement d'ascension vers la lumière ; faire apparaître, dans une sorte de miroir sombre et clair,... cette grande figure une et multiple, lugubre et rayonnante, fatale et sacrée, l'Homme ; voilà de quelle pensée, de quelle ambition, si l'on veut, est sortie *La Légende des Siècles*.

Et si l'on veut savoir dans quel esprit Leconte de Lisle a composé la sienne, il n'est que de se reporter au discours dans lequel il a fait l'éloge de son illustre confrère. Après avoir cité le passage que je viens de reproduire, il ajoute :

> Certes, c'était là une entreprise digne de son génie, quelque colossale qu'elle fût. Pour qu'un seul homme, toutefois, pût réaliser complètement un dessein

---

1. Edgar Quinet, *De l'origine des Dieux*.

aussi formidable, il fallait qu'il se fût assimilé tout d'abord l'histoire, la religion, la philosophie de chacune des races et des civilisations disparues ; qu'il se fît tour à tour, par un miracle d'intuition, une sorte de contemporain de chaque époque et qu'il y revécût exclusivement, au lieu d'y choisir des thèmes propres au développement des idées et des aspirations du temps où il vit en réalité.

Comme il arrive souvent, en indiquant en quoi Victor Hugo, à son sens, avait manqué, il a, du même coup, précisé à quoi, lui, il aurait voulu réussir ; si bien que la tâche du critique peut se borner à l'examen des trois points sur lesquels il a lui-même attiré son attention.

II

Il faut, nous dit Leconte de Lisle, que le poète se soit « assimilé tout d'abord l'histoire, la religion, la philosophie de chacune des races et des civilisations disparues ». Cette épopée de l'humanité, elle est, avant tout et dans sa substance, une œuvre de savoir. Convenons, sans nous faire prier, que le savoir ne lui a pas manqué. M. Vianey s'est donné la peine de rechercher les sources auxquelles il a puisé pour écrire un certain nombre de ses poèmes, ceux justement qui sont de caractère historique ou légendaire[1]. Il résulte de cette très précieuse enquête — encore que, malgré toute la diligence qu'y a mise l'auteur, elle demeure incomplète — que, pour ce faire, Leconte de Lisle a, sinon dépouillé, tout au moins parcouru, et parfois lu de très près toute une bibliothèque. Il ne s'est pas contenté, comme le plus souvent Victor Hugo, des encyclopédies, dictionnaires et autres ouvrages de vulgarisation, dont l'usage est rapide et facile. Il a recouru aux travaux de première main, il est remonté aux textes ; et ces travaux, comme ces textes, s'offraient à lui sous la forme de gros livres dont il était impossible, sans un véritable labeur, de s'assimiler le contenu, ou même d'en extraire les parcelles de poésie qu'il pouvait recéler. Pour son poème de *Baghavat*, il a mis à contri-

1. *Les sources de Leconte de Lisle*, Montpellier, 1907.

bution les quatre volumes de la traduction faite par Burnouf du *Bâghavata-Purâna*, non sans s'inspirer en même temps de celle que Fauche avait donnée du *Mahabarâta*. Pour *Néférou-Ra*, il a consulté une série d'articles publiés dans le *Journal Asiatique* par un égyptologue de marque, le vicomte de Rougé. Pour *La Légende des Nornes*, il a utilisé l'*Histoire de Dannemarc* de Malet, les ouvrages d'Ampère, d'Ozanam, de Marmier. Pour composer ses poèmes grecs, non seulement il a lu à peu près tout ce que les Grecs nous ont laissé de poésie, depuis Homère jusqu'à Théocrite et Apollonius, mais encore il a eu connaissance des travaux d'Ottfried Muller sur les Doriens et fait son profit — tout au moins dans les *Érynnies* — des découvertes archéologiques du Dr Schliemann. Il serait aisé, au besoin, de multiplier les exemples. On reconnaîtra que nul encore en France, le seul Chénier peut-être excepté, n'avait mis au service d'une imagination de poète une telle abondance d'érudition.

De cette érudition, toutefois, il ne faut s'exagérer ni la solidité ni la profondeur. Elle est, sur bien des points, déjà démodée. Tandis que Leconte de Lisle fixait ses conceptions poétiques en beaux groupes marmoréens, la science poursuivait ses enquêtes. Elle découvrait des faits nouveaux ; elle construisait des théories nouvelles ; elle remplaçait par d'autres hypothèses les hypothèses qui passaient, il y a un demi-siècle, pour des vérités. On ne saurait reprocher à l'auteur des *Poèmes Barbares* d'avoir mis une entière confiance dans les savants dûment qualifiés qu'à l'occasion il prenait pour guides, d'avoir, notamment, sur la foi de M. de Rougé, tenu pour un document officiel, émanant de Ramsès II, une inscription fabriquée quelques centaines d'années plus tard. On ne saurait même lui en vouloir d'avoir eu quelquefois la main moins heureuse dans le choix de ses inspirateurs : il y a soixante ans, qui n'aurait vu dans Henri Martin ou Hersart de La Villemarqué des autorités plus que suffisantes ? Mais il faut jouer quelque peu sur les mots pour admettre qu'on trouve réalisée dans cette poésie, toute « savante » qu'elle soit et qu'elle prétende être, cette union étroite, cette confusion de l'art et de la science que l'auteur, dans ses préfaces, assignait comme but aux efforts désormais convergents de l'intelligence humaine [1]. Lorsque Leconte de Lisle empruntait à ses lectures le sujet de quelque poème, il lui arrivait de se déterminer moins par l'authenticité du récit que par l'effet poétique qu'il espérait en tirer ; et si, pour mettre les choses au mieux, une rapsodie comme l'*Histoire de la domination des Arabes en Égypte et en Portugal*, *rédigée sur l'Histoire traduite de l'arabe en espagnol de M. Joseph Conde par M. de Marlès*, pouvait lui en imposer par la longueur de son titre et le luxe de garanties qu'elle semblait offrir, il n'avait aucune illusion à se faire sur la valeur scientifique du *Foyer Breton* d'Émile Souvestre ou du *Monde Antédiluvien* de Ludovic de Cailleux. Et cela lui importait sans doute moins qu'on ne l'a cru et qu'il n'a voulu le faire croire lui-même. Et, en somme, il avait raison. Poète, il faisait son métier de poète. Ce qu'il demandait aux livres d'après lesquels il travaillait, ce n'était pas des documents pour écrire l'histoire, mais le choc qui ébranlait son imagination et les matériaux dont il avait besoin pour bâtir une œuvre beaucoup moins objective et impersonnelle qu'il ne l'a affirmé, comme nous le verrons bientôt.

Je ne veux pas dire, toutefois, que cette érudition, — toute discussion sur sa qualité mise à part, — n'ait conféré à la poésie de Leconte de Lisle des mérites que sans cela elle n'aurait pas eus. Elle a donné aux représentations, ou, si l'on veut, aux reconstitutions qu'il a tentées d'un passé lointain, une cohérence, une tenue, une unité que notre littérature n'avait pas encore connues. Il y avait, lorsqu'il publia ses premiers poèmes, trente à quarante ans que nos poètes s'essayaient à faire, — pour appeler la chose par son nom, — de la couleur locale. Ils y apportaient, comme on sait, un zèle aussi ardent que médiocrement éclairé. Je ne parle pas des écrivains de dixième ordre, qui, quoi qu'ils fassent, le font mal. Je ne parle pas non plus des fantaisistes à la manière d'Alfred de Musset, qui, ayant découvert assez vite le secret du procédé, professaient à son égard, — qu'on se reporte à *Namouna*, — le scepticisme le plus irrévérencieux, et s'ils

---

1. Voir la Préface des *Poèmes Antiques*.

brossaient un décor italien ou espagnol, s'ils encadraient leurs créations dans les montagnes du Tyrol ou l'enceinte d'une vieille petite ville allemande, ne se donnaient pas la peine de chercher ailleurs qu'en eux-mêmes les éléments de leurs tableaux. Je pense au maître du genre, au Victor Hugo des *Orientales*, et même au Victor Hugo de *La Légende des Siècles*. En dépit des autorités qu'il allègue complaisamment dans ses préfaces ou dans ses notes, il en prend à son aise avec les documents. Mais son imagination, toute puissante qu'elle soit, ne saurait y suppléer. Aussi y a-t-il souvent, dans ses peintures historiques, quelque chose de faux, tout au moins d'inconsistant et de conventionnel. Il n'en va pas de même chez Leconte de Lisle. Tel de ses poèmes, en effet, n'est qu'une mosaïque dont on retrouve les fragments épars dans l'ouvrage où il s'est documenté. *L'Arc de Civa* ramasse en trente stances un millier de vers du *Ramayana*. Le poème d'*Hélène* est fait avec des morceaux empruntés à une demi-douzaine de poètes grecs ou latins. Les quatorze vers du sonnet intitulé *Le Combat Homérique* ont été glanés dans trois chants de l'*Iliade*. Certains poèmes espagnols sont des centons du *Romancero*. Comment les pièces sont choisies et ajustées, avec quel art cela est fait, nous aurons à y revenir. Pour le moment, tout ce que nous voulons observer, c'est que cela n'est pas fait de rien, et que si les tableaux que nous présente Leconte de Lisle nous frappent par leur relief et par leur couleur, et s'ils nous entrent, comme on dit, dans les yeux, c'est qu'il se mêle, dans leur composition, à l'intuition poétique, un fort élément de réalité.

En même temps qu'elle a donné de la solidité à son pittoresque, l'érudition lui a donné aussi de la variété. Puisant pour chaque poème à une source différente, et suivant ordinairement d'assez près le texte dont il s'inspirait, Leconte de Lisle avait quelques chances de tracer de chaque pays, de chaque époque, de chaque race, une image qui appartînt en propre à ce pays, à cette époque, à cette race, et ne se confondît pas avec les images voisines dans un archaïsme vague ou un exotisme banal. On sait comment, pour mettre de la couleur sur ses *Orientales*, Hugo avait composé sa palette de tous les souvenirs qui s'étaient, au hasard de ses lectures, déposés dans sa mémoire, amalgamant Turquie, Arabie, Perse, voire même Grèce et Espagne, dans la peinture d'un Orient imaginaire. Les tableaux que l'on rencontre chez Leconte de Lisle de l'Inde, de la Perse, de l'Arabie, se distinguent au premier coup d'œil par des traits particuliers et une physionomie originale. Lisez seulement dix vers de *Çunacépa* :

> Sous la varangue basse, auprès de son figuier,
> Le Richi vénérable achève de prier.
> Sur ses bras d'ambre jaune il abaisse sa manche,
> Noue autour de ses reins la mousseline blanche.
> Et croisant ses deux pieds sous sa cuisse, l'œil clos,
> Immobile et muet, il médite en repos.
> Sa femme à pas légers vient poser sur sa natte
> Le riz, le lait caillé, la banane et la datte ;
> Puis elle se retire et va manger à part...

Lisez maintenant une strophe ou deux de *La Vérandah* :

> Sous les treillis d'argent de la vérandah close,
> Dans l'air tiède embaumé de l'odeur des jasmins,
> Où la splendeur du jour darde une flèche rose,
> La Persane royale, immobile, repose,
> Derrière son col brun croisant ses belles mains,
> Dans l'air tiède, embaumé de l'odeur des jasmins
> Sous les treillis d'argent de la vérandah close.
>
> Jusqu'aux lèvres que l'ambre arrondi baise encor,
> Du cristal d'où s'échappe une vapeur subtile
> Qui monte en tourbillons légers et prend l'essor,
> Sur les coussins de soie écarlate, aux fleurs d'or,
> La branche du hûka rôde comme un reptile
> Du cristal d'où s'échappe une vapeur subtile
> Jusqu'aux lèvres que l'ambre arrondi baise encor.

Et lisez enfin ces quatre stances, prises dans l'*Apothéose de Mouça-Al-Kébyr* :

> Voici. Le Dyouân s'ouvre. De place en place
> Chaque verset du livre, aux parois incrusté,
> En lettres de cristal et d'argent s'entrelace
> Du sol jusqu'à la voûte et sans fin répété.
>
> Sous le manteau de laine et la cotte de mailles
> Et le cimier d'où sort le fer d'épieu carré,
> Les Émyrs d'Orient dressent leurs hautes tailles
> Autour de Soulymân, l'Ommyade sacré.

> Les Imâns de la Mekke, immobiles et graves,
> Sont là, l'écharpe verte enroulée au front ras,
> Et les chefs des tribus chasseresses d'esclaves
> Dont le soleil d'Égypte a corrodé les bras :
>
> Au fond, vêtus d'acier, debout contre les portes,
> De noirs Éthiopiens semblent, silencieux,
> Des spectres de guerriers dont les âmes sont mortes,
> Sauf qu'un éclair rapide illumine leurs yeux.

N'est-il pas vrai, malgré un air de parenté indéniable entre ces trois formes de la civilisation orientale, qu'on se sent à chaque fois transporté dans un monde nouveau, et que par l'abondance, et la précision, et l'originalité des détails, chacun de ces tableaux exclut l'impression qu'il ait été fait de chic.

La recherche de l'exactitude a ses avantages, même pour un poète ; elle a aussi ses inconvénients. Il arrive notamment qu'elle se fasse trop sentir. L'auteur, plein de son sujet, la mémoire obsédée de tous les traits pittoresques, suggestifs, curieux, qu'il a notés dans ses livres, ne peut se résoudre aux sacrifices nécessaires et ne vous fait grâce d'aucun. De là parfois une surcharge dont le lecteur est accablé. C'est surtout quand il rapporte les traditions des peuplades primitives que Leconte de Lisle, cédant à l'attrait puissant qu'exerce sur lui le mystère des origines, se laisse facilement entraîner. Voyez dans *Khirôn* toute l'histoire, d'ailleurs contestable, des invasions doriennes dans la Grèce pélasgique. Voyez dans *Le Massacre de Mona* le récit des migrations des Kymris. Voyez, dans *La Légende des Nornes*, les contes sans fin que font les trois vieilles assises sur les racines du frêne Yggdrasill. Ou bien encore, c'est quand il énumère les horreurs, les calamités, les violences et les turpitudes des plus sombres époques du Moyen Age que sa verve ne sait plus borner son cours. Quelles que soient la beauté des vers et la vigueur des peintures, il faut s'y reprendre à plusieurs fois pour achever des morceaux, comme *Le Corbeau*, *Hiéronymus* ou *Les Paraboles de Dom Guy*, et on en vient à souhaiter, tandis que roulent d'un flot égal, avec un fracas uniforme, ces tirades interminables, que l'auteur fût plus concis, ou qu'il fût moins savant.

L'abus de l'érudition ne produit pas seulement la lassitude ; il engendre l'obscurité. Pour comprendre les poèmes mythologiques et historiques de Leconte de Lisle, il faudrait souvent être aussi informé que l'auteur lui-même, connaître les sources où il puise, avoir lu les livres qu'il a lus. *La prière védique pour les morts*, par exemple, n'est pleinement intelligible, j'entends dans son sens littéral, que si le lecteur a quelque teinture du *Rig-Véda*. Parfois le contexte apporte une suffisante clarté ; parfois aussi il ne fournit que peu de lumière. Faute d'une annotation que le poète ne pouvait guère, sans tomber dans le pédantisme, mettre au bas ou à la suite de ses vers, nous en sommes réduits à charger notre mémoire de termes étrangers dont la signification nous échappe, ou d'allusions dont nous ne saisissons pas la portée. Ajoutez que la préoccupation de l'exactitude dégénère en prédilection pour l'insolite et pour le bizarre. La question des noms propres, en particulier, tient dans la poésie de Leconte de Lisle une place qu'on ne peut s'empêcher de trouver un peu excessive. Il semble que ç'a été pour lui la grande affaire, et le témoignage le plus éclatant de son esprit scientifique, que d'appeler ses héros des noms les plus dissemblables de ceux sous lesquels on les connaît ordinairement. Il lui est même arrivé de changer à plusieurs reprises sa manière de les écrire. Assurément il était légitime d'y apporter une attention méticuleuse, quand il s'agissait des dieux de la Grèce, qu'il était indispensable de distinguer, en leur restituant leurs appellations authentiques, des dieux de l'Italie avec lesquels on les avait trop longtemps confondus. Mais on peut se demander quel intérêt et quel avantage il pouvait y avoir à dire *Sûrya* au lieu de *Sourya*, *Nûrmahal* au lieu de *Nourmahal*, et l'on sourit volontiers des efforts réitérés faits par le poète pour donner au nom de Caïn, devenu successivement sous sa plume *Kaïn*, puis *Qaïn*, un aspect qui fût suffisamment barbare à nos yeux.

III

Le lecteur aurait tort, néanmoins, de se laisser rebuter par ces dehors un peu rébarbatifs de la poésie de Leconte de Lisle. A regarder de plus près, il s'apercevra que cet appareil scientifique répond à une intention plus profonde que le souci, assez puéril en somme, de l'exactitude matérielle ou de la correction orthographique. Si l'auteur nous surprend par des détails singuliers et des dénominations inattendues, c'est que dès le premier abord il veut que nous nous sentions transportés hors de notre sphère, que nous ayons l'impression quasi physique de la différence des milieux et des époques. Mais il se propose bien de ne pas s'en tenir là. Il veut nous faire pénétrer avec lui jusqu'à l'âme des temps passés et des races disparues. Pour réussir dans cette entreprise, il fallait, nous disait-il lui-même, « un miracle d'intuition ». Ce miracle, lui a-t-il été donné de l'accomplir ? On ne saurait s'attendre, évidemment, à ce qu'il ait poussé jusque dans le dernier détail la psychologie des peuples. Ce n'aurait pu être qu'au détriment de la poésie et de l'art. Moins exigeants que lui, nous ne demanderons pas « qu'il se soit fait tour à tour le contemporain de chaque époque et qu'il y ait revécu exclusivement. » Il nous suffira qu'il en ait rendu exactement la physionomie générale, qu'il ait démêlé avec justesse et souligné avec vigueur les traits dominants et le caractère original de chacune des grandes races ou des grandes civilisations auxquelles il a demandé le sujet de ses tableaux.

L'Inde, soit légendaire, soit historique, lui a fourni le sujet de quelques-uns de ses plus beaux poèmes. Pays étrange, qui rassemble en lui les plus étonnants contrastes : ardeur sensuelle et extase mystique, voluptés savantes et extraordinaires macérations. Il semble que personne n'y fasse grand cas de la vie, de la vie des autres aussi bien que de la sienne. La passion, sous ce climat de feu, s'exaspère et va facilement jusqu'au crime. Djihan-Guir, le maharajah de Lahore, s'est épris, à entendre monter sa voix dans l'air nocturne, de la blanche Nurmahal, l'épouse d'Ali-Khân, que la guerre retient au loin. Et Nurmahal a juré d'être fidèle ; mais elle est faible, mais elle est femme ; elle aime les richesses, les grandeurs, le luxe, les fêtes, la soie et l'or, les saphirs et les diamants. Elle ne résiste pas au penchant qui l'entraîne. Mais pour éviter de commettre un parjure, elle commence par se débarrasser d'Ali-Khân :

> Par un coup de poignard à la fois reine et veuve,

elle pourra s'asseoir aux côtés de Dihan-Guir sur le trône mongol[1]. Le vieux nabab d'Arkate, Mohhammed, est le mari très amoureux d'une trop jeune femme. « Défie-toi », lui souffle le fakir accroupi à ses pieds :

> Nabab ! ta barbe est grise et ta prudence est jeune...
> Pourquoi réchauffes-tu le reptile en ton sein ?

Et Mohhammed regarde « le front ceint de grâce et de noblesse, » l'œil jeune et pur, la bouche trop belle pour mentir, et il ne comprend qu'une chose, c'est qu'il aime, qu'il aime comme s'il avait vingt ans. La nuit vient : au fond du palais sombre, Mohhammed repose ; il gît immobile, roide, la gorge ouverte, au milieu d'une mare de sang[2]. — Le roi Ambarisha offre aux dieux une victime humaine. Au moment où le sacrifice va s'accomplir, la victime disparaît, dérobée par Indra. Il faut de toute nécessité ou la retrouver, ou lui en substituer une autre. Après beaucoup de recherches, Ambarisha rencontre un pauvre brahme, pieux et sage, qui a trois fils. Il demande au brave homme de lui livrer, au prix de cent mille vaches grasses, un de ses enfants. Mais le vieillard ne veut pas céder son fils aîné, et sa femme se refuse à vendre le plus jeune. Alors le second, Çunacépa, se lève. Il se dévoue. Il demande seulement un jour de grâce, pour dire adieu à celle qu'il aime, à la fleur de son printemps, la tendre et pure Çanta. Il lui annonce qu'il va mourir. La vierge aussitôt déclare qu'elle le suivra dans la mort :

> Tu veux mourir, dit-elle, et tu m'aimes ! Eh bien,
> Le couteau dans ton cœur rencontrera le mien !
> Je te suivrai. Mes yeux pourraient-ils voir encore
> Le monde s'éveiller, désert à chaque aurore !
> C'est par toi que l'oreille ouverte aux bruits joyeux,
> J'écoutais les oiseaux qui chantaient dans les cieux,
> Par toi que la verdeur de la vallée enivre,
> Par toi que je respire et qu'il m'est doux de vivre...

---

1. *Poèmes Barbares* : *Nurmahal*.
2. *Poèmes Barbares* : *Le Conseil du Fakir*.

Et il ne dépend point d'elle que son sacrifice ne soit accepté[1]. — Valmiki, le poète immortel, lui, est très vieux. Il a cent ans. Sa vie est pleine, son œuvre est faite. Il monte au sommet de l'Himavat, il s'arrête sous le vaste Figuier verdoyant l'hiver comme l'été. Immobile, il laisse une dernière fois ses yeux se fixer sur le monde, il se plonge dans la gloire de Brahma. Et tandis qu'il est perdu dans cette extase surhumaine, par centaines, par milliers, par millions, de blanches fourmis grimpent à l'assaut de son corps.

> Elles couvrent ses pieds, ses cuisses, sa poitrine,
> Mordent, rongent la chair, pénètrent par les yeux
> Dans la concavité du crâne spacieux,
> S'engouffrent dans la bouche ouverte et violette,

et de ce qui fut Valmiki, l'immortel poète, elles ne laissent qu'un squelette roide,

> Planté sur l'Himavat comme un dieu sur l'autel [2].

La Grèce connaît, elle aussi, les passions qui tourmentent l'homme. Elles sont de tous les temps et de tous les climats. Leconte de Lisle nous montre Clytemnestre féroce, Hélène sensuelle, Niobé orgueilleuse. Mais de cette terre heureuse, où la race humaine s'est épanouie plus librement qu'ailleurs, il a retenu de préférence des images riantes. Les dieux y sont tout près de l'homme, et l'homme s'y sent presque au rang des dieux. Les immortels aiment les femmes de la terre, et les nymphes ne croient pas s'abaisser en poursuivant de beaux jeunes hommes d'une tendresse que ceux-ci n'accueillent pas toujours. La vie est facile, les mœurs sont douces :

> Ni sanglants autels, ni rites barbares ;
> Les cheveux noués d'un lien de fleurs,
> Une Ionienne aux belles couleurs
> Danse sur la mousse au son des kithares [3]

---

1. *Poèmes Antiques* : *Çunacépa*.
2. *Poèmes Antiques* : *La mort de Valmiki*.
3. *Médailles Antiques*.

Sans doute la Grèce a produit en foule guerriers héroïques et navigateurs aventureux ; mais, pour Leconte de Lisle, elle est surtout la patrie de l'intelligence et des arts, le sanctuaire des Muses, dont il évoque à la fin de l'*Apollonide* le chœur majestueux :

> Nous sommes les Vierges sacrées,
> Délices du vaste univers,
> Aux mitres d'or, aux lauriers verts,
> Aux lèvres toujours inspirées.
> L'homme éphémère et soucieux
> Et l'Ouranide au fond des cieux
> Sont illuminés de nos flammes,
> Et parfois nous réjouissons
> De nos immortelles chansons
> Le noir Hadès où sont les âmes !...
> ....
> A travers la nue infinie
> Et la fuite sans fin des temps,
> Le chœur des astres éclatants
> Se soumet à notre harmonie ...

Les Muses sont l'âme du monde. Mais leur séjour préféré, c'est la favorite de Pallas Athéné, « la Cité surhumaine », « la Fleur magnifique des âges », que le poète voit, dans l'aurore et l'azur, monter aux cieux élargis, et s'épanouir sur le monde enchanté,

> La ville des Héros, des Chanteurs et des Sages,
> Le Temple éblouissant de la sainte Beauté.

Quel contraste entre cette lumineuse vision et les tableaux que Leconte de Lisle a retracés du monde barbare ! Dans ces dures contrées du Nord, glacées de neige ou noyées de brume, l'homme est sauvage comme la nature. Les corps sont robustes, et les âmes violentes. Point de dissimulation, de perfidies ni de ruses : le sang monte à la tête, le geste devance la parole ; les passions dominantes sont la haine jalouse et la soif de la vengeance. Ici, nul renoncement à la vie, mais le parfait mépris de la mort. Il est beau de mourir en combattant, d'épuiser d'un seul coup la part d'existence assignée à chacun, d'entrer joyeusement dans un autre monde. Hialmar est couché sur le champ de bataille ; son casque est rompu, son armure est trouée, ses yeux saignent ; il rassemble ses forces pour appeler à lui le corbeau qui tout à l'heure dévorera son cadavre :

> Viens par ici, Corbeau, mon brave mangeur d'hommes !
> Ouvre-moi la poitrine avec ton bec de fer.
> Tu nous retrouveras demain tels que nous sommes.
> Porte mon cœur tout chaud à la fille d'Ylmer...
>
> Moi, je meurs. Mon esprit coule par vingt blessures.
> J'ai fait mon temps. Buvez, ô loups, mon sang vermeil
> Jeune, brave, riant, libre et sans flétrissures,
> Je vais m'asseoir, parmi les Dieux, dans le soleil [1] !

Ceux qui sont morts laissent un devoir à ceux qui restent. A défaut des hommes, les femmes se lèveront pour venger l'époux ou le père tombés. Hervor court au tertre sous lequel repose Angantyr, elle réveille son père dans la tombe, elle réclame l'épée que le héros égorgé a emportée avec lui :

> Angantyr ! Angantyr ! rends-moi mon héritage.
> Ne fais pas cette injure à ta race, ô guerrier !
> De ravir à ma soif le sang du meurtrier [2]...

De telles héroïnes, quand elles aiment, sont plus portées à la jalousie qu'à la tendresse. Et elles l'exercent avec des raffinements de férocité. Brunhild ne s'en prend pas à sa rivale Gudruna ; elle frappe le roi Sigurd, qu'elle aime et qui l'a délaissée pour la Franke.

> Voilà ce que j'ai fait. C'est mieux. Je suis vengée !
> Pleure, veille, languis et blasphème à ton tour !

Il est vrai qu'au moment même, elle se tue sur le corps de l'infidèle qu'elle a poignardé.

Ces âmes barbares sont aussi des âmes enfantines : elles se plaisent aux contes merveilleux, aux traditions venues de génération en génération des aïeux lointains ; elles s'attachent passionnément au culte qu'elles ont hérité de leurs

---

1. *Poèmes Barbares* : *Le cœur de Hialmar*.
2. *Poèmes Barbares* : *L'épée d'Angantyr*.

pères. Survienne une religion nouvelle, à l'appel de leurs prêtres, elles opposeront dieu à dieu dans une lutte inégale, ou bien, voyant la résistance impossible et ne se sentant plus de raisons de vivre, elles se laisseront, comme les Celtes de Mona, avec une indifférence dédaigneuse, massacrer par leurs meurtriers. Leconte de Lisle les regarde avec une visible sympathie opposer un suprême obstacle à la diffusion du Christianisme. L'heure viendra pourtant où les derniers récalcitrants auront reçu le baptême, où l'Occident tout entier s'inclinera sous la loi du Christ. Alors commenceront *Les Siècles Maudits*, comme le poète les appelle:

> Hideux siècles de foi, de lèpre et de famine,
> Que le reflet sanglant des bûchers illumine,
> Siècles de désespoir, de peste et de haut mal !...

Siècles du serf enchaîné à la glèbe, du Juif torturé à petit feu, des hérétiques scellés dans les murs ; siècles du « noble sire aux aguets sur sa tour », prêt à descendre de son aire féodale pour rançonner le marchand qui passe ; siècles du goupillon, du froc, de la cagoule, de l'estrapade et des chevalets ; siècles d'égorgeurs, de lâches, et de brutes,

> Honte de ce vieux globe et de l'humanité.

Entre les sept monts de Rome se dresse et grandit

> Une bête écarlate ayant dix mille gueules,
> Qui *dilate* sur les continents et la mer
> L'arsenal monstrueux de ses griffes de fer [1].

Ce monstre qu'on dirait sorti de l'*Apocalypse*, c'est l'Église catholique, instrument d'oppression sur les corps et de tyrannie sur les âmes. La papauté toute-puissante tient le monde en servage par la crainte de l'enfer, et courbe à ses pieds les peuples et les empereurs. Sous cette domination insurmontable, la Chrétienté est livrée en proie à la misère et au fanatisme : misère morale autant que matérielle ; fanatisme sincère, mais dont

---

[1]. *Poèmes Tragiques* : *La Bête écarlate.*

la sincérité n'est qu'une preuve plus lamentable de l'égarement auquel s'est abandonné l'esprit humain. Témoin, en un temps de famine, où les pauvres paysans vaguent le long des grands chemins, en quête d'horribles nourritures, cette très noble dame qui, dans sa grande pitié pour leurs souffrances, croit fermement faire un acte de charité en mettant le feu aux quatre coins de la grange où six cents d'entre eux ont trouvé un refuge, et en les expédiant au plus vite et d'un seul coup en l'autre monde :

> Tous passèrent ainsi dans leur éternité,
> Prompte mort, d'une paix bienheureuse suivie [1]...

Aussi le poète voit-il poindre avec joie l'aube de ce XVe siècle qui marquera le déclin de la théocratie. Il fait, en de truculentes paraboles, dire par Dom Guy, le prieur de la bonne abbaye de Clairvaux, leurs vérités aux antipapes qui se disputent la chaire de saint Pierre, aux reines qui se roulent dans la débauche, aux rois qui font de la terre un lieu de boucherie, aux moines goinfres et ivrognes, aux hommes de lucre qui changent la maison divine en une caverne de voleurs, à toute cette engeance maudite que le roi Jésus-Christ reniera au dernier jour. Il s'incline avec admiration devant les premiers martyrs de la libre pensée, qui, sur le bûcher où ils sont mordus par la flamme, trouvent encore la force de se redresser intrépidement et de narguer leurs bourreaux [2].

La vision du Moyen Age que Leconte de Lisle nous offre est une vision d'enfer. Est-il nécessaire de souligner ce qu'un parti pris aussi violent comporte d'exagération, d'injustice et de fausseté ? Certes, il serait tout aussi excessif de faire de cette longue période, agitée par des guerres interminables, éprouvée par des calamités de toute sorte, une réalisation de l'âge d'or. A supposer que certains de nos contemporains expriment parfois quelque regret de n'avoir pas vécu dans ce bon vieux temps, c'est un regret tout platonique, et il n'est personne qui forme sérieusement le souhait de le voir revenir. Est-ce une raison pour n'en parler

---

1. *Poèmes Barbares* : *Un acte de charité*
2. *Poèmes Tragiques* : *L'Holocauste.*

qu'avec mépris et avec horreur ? Tout en admirant la vigueur avec laquelle Leconte de Lisle a brossé les tableaux qu'il nous en donne, on est en droit de se plaindre qu'il les ait systématiquement poussés au noir. Avec beaucoup de violences, de souffrances, de brutalité et d'iniquité, il y a eu, en ce rude temps, de l'enthousiasme, de la beauté, de la vertu, de la grandeur. Il n'était pas permis, après 1850, à qui que ce fût, même à un poète, de s'en tenir à une impression si sommaire. Pour invoquer une autorité qui ne saurait être suspecte, Leconte de Lisle aurait pu trouver dans l'*Histoire* de Michelet les éléments d'une peinture plus exacte, des lignes plus justes et des couleurs plus vraies. Il aurait appris tout au moins à parler avec une pitié fraternelle de ce « triste enfant arraché des entrailles même du Christianisme, qui naquit dans les larmes, qui grandit dans la prière et la rêverie, dans les angoisses du cœur, qui mourut sans achever rien », mais qui « nous a laissé de lui un si poignant souvenir, que toutes les joies, toutes les grandeurs des âges modernes ne suffiront pas à nous consoler ». Il a préféré s'en tenir à Voltaire et à l'*Essai sur les Mœurs*. Il s'était, pendant son adolescence à Bourbon, imbu de ces opinions surannées : il y demeura fidèle jusqu'à ses derniers jours. En 1872, il publiait, sous la forme d'une petite brochure, aujourd'hui très rare, une *Histoire populaire du Christianisme*. Il avertit lui-même son lecteur que ce n'est pas là « un travail de critique et de discussion ». Entendez que c'est une œuvre de partialité et de haine. Il y résume en formules tranchantes les jugements que ses vers développent en diatribes éloquentes et passionnées. Le pape Grégoire le Grand est présenté comme un des plus redoutables ennemis de l'esprit : « aucun des Conquérants Barbares qui s'étaient emparés de l'Italie ne fit plus de mal que lui à l'intelligence humaine ». Le Xe siècle — qui est le siècle constitutif de la société féodale — est caractérisé « comme le plus ignare, le plus stupidement féroce et le plus brutalement corrompu de tous les siècles de l'ère chrétienne ». Au moins, Louis IX, dont l'Église a fait un de ses saints, mais en qui la France voit une des plus grandes figures de son histoire, trouvera-t-il grâce devant l'inflexible sévérité de l'auteur ?

Il est loué, mais il est loué de telle sorte que l'éloge est presque plus insultant que le blâme. « Saint Louis était un homme juste, généreux, plein d'honneur et d'héroïsme. C'est le plus beau caractère du xiiie siècle. Les grandes vertus lui étaient propres, ses vices étaient chrétiens. » Et pour conclure : « Le Christianisme, et il faut entendre par là toutes les communions chrétiennes, depuis le catholicisme romain jusqu'aux plus infimes sectes protestantes ou schismatiques, n'a jamais exercé qu'une influence déplorable sur les intelligences et les mœurs. » De telles affirmations portent leur réfutation en elles-mêmes. Si elles prouvent quelque chose, c'est jusqu'à quel point la passion anti-religieuse peut rétrécir et aveugler un grand esprit. Au point de vue proprement littéraire, nous en conclurons par surcroît que Leconte de Lisle n'était guère en état de remplir la dernière des conditions qu'il imposait à l'auteur d'une épopée cyclique embrassant dans son large développement l'humanité tout entière, et que si l'on peut reprocher à quelqu'un d'avoir choisi, dans le passé, « des thèmes propres au développement des idées et des aspirations du temps où il vivait en réalité », c'est bien au poète qui a gâté une partie de son œuvre, et qui n'en aurait pas été la moins neuve et la moins attrayante, en y infusant le philosophisme du xviiie siècle et l'anticléricalisme du xixe.

Est-ce à dire que ce contempteur du Moyen Age professe pour les temps modernes une admiration sans bornes, ou qu'il ait une confiance illimitée dans l'avenir qui s'ouvre devant le genre humain ? S'il a nourri, à une certaine époque de sa vie, des illusions de cette sorte, elles se sont dissipées assez vite, et il a pris soin lui-même — nous avons pu le constater déjà — d'effacer presque toutes les traces qui auraient pu en subsister dans son œuvre. La civilisation actuelle ne lui inspire pas moins d'horreur que la société féodale. « Depuis Homère, Eschyle et Sophocle, déclare la préface des *Poèmes Antiques*,... la décadence et la barbarie ont envahi l'esprit humain. » On s'attendrait qu'il saluât avec enthousiasme la Renaissance, qui remit les intelligences à l'école des maîtres antiques. Il n'en est rien. A partir du xvie siècle, il cesse de s'intéresser à l'histoire de l'humanité.

Seuls, obtiennent de lui quelque marque d'attention et une sympathie non déguisée les représentants attardés des races primitives, les sauvages qui, dans la prairie américaine ou sur quelque îlot de la Polynésie, perpétuent cette alternance d'activité violente et d'indolente songerie, qui fut sans doute, aux temps préhistoriques, la loi de la vie humaine. Il met une visible complaisance à décrire,

> Assis contre le tronc géant d'un sycomore,
> Le cou roide, les yeux clos, comme s'il dormait,

une plume d'ara, jaune et rouge, au sommet du crâne, et le calumet aux lèvres, le dernier Sagamore des Florides, le sachem tatoué d'ocre et de vermillon, immobile, étrange et beau comme une idole rouge ; — ou bien encore le dernier des Maourys, le vieux Mangeur d'hommes, unique débris d'une race turbulente et guerrière, qui boit l'oubli dans l'eau de feu, et s'en va le long de la plage, la tête basse et les deux bras pendants,

> Fantôme du passé, silencieuse image
> D'un peuple mort, fauché par la flamme et le fer.

Quant aux représentants des races dites supérieures, ces blancs qui prétendent faire la loi à l'univers, il n'a pour eux — et il ne se gêne pas pour le leur dire — que le plus complet mépris :

> Vous vivez lâchement, sans rêve, sans dessein,
> Plus vieux, plus décrépits que la terre inféconde,
> Châtrés dès le berceau par le siècle assassin
> De toute passion vigoureuse et profonde.

Ils n'en ont qu'une, et la plus basse et la plus vile de toutes, l'appétit des richesses, la soif de l'or. Mais la destruction guette ce monde de corruption et de boue : « Les temps ne sont pas loin », s'écrie le poète,

> Où, sur un grand tas d'or vautrés dans quelque coin,
> Vous mourrez bêtement en emplissant vos poches.

Et ce sera la fin. « La voix sinistre des vivants » se taira sur la surface de la terre, et le globe pulvérisé ira fertiliser de ses innommables restes

> Les sillons de l'espace où fermentent les mondes.

Ainsi le poète a constaté le néant des dieux ; il a lancé l'anathème aux hommes ; il ne nous reste plus, pour épuiser sa conception de l'univers, qu'à lui demander ce qu'il pense de la nature.

CHAPITRE VI

LECONTE DE LISLE ET LA NATURE

Leconte de Lisle a passé en France plus de soixante années de sa vie. De trois à dix ans, il a habité, avec sa famille, la ville de Nantes. Les premiers paysages qui se sont peints dans ses yeux d'enfant et dont il a pu garder quelque chose de mieux qu'une impression confuse, ce sont les riantes campagnes de la vallée de la Loire, les vastes prairies que bornent des coteaux mollement abaissés, que baigne un grand fleuve largement épandu dans son lit doré, étreignant, de ses bras où se reflète un ciel d'un bleu adouci, des îles verdoyantes. A dix ans, il est retourné à Bourbon ; mais, vers dix-neuf ans, il est revenu en Europe. Il a séjourné en Bretagne. Il n'a pas seulement vécu dans les villes, à Rennes ou à Dinan ; il a parcouru le pays à pied, à plusieurs reprises, une fois au moins en compagnie de peintres, de gens qui étaient venus pour voir et qui savaient voir. Il a erré, nous dit-on, au clair de lune sur la lande de Carnac ; il a failli s'enliser dans les grèves du Mont-Saint-Michel ; il a vu la grande houle de l'Atlantique déferler sur les rochers du Raz ou de Penmarch. Plus tard, pendant une résidence ininterrompue de cinquante années dans la capitale, il a dû avoir maintes occasions de visiter les sites aimables et délicats de l'Ile-de-France ; et si, pour bien des raisons, il n'a pas été un grand voyageur, il n'a pas été non plus, j'imagine, au cours d'un demi-siècle, sans étendre ses pérégrinations, ou ses villégiatures, ou ses promenades à d'autres régions de notre pays. Il semble qu'il ait été à même, autant au moins que tel ou tel de nos grands poètes, que Victor Hugo ou qu'Alfred de Vigny, de connaître la nature française.

Or, quand on cherche quelles traces cette nature a laissées dans son œuvre, c'est à peine si on en trouve. De son séjour en Bretagne, on dirait qu'il ne lui est resté aucun souvenir. Il a goûté cependant le charme mélancolique ou sauvage de la terre bretonne. Certaines lettres de sa jeunesse le prouvent ; j'ai déjà eu l'occasion d'en extraire un joli passage sur la vallée de la Rance vue à l'automne des remparts de Dinan. Mais, de ces impressions, rien n'est passé dans ses essais poétiques de cette époque. Une pièce, datée d'octobre 1838, semble au premier moment devoir quelque chose aux « marines » que le jeune homme a pu contempler pendant ses courses d'août et de septembre, et particulièrement au spectacle des marées de l'équinoxe :

> O tempête, ô beauté, nature échevelée,
> Océan, vieux lion, crinière soulevée,
> Qui croises ton regard avec l'éclair des cieux [1]...

Mais on s'aperçoit, sans aller plus loin, que cette image ne s'est offerte à son esprit qu'à travers une pièce bien connue des *Feuilles d'Automne*. Si l'on veut, dans sa poésie, découvrir à toute force quelque vision personnelle des côtes de Bretagne et de l'Océan furieux qui les bat, il faut les aller chercher dans ses poèmes celtiques. Quand il décrit le château fort du Jarle de Kemper, manifestement il se souvient de la baie des Trépassés :

> Sous le fouet redoublé des rafales d'hiver,
> La tour du vieux Komor dressait sa masse haute,
> Telle qu'un cormoran qui regarde la mer.
>
> Un grondement immense enveloppait la côte.
> Sur les flots palpitaient, blêmes, de toutes parts,
> Les âmes des noyés qui moururent en faute [2].

Dans *Le Massacre de Mona* revient, à plusieurs reprises, comme un accompagnement lugubre, une sorte de basse continue qui, par instants, domine et interrompt le récitatif du Barde, le

---

1. *Premières Poésies* : *Saint Jean*.
2. *Poèmes Barbares* : *Le jugement de Komor*.

tumulte du vent et des flots déchaînés autour de l'île où sont assemblés les derniers descendants de la race des Purs :

> L'Esprit rauque du vent, au faîte noir des rocs,
> Tournoyait et soufflait dans ses cornes d'aurochs ;
> Et c'était un fracas si vaste et si sauvage,
> Que la mer s'en taisait tout le long du rivage...
> L'Esprit du vent soufflait dans ses clairons de fer,
> En aspergeant le ciel des baves de la mer...
> Et la lourde nuée en montagne de brume
> Croula vers l'Occident qu'un morne éclair allume.
> La mer, lasse d'efforts, comme pour s'assoupir,
> Changea sa clameur rude en un vaste soupir...

Ailleurs, Leconte de Lisle a évoqué en quelques traits rapides des paysages qui, à une autre époque de sa vie, s'étaient gravés dans sa mémoire. Ici, c'est un grand parc royal, Saint-Cloud ou Versailles, détachant les masses noires de ses ormes centenaires sur un ciel d'automne ensanglanté par le soleil couchant :

> La feuille en tourbillons s'envole par les nues,
> Et l'on voit osciller dans un fleuve vermeil,
> Aux approches du soir inclinés au sommeil,
> De grands nids teints de pourpre au bout des branches nues [1].

Là, ce sont les taillis de Meudon et de Montmorency, où, le long des sentiers moussus, de belles promeneuses cueillent les violettes et défleurissent les églantiers; où, les soirs d'été, des amoureux, « les doigts rougis du sang des mûres », se penchent sur un étang solitaire pour voir se refléter dans l'eau noire

> Le trésor ruisselant des perles de la nuit [2].

La matinée de printemps que nous décrit la pièce intitulée *Juin*, avec son « frais soleil » et son « odeur d'herbe verte et mouillée », a bien le charme d'un matin de France, et les « bœufs blancs » que *Midi* nous montre

> Bavant avec lenteur sur leurs fanons épais,

---

1. *Poèmes Barbares* : *La mort du soleil*.
2. *Poèmes Antiques* : *Les Étoiles mortelles*.

ont tout l'air d'avoir été vus dans quelque pâturage du Berry ou du Bourbonnais. Mais, ces exceptions une fois faites, il n'y a rien dans l'œuvre descriptive de Leconte de Lisle qui vienne proprement de chez nous. La nature qu'il a connue, qu'il a aimée, qu'il a dépeinte, c'est la nature de son pays natal, celle au milieu de laquelle il a passé les années décisives de l'adolescence. La nature de l'île Bourbon, « cette ardente, féconde et magnifique nature qui — comme il disait lui-même — ne s'oublie pas », ou, pour parler plus largement, la nature tropicale a fait de lui un paysagiste, a fait de lui un animalier, a déterminé enfin sa conception personnelle des rapports de l'homme avec la puissance mystérieuse qui se manifeste à nous par la beauté de l'univers.

II

Bourbon, nous le savons déjà, demeura dans la mémoire de Leconte de Lisle comme une sorte de paradis terrestre, « un beau pays tout rempli de fleurs, de lumière et d'azur ». Ce n'est pas que l'île n'eût ses aspects désolés et sauvages : sommets couverts de neiges éternelles, ravines encombrées de rochers gigantesques, mornes dévastés par les laves, savanes brûlées par le soleil. Ce séjour enchanteur était ravagé de temps à autre par un de ces épouvantables cataclysmes dont les habitants des régions tempérées ont peine à se faire une idée. Quelques stances, parmi les plus sombres que le poète ait écrites, évoquent le souvenir, persistant après de longues années, d'un raz de marée dont il avait dû, là-bas, être le témoin :

> Le vent hurleur rompait en convulsives masses
> Et sur les pics aigus éventrait les ténèbres,
> Ivre, emportant par bonds dans les lames voraces
> Les bandes de taureaux aux beuglements funèbres.
>
> Semblable à quelque monstre énorme, épileptique.
> Dont le poil se hérisse et dont la bave fume,
> La montagne, debout dans le ciel frénétique,
> Geignait affreusement, le ventre blanc d'écume[1].

1. *Poèmes Barbares* : *Mille ans après*.

Mais ces spectacles lugubres ne sont pas ceux sur lesquels il aimait à arrêter sa pensée. Lorsque, dans son quatrième sur la cour, rue Cassette, ou dans son modeste cinquième du boulevard des Invalides, il fermait les yeux aux réalités médiocres de sa vie quotidienne et laissait se lever en lui les images du passé, ce qu'il revoyait, c'étaient les paysages éclatants qui avaient ébloui sa jeunesse : l'aube dardant ses flèches d'or sur la mer sereine, la montagne nageant dans l'air avec ses verts coteaux, ses cônes d'azur et ses forêts mouvantes,

> Et l'Ile rougissante et lasse du sommeil,
> Chantant et souriant aux baisers du soleil [1] ;

ou bien la lumière s'éveillant à l'orient du monde, s'épanouissant en gerbes de flammes, inondant l'espace, bleuissant le ciel et la mer et teignant de rose le Piton des Neiges, le seigneur géant des grandes eaux, le vieux pic

> Qui dresse, dédaigneux du fardeau des années,
> Hors du gouffre natal ses parois décharnées [2].

Mais, de ces sites merveilleux, ceux qu'il évoquait le plus volontiers, c'étaient, comme il est naturel, les sites parmi lesquels son adolescence s'était déroulée : les deux ravines, la ravine du Bernica et la ravine de Saint-Gilles, qui bornaient de part et d'autre le domaine familial, et, au versant des collines, sous son toit aux « bardeaux roux jaspés de mousses d'or », au pied de la forêt, parmi les plantations verdoyantes, l'habitation paternelle.

> Sous les lilas géants où vibrent les abeilles,
> Voici le vert coteau, la tranquille maison,
> Les grappes de letchis et les mangues vermeilles,
> Et l'oiseau bleu dans le maïs en floraison ;
>
> Aux pentes des pitons, parmi les cannes grêles
> Dont la peau d'ambre mûr s'ouvre au jus attiédi,
> Le vol vif et strident des roses sauterelles
> Qui s'enivrent de la lumière de midi ;

1. *Poèmes Barbares* : *L'Aurore*.
2. *Derniers Poèmes* : *Le Piton des Neiges*.

> Les cascades, en un brouillard de pierreries
> Versant du haut des rocs leur neige en éventail ;
> Et la brise embaumée autour des sucreries,
> Et le fourmillement des Hindous au travail ;
>
> Le café rouge, par monceaux, sur l'aire sèche,
> Dans les mortiers massifs le son des calaous,
> Les grands-parents assis sous la varangue fraîche,
> Et les rires d'enfants à l'ombre des bambous[1]...

Cette description est pleine de fraîcheur et de vie. Celles, qu'à mon grand regret je dois renoncer à citer, du Bernica et de la ravine de Saint-Gilles, donnent à un plus haut degré encore cette impression d'inépuisable fécondité, de luxuriance de la végétation et de pullulement des êtres, qu'avait laissée sur l'imagination de Leconte de Lisle la nature de son pays. Toutes, elles offrent la même variété, la même franchise, la même vivacité de couleurs : vert, bleu, rose, rouge, ambre et or. Il n'y a pas de place ici pour les tons neutres, pour les colorations ternes, pour les demi-teintes, pour les bruns, les gris ou les noirs. Toutes baignent dans la même étincelante lumière, la grande lumière de midi qui, tombant d'un ciel sans nuages, embrase l'air et la terre, avive les nuances, supprime les ombres, vibre sur les pierres, rebondit sur les eaux et laisse le spectateur dans l'éblouissement. Mouvement, couleur, lumière, c'est de ces trois éléments essentiels qu'est faite la beauté inaltérable du « paysage intérieur » que Leconte de Lisle avait apporté avec lui sous notre ciel changeant, aux sourires trop souvent brouillés de vapeur ou trempés de larmes ; et c'est d'eux aussi que sont composés la plupart des paysages qu'il ne s'est jamais lassé d'imaginer.

C'est eux qu'on retrouve, sans en être étonné, dans ses tableaux de l'Inde. Entre la nature de Bourbon et la nature de Ceylan ou du Bengale, la parenté est évidente. Même bouillonnement de vie, même éclat des couleurs, même intensité lumineuse, même végétation, même flore. Il n'y a en plus que les serpents et les fauves : heureusement pour elle, Bourbon n'en possède pas.

---

1. *Poèmes Tragiques* : *L'Illusion suprême*.

Mettez-les à part, et ce paysage des bords du Gange pourra passer pour un paysage de la Réunion :

> Sur les bambous prochains, accablés de sommeil,
> Les oiseaux au bec d'or luisaient en plein soleil,
> Sans daigner secouer, comme des étincelles,
> Les mouches qui mordaient la pourpre de leurs ailes.
> Revêtu d'un poil rude et noir, le roi des Ours,
> Au grondement sauvage, irritable toujours,
> Allait, se nourrissant de miel et de bananes.
> Les singes oscillaient, suspendus aux lianes.
> Tapi dans l'herbe humide, et sous soi replié,
> Le tigre au ventre blanc, au souple dos rayé,
> Dormait ; et, par endroits, le long des vertes îles,
> Comme des troncs pesants flottaient les crocodiles [1].

Si vous poursuiviez, vous verriez des fleurs de pourpre et des lys d'argent, autour desquels vibrent les abeilles, des jujubiers balancés par le vent, des étangs bleus où voguent les cygnes, des bois où chantent les bengalis ; et, au-dessus des vallées, des forêts, des collines, tout comme là-bas le vieux Piton des Neiges, l'immense Kaïlaça dresse son front éblouissant. Vraiment, pour décrire ces contrées merveilleuses, Leconte de Lisle n'aurait pas eu besoin de consulter le *Ramayana* ou le *Bhâgavata-Purâna* ; il n'avait qu'à se rappeler les paysages de son île chérie, ses savanes, ses bois et ses montagnes, et qu'à les reproduire en les agrémentant des hôtes miaulants, grondants ou rampants qui devaient donner à ceux de l'Inde leur caractère original.

Il devait se sentir un peu plus embarrassé, quand il s'agissait de peindre les sites de la Grèce qui servent de cadre à la plupart des *Poèmes Antiques*. Il n'avait pas visité l'Hellade. Il ne la connaissait que par les récits des voyageurs ; il s'en faisait surtout une idée à travers ses poètes. Aussi ne faut-il pas s'attendre à en trouver dans son œuvre des descriptions réalistes et personnelles. La nature grecque, telle qu'il nous la représente, est une nature simplifiée et stylisée. Le paysage est réduit à quelques traits caractéristiques : le ciel radieux, d'où

> L'Archer resplendissant darde ses belles flèches

1. *Poèmes Antiques* : *Baghavat*.

jusqu'au fond des sources, à travers le feuillage des bois ; la mer déroulant ses volutes d'azur le long des plages, ou polie comme un miroir et brillante de lumière ; des forêts où errent des animaux sauvages, des cerfs bondissants, des biches craintives, des renards et des sangliers, et, chose plus surprenante, des lions ; pour fixer la latitude, quelques noms d'arbres ou de plantes, glanés dans les auteurs anciens : pin, olivier, yeuse, térébinthe, cytise, hyacinthe, mélisse et thym ; et, répandu sur tout cela, un air de fraîcheur et de nouveauté, le charme d'une nature pour ainsi dire encore jeune et vierge :

>   Une eau vive étincelle en la forêt muette,
>   Dérobée aux ardeurs du jour ;
>   Et le roseau s'y ploie, et fleurissent autour
>   L'hyacinthe et la violette.
>
>   Ni les chèvres paissant les cytises amers
>   Aux pentes des proches collines,
>   Ni les pasteurs chantant sur les flûtes divines
>   N'ont troublé la source aux flots clairs.
>
>   Les noirs chênes, aimés des abeilles fidèles,
>   En ce beau lieu versent la paix,
>   Et les ramiers, blottis dans le feuillage épais,
>   Ont ployé leurs cols sous leurs ailes [1]...

De cette nature un peu conventionnelle, Leconte de Lisle nous montre tour à tour deux aspects sensiblement différents, suivant le lieu où il place la scène et les auteurs dont il s'inspire, selon qu'il se fait Sicilien avec Théocrite, ou Dorien avec les maîtres du lyrisme choral. Voici en douze vers un *quadro* qui évoque une nature aimable, riante, humanisée, faite à notre mesure et pour notre plaisir ; c'est la contrée bucolique par excellence, la Sicile agreste et maritime :

>   Des chèvres çà et là, le long des verts arbustes,
>   Se dressent pour atteindre au bourgeon nourricier,
>   Et deux boucs au poil ras, dans un élan guerrier,
>   En se heurtant du front courbent leurs cols robustes.

---

1. *Poèmes Antiques* : *La Source*.

> Par delà les blés mûrs alourdis de sommeil
> Et les sentiers poudreux où croît le térébinthe,
> Semblable au clair métal de la riche Korinthe,
> Au loin la mer tranquille étincelle au soleil.
>
> Mais sur le thym sauvage et l'épaisse mélisse
> Le pasteur accoudé repose, jeune et beau.
> Le reflet lumineux qui rejaillit de l'eau
> Jette un fauve rayon sur son épaule lisse [1]...

C'est cette campagne que traverse Kléarista, à l'heure où l'aube divine baigne l'horizon clair, tandis que les merles sifflent, que les alouettes montent dans le ciel, que les lièvres bondissent du creux des sillons, pour aller rejoindre le berger de l'Hybla qui la voit venir à lui, dans le brouillard du matin, comme la forme de son rêve. Mais d'autres tableaux nous révèlent une nature de proportions plus vastes, une nature majestueuse et magnifique, divine, pourrait-on dire, où l'œil ne perçoit que les teintes élémentaires, les grandes lignes des choses, le jeu des forces permanentes qui entretiennent la vie du monde, et transmet à l'âme des visions qui prennent d'elles-mêmes un caractère religieux :

> Hélios, désertant la campagne infinie,
> S'incline plein de gloire aux plaines d'Haimonie ;
> Sa pourpre flotte encor sur la cime des monts.
> Le grand fleuve Océan apaise ses poumons,
> Et l'invincible Nuit, de silence chargée,
> Déjà d'un voile épais couvre les flots d'Aigée...
> ....
> La nuit tombe des cieux ; le Péliôn énorme
> Aux lueurs d'Hékata projette au loin sa forme ;
> Et sur la cime altière où dorment les forêts
> Les astres immortels dardent leurs divins traits [2].

Mais, que ces paysages appartiennent à la nature bucolique ou à la nature mythique, qu'ils soient riants ou sévères, grandioses ou familiers, tous, ils ont ce trait commun qu'ils sont baignés de lumière, de cette lumière des cieux que savoure en paix le berger d'Agrigente, que contemple avec extase le vieux centaure Khirôn,

---

1. *Poèmes Antiques* : *Paysage*.
2. *Poèmes Antiques* : *Khirôn*.

> O vous, plaines d'Hellas ! ô montagnes sacrées,
> De la Terre au grand sein, mamelles éthérées !
> O pourpre des couchants ! ô splendeur des matins [1] !...

de cette lumière dont l'éternel été de Bourbon a imbibé les yeux du poète, qu'il a pour ainsi dire absorbée et concentrée en lui, et qu'il projette, avec un éclat presque brutal, sur nos cieux souvent voilés, sur nos campagnes aux tons doux, sur nos horizons noyés de brumes mauves ou de vapeurs bleuâtres :

> Midi, roi des étés, épandu sur la plaine,
> Tombe en nappes d'argent des hauteurs du ciel bleu.
> Tout se tait. L'air flamboie et brûle sans haleine,
> La terre est assoupie en sa robe de feu.

De telles journées, qui sont rares dans notre climat, donnaient au créole exilé et nostalgique l'illusion du pays natal. Il oubliait, pour un instant, le « ciel mélancolique » sous lequel la destinée l'avait condamné à vivre, « l'avare soleil » qui, désormais, éclairait ses jours ; il se croyait revenu « au bord des mers dorées », dans l'éden d'où il était exclu. Mais on comprend aussi que, dans les brouillards et les boues de Paris, par les courtes et noires journées d'hiver, il se soit tourné passionnément vers les lumineuses contrées dont le mirage éblouissait son imagination, vers la Grèce, vers l'Orient, et on s'explique la part presque exclusive qu'il a faite dans ses vers aux tableaux de cette nature lointaine qui était vraiment pour lui la nature.

III

Leconte de Lisle est un de nos grands paysagistes. C'est aussi un de nos meilleurs animaliers, le Barye ou le Frémiet de la poésie française. On rencontre, en parcourant son œuvre, sous le couvert des bois, dans les fourrés des jungles, sur les sables du désert ou sous les vagues de l'océan, les plus beaux et les plus redoutables échantillons de la faune sauvage. Il a visiblement pour les

---

1. *Poèmes Antiques* : *Khirôn.*

carnassiers de la terre, de la mer et de l'air, pour les chasseurs aux sens aigus, aux muscles d'acier, aux gestes prompts et sûrs, une prédilection innée, que développèrent les grands voyages accomplis dans sa jeunesse de Bourbon à Nantes et de Nantes à Bourbon. Avant de quitter son île en 1837, il est probable qu'il n'avait jamais rencontré de fauves ailleurs que dans les livres à images. La première fois qu'il en vit, en chair et en os, il en fut subjugué. On se rappelle, au Cap, avec quelle admiration il suivait à travers les barreaux d'une cage, les ébats « effrayants et sublimes » d'un couple de jeunes lions, avec quelle volupté il écoutait leurs rugissements. Faisant escale à Saint-Louis du Sénégal, il visita, nous dit-on, les dépendances d'une maison qui faisait le commerce des animaux féroces. De grands ours velus étaient parqués dans un cirque immense ; leur nourriture était déposée dans de hautes cages. Le poète, jusque dans sa vieillesse, aimait à raconter « de quel bond nerveux, de quelle souplesse de chat s'enlevaient les lourdes bêtes » ; il avait, paraît-il, pour peindre leur élan, un geste à lui. Il eut l'occasion, pendant ses interminables traversées, de suivre bien des fois, dans le ciel, le vol des grands oiseaux de mer, dans le sillage du navire, quand on arrivait aux parages de l'équateur, les évolutions des requins, « des horribles bêtes avec leurs gros yeux ronds ». Le divertissement traditionnel, c'était de regarder les matelots pêcher un de ces monstres à la ligne, le haler tout vif sur le pont, et le dépecer à coups de hache, en dépit de ses terribles coups de queue. Une fois fixé en France, il ne vit plus guère, en fait d'animaux féroces, que ceux du Jardin des Plantes, où ses promenades le conduisaient assez souvent : par exemple, ce vieux lion, qu'il nous peint allant et venant dans sa cage « comme un damné qui rôde dans l'enfer », et « heurtant les deux cloisons avec sa tête rude [1] ». Mais son imagination en rencontra d'autres dans les récits des voyageurs. Je le soupçonne d'avoir été un lecteur assidu du *Tour du Monde*, qui commença de paraître, comme on sait, en 1860. Des observations qu'il avait faites d'un œil amusé et attentif, des détails

---

1. *Poèmes Barbares* : *La mort d'un lion.*

précis qu'il avait retenus de ses lectures, il composa cette « galerie zoologique » — le mot est de Louis Ménard — dont aucun de nos poètes, ni avant lui, ni après, ne nous a offert l'équivalent.

Cette galerie est peuplée d'animaux nombreux et variés, appartenant à tous les ordres : quadrupèdes, oiseaux, reptiles et poissons. Mais, de même que la nature, pour Leconte de Lisle, est toujours la nature de l'Extrême-Orient, les animaux qu'il décrit appartiennent à peu près exclusivement à la faune des régions tropicales. La faune européenne ne l'intéresse pas. Elle n'est pas assez féroce à son goût. Il lui est arrivé une fois ou deux de mettre en scène un fauve de nos contrées, ours de Finlande, ou loup du Hartz. Mais ses héros préférés, ce sont les lions et les éléphants de l'Afrique, les chiens sauvages du Cap, la panthère de Java, le tigre du Bengale, le condor des Andes, le python de l'Inde ou l'aboma de l'Amérique. Avec quelle complaisance il les replace tout d'abord dans le cadre approprié! C'est sur les bords du Nil blanc, dans la plaine rugueuse du Sennaar, jonchée de pierres rousses, sous un ciel de cuivre où passe un vol de vautours, tandis que s'épaissit une nuit pleine de bruits étranges et d'âcres senteurs, ou bien encore, c'est au fond d'un ravin semé de blocs entassés, de flaques d'eau luisantes, dans un décor apocalyptique et lunaire, que nous apparaît le roi du désert. Et le roi de la jungle, lui, c'est dans le fouillis d'herbes hautes où glissent les serpents, où vibrent les cantharides, que nous le voyons, le ventre en l'air, dormir son sommeil de gros chat fatigué et repu. Autour du troupeau d'éléphants dont nous suivons la marche pesante, le sable rouge s'étend comme une mer sans limites, dans une solitude que ne trouble aucun passage d'oiseau ni de quadrupède, sous l'immense soleil qui brûle l'espace enflammé. Du haut de son aire, l'aigle, avec son œil perçant, voit galoper dans la steppe mongole, à travers l'herbe jaune et drue, la horde d'étalons à laquelle il s'attaquera tout à l'heure ; et le ciel magnifique d'une nuit dorée des tropiques réfléchit à l'infini ses constellations flamboyantes sur les grandes vagues où le requin se laisse indolemment bercer. C'est seulement lorsque la scène est prête que le poète y introduit le bel animal pour lequel a été disposé ce décor.

Il ne s'attarde pas à nous donner son signalement en détail. En trois ou quatre traits — trois ou quatre coups de crayon, ou trois ou quatre touches de pinceau — il le dresse devant nous, avec sa forme, sa couleur, son attitude caractéristique. Le lion vient au seuil de son antre,

>   Arquant ses souples reins fatigués du repos,
>   Et sa crinière jaune éparse sur le dos [1],

pour humer l'air du soir ; ou bien il marche dans la nuit, le col droit, l'œil au guet, flairant les senteurs qui montent à lui des ténèbres. La panthère noire qui, à l'aube, regagne son gîte, ondule d'arbre en arbre dans sa robe de velours ; elle glisse en silence sous les hautes fougères, s'enfonce et disparaît entre les troncs moussus.

>   Les éléphants rugueux, voyageurs lents et rudes,

traversent le désert dans un nuage de poussière monté des dunes de sable qui croulent sous leurs pieds ; l'oreille en éventail, l'œil clos, la trompe entre les dents, ils suivent sans jamais dévier de la ligne, le vieux chef qui les conduit :

>   Son corps
>   Est gercé comme un tronc que le temps ronge et mine,
>   Sa tête est comme un roc, et l'arc de son échine
>   Se voûte puissamment à ses moindres efforts [2].

Troublé dans son sommeil par les vagues rumeurs du jour, l'aboma hausse sa spirale vers le soleil ; il raidit le col aux muscles puissants qui soutient sa tête squameuse, fouette l'eau de sa queue et se dresse,

>   Armuré de topaze et casqué d'émeraude,
>   Comme une idole antique immobile en ses nœuds [3].

Le vent du large a beau beugler, rugir, siffler, râler, miauler, pulvériser l'eau blême et déchiqueter les nuées, l'albatros,

---

1. *Poèmes Barbares* : *L'Oasis*.
2. *Poèmes Barbares* : *Les Eléphants*.
3. *Poèmes Tragiques* : *L'Aboma*.

volant contre la rafale, l'œil au loin, ses ailes de fer rigidement tendues,

> Vient, passe et disparaît majestueusement [1] ;

et plus haut que le plus haut sommet des Cordillières, dans les régions où l'aigle n'ose pas monter, où le vent lui-même n'atteint pas, le condor, poussant un cri rauque, s'enlève en fouettant la neige,

> Et, loin du globe noir, loin de l'astre vivant,
> Il dort dans l'air glacé, les ailes toutes grandes [2].

Ces belles créatures, que le poète contemple d'un œil d'artiste, il n'a pas voulu seulement nous en montrer les formes élégantes, sinueuses ou massives. Il s'est efforcé de pénétrer jusqu'aux âmes rudimentaires qu'enveloppent ces peaux rudes, ces fourrures rayées, mouchetées, tachetées, ces plumes épaisses ou ces écailles aux reflets métalliques. Il ne voit pas dans les animaux, comme l'eût fait un disciple de Descartes, des automates compliqués marchant par roues et par ressorts. Il n'en fait pas non plus, comme un fabuliste, de simples prête-noms des qualités et des défauts de l'humanité. Il ne leur attribue pas à eux-mêmes, comme Buffon dans son *Histoire naturelle*, des vertus et des vices semblables aux nôtres : la noblesse, la clémence et la magnanimité au lion ; au tigre, la bassesse, la cruauté et la férocité. Il ne leur prête pas non plus, comme Kipling, des propos pleins de profondeur et une sagesse merveilleuse. Il les prend tels qu'ils sont et pour ce qu'ils sont, des êtres soumis à la tyrannie de trois ou quatre instincts élémentaires, poussés irrésistiblement à l'acte par les images que déroule sous leur crâne plat, dans leur cerveau aux circonvolutions grossières, « le songe intérieur qu'ils n'achèvent jamais ». Dans la tête d'un ruminant, ce songe intérieur n'évoque que des visions paisibles, de vastes pâturages où l'on enfonce jusqu'au ventre, d'innombrables troupeaux paissant

---

1. *Poèmes Tragiques* : *L'Albatros.*
2. *Poèmes Barbares* : *Le Sommeil du Condor.*

à l'ombre des arbres, au bord des eaux. Dans celle d'un grand fauve, ce sont d'autres scènes. Le jaguar, allongé sur une roche plate, lustrant sa patte d'un coup de langue et clignant ses yeux d'or hébétés de sommeil, n'a point l'âme bucolique :

> Il rêve qu'au milieu des plantations vertes,
> Il enfonce d'un bond ses ongles ruisselants
> Dans la chair des taureaux effarés et beuglants [1].

Le poète n'en est ni surpris ni choqué. L'aigle qui fond sur une bête dans la plaine, la panthère qui déchire un cerf, le requin qui happe de ses mâchoires de fer toute proie qui passe à sa portée, lui paraissent accomplir leur fonction propre, celle pour laquelle ils ont été faits, comme le bœuf pour brouter l'herbe ou l'abeille pour butiner de fleur en fleur. S'ils tuent, s'ils dépècent, s'ils dévorent, ce n'est pas à eux qu'il faut s'en prendre, c'est à la nature qui n'entretient la vie — la vie des hommes aussi bien que celle des animaux — que par des massacres perpétuels.

> La faim sacrée est un long meurtre légitime,
> Des profondeurs de l'ombre aux cieux resplendissants,
> Et l'homme et le requin, égorgeur ou victime,
> Devant ta face, ô Mort, sont tous deux innocents [2].

N'y a-t-il pas cependant, pour animer ces créatures féroces ou grossières, d'autre impulsion que le retour périodique des instincts qui les poussent à se conserver et à se reproduire ? N'y a-t-il pas, dans leurs cœurs comme dans les nôtres, place pour des affections et des passions, pour l'amour et la haine? Le roi du Hartz, le loup au poil rude que le poète nous montre, par une nuit glacée d'hiver, assis sur ses jarrets et hurlant à la lune, garde dans ses rouges prunelles l'image de la louve blanche et des petits qu'au retour de ses courses il a trouvés morts à l'intérieur de son antre, et de l'homme, du massacreur qui les a égorgés. Et du fond de ces âmes enténébrées semblent par moments monter

---

1. *Poèmes Barbares* : *Le Rêve du jaguar.*
2. *Poèmes Tragiques* : *Sacra Fames.*

quelques-unes des aspirations qui prendront dans la conscience humaine la forme la plus noblement douloureuse. Sur la plage aride du Cap, Leconte de Lisle a jadis entendu, pendant des nuits entières, de maigres chiens aboyer lugubrement.

> La queue en cercle sous leurs ventres palpitants,
> L'œil dilaté, tremblant sur leurs pattes fébriles,
> Accroupis çà et là, tous hurlaient, immobiles,
> Et d'un frisson rapide agités par instants.

Il se demande, après bien des années, quel est le sens de cette lamentation sans raison et sans fin.

> Devant la lune errante aux livides clartés,
> Quelle angoisse inconnue, au bord des noires ondes,
> Faisait pleurer une âme en vos formes immondes ?
> Pourquoi gémissiez-vous, spectres épouvantés ?
>
> Je ne sais ; mais, ô chiens qui hurliez sur les plages
> Après tant de soleils qui ne reviendront plus,
> J'entends toujours, du fond de mon passé confus,
> Le cri désespéré de vos douleurs sauvages [1] !

Darwin attribuait aux animaux un instinct religieux. Je ne sais s'il aurait plu à Leconte de Lisle d'aller jusque-là ; mais dans ces créatures qui ne pleuraient ni de froid ni de faim, mais de quelque douleur indicible, de quelque inexplicable inquiétude, il reconnaissait un tourment analogue au tourment de la pensée humaine, et il voyait en eux, comme Michelet, « nos frères inférieurs ».

IV

Le spectacle de ces paysages ruisselants de lumière, de cette végétation étrange, luxuriante et magnifique, de ces bêtes superbes qui ne connaissent pas d'obstacles à leurs instincts et qui sont capables de tenir tête aux éléments, de toute cette

---

1. *Poèmes Barbares : Les Hurleurs.*

nature pleine de parfums, de couleurs, de mouvement et de bruit, laisse le lecteur ébloui et émerveillé. En contemplant ces tableaux d'où l'homme, le plus souvent, est exclu, où il n'occupe, quand il y trouve sa place, qu'une portion très exiguë, il apprend à s'estimer soi-même, comme disait Pascal, son juste prix. Il se considère comme perdu dans l'ample sein de la nature, simple dépositaire, parmi tant d'êtres dont beaucoup sont plus beaux et plus forts que lui, d'une étincelle de cette vie qui partout germe, éclôt, palpite, étincelle, s'agite, soupire, gronde, bourdonne et chante. Le sentiment de la vie universelle, telle est l'impression la plus profonde que le poète a reçue de son contact avec la nature, et telle est aussi l'impression qu'à notre tour nous recevons le plus fortement de son œuvre ; et cette impression est tout d'abord délicieuse :

> Ce sont des chœurs soudains, des chansons infinies,
> Un long gazouillement d'appels joyeux mêlé,
> Ou des plaintes d'amour à des rires unies ;
> Et si douces pourtant flottent ces harmonies,
> Que le repos de l'air n'en est jamais troublé.
>
> Mais l'âme s'en pénètre : elle se plonge, entière,
> Dans l'heureuse beauté de ce monde charmant ;
> Elle se sent oiseau, fleur, eau vive et lumière ;
> Elle revêt ta robe, ô pureté première,
> Et se repose en Dieu silencieusement [1].

Cette fuite de la personnalité comme par mille invisibles fissures, cette diffusion à travers les choses, cette dispersion dans l'infini, répand dans l'être tout entier une sensation d'allègement ; elle le débarrasse de ce poids mort fait d'espoirs avortés, de songes déçus, de souvenirs amers et de tristes pensées que l'homme traîne après lui tout le long de son existence ; elle l'affranchit et le vide, pour ainsi dire, de lui-même :

> Et l'âme qui contemple et soi-même s'oublie
> Dans la splendide paix du silence divin,
> Sans regrets ni désirs, sachant que tout est vain,
> En un rêve éternel s'abîme ensevelie [2]

---

1. *Poèmes Barbares* : *Le Bernica*.
2. *Poèmes Tragiques* : *L'Orbe d'or*.

Elle se plonge dans une adoration muette; elle s'absorbe dans la beauté de l'univers ; et, par une pente insensible, elle glisse, comme dans un sommeil longtemps attendu, à l'anéantissement.

A ce terme, la nature nous achemine encore par une autre voie. De la contemplation de ses tableaux les plus magnifiques surgit, aussi bien que le sentiment de la vie universelle, l'idée de la mort omniprésente. A tout instant la nature enfante des êtres ; à tout instant elle en détruit. Elle est la matrice toujours féconde, et la tombe toujours ouverte. Tout ce qu'elle a produit est voué à la mort, et les astres eux-mêmes n'échappent pas à la loi commune. La lune qui, au-dessus de nos têtes, tend son grand arc d'or, n'est que « le spectre monstrueux » d'un univers défunt :

> Autrefois, revêtu de sa grâce première,
> Globe heureux d'où montait la rumeur des vivants,
> Jeune, il a fait ailleurs sa route de lumière,
> Aves ses eaux, ses bleus sommets, ses bois mouvants,
> Sa robe de vapeurs mollement dénouées,
> Ses millions d'oiseaux chantant par les nuées,
> Dans la pourpre du ciel et sur l'aile des vents.
> Loin des tièdes soleils, loin des nocturnes gloires,
> A travers l'étendue il roule maintenant [1].

Son sort, ce sera un jour le sort de notre globe. Le poète, avec ses yeux qui percent l'avenir, voit déjà « la face de la terre absolument nue ». Plus de villes, plus de forêts sonnantes, plus de mers battues des vents ; plus rien de ce qui fut la vie, la vie des choses ou la vie de l'homme, la vie des corps et la vie de l'esprit :

> Tout, tout a disparu, sans écho et sans trace.
> Avec le souvenir du monde jeune et beau,
> Les siècles ont scellé dans le même tombeau
> L'illusion divine et la rumeur des races.

Le père des blés, des fleurs et des rosées, la lampe du monde, le soleil, va s'éteindre à son tour ; les astres d'or détachés de sa ceinture, l'un après l'autre, s'engloutiront dans les gouffres de l'étendue.

---

1. *Poèmes Barbares* : *Les Clairs de lune*.

> Et ce sera la Nuit aveugle, la grande Ombre
> Informe, dans son vide et sa stérilité,
> L'abîme pacifique où gît la vanité
> De ce qui fut le temps et l'espace et le nombre [1].

Leconte de Lisle goûte une sorte de plaisir sauvage à multiplier ces images de décadence, de décrépitude, de dissolution et de ruine. Devant ces visions d'apocalypse, il est pris d'une horreur religieuse et comme d'un vertige sacré.

Partagé entre le spectacle de la vie universelle et la conception de l'universel anéantissement, il ne peut se décider ni à bénir cette nature qui donne la vie, ni à maudire cette nature qui inflige la mort. Il n'est pas dupe de l'illusion sentimentale qui nous montre en elle, suivant l'aspect sous lequel nous l'envisageons, suivant aussi le penchant de notre caractère ou la disposition de l'heure, une consolatrice ou une persécutrice, une amie ou une ennemie, une mère ou une marâtre. Il la voit telle qu'elle apparaît à ceux qui la regardent de sang-froid, calme, impassible, sûre d'elle-même, présidant sans lenteur et sans hâte, sans incertitude et sans fièvre, à l'accomplissement de ses lois :

> Pour qui sait pénétrer, Nature, dans tes voies,
> L'illusion t'enserre et ta surface ment.
> Au fond de tes douleurs comme au fond de tes joies,
> Ta force est sans ivresse et sans emportement [2].

Il la voit avec les yeux d'un philosophe et d'un savant, avec ceux, si l'on veut, d'un Lucrèce ou d'un Buffon, pour prendre parmi les savants et les philosophes ceux qui offrent à la poésie une matière tout élaborée et déjà prête. Il a, comme eux, le sentiment de la permanence de ce système de forces que nous appelons la Nature sous le changement incessant des formes qui est l'effet de leur action et la condition de leur durée. Il s'incline devant une nécessité que sa raison conçoit. C'est la loi de la vie que les êtres ne se renouvellent qu'aux dépens les uns des autres, que

---

1. *Poèmes Barbares* : *La Dernière Vision.*
2. *Ibid.* : *La Ravine Saint-Gilles.*

toutes choses naissent, croissent et meurent pour faire place à d'autres qui naîtront, croîtront et mourront à leur tour, et ainsi jusqu'à l'infini :

> Cedit enim rerum novitate extrusa vetustas
> Semper, et ex aliis aliud reparare necesse est...
> Sic alid ex alio nunquam desistet oriri [1].

Dans cette chaîne sans fin des existences, qu'importent à la puissance qui les engendre les circonstances particulières, les joies ou les peines, le bonheur ou le malheur dont chacune est accompagnée ? Que lui importe la douleur ? Que lui importe la mort ? La nature, disait Buffon, « ne permet pas à la mort d'anéantir les espèces, mais la laisse moissonner les individus et les détruire avec le temps, pour se montrer elle-même indépendante de la mort et du temps, pour exercer à chaque instant sa puissance toujours active, manifester sa plénitude par sa fécondité, et faire de l'univers, en reproduisant, en renouvelant tous les êtres, un théâtre toujours rempli, un spectacle toujours nouveau [2]. » La nature, dit à son tour Leconte de Lisle, ne donne nulle attention aux accidents qui tiennent tant de place dans notre vie, et qui nous paraissent tenir tant de place dans le monde :

> La nature se rit des souffrances humaines;
> Ne contemplant jamais que sa propre grandeur,
> Elle dispense à tous ses forces souveraines,
> Et garde pour sa part le calme et la splendeur [3].

Il y a, dans cette manière de concevoir les rapports de l'homme avec la nature, une largeur de vues, une hauteur de pensée et une fermeté d'âme qui donnent à la poésie de Leconte de Lisle un caractère de grandeur et une indéniable originalité. Parmi ses illustres devanciers, ni Lamartine, ni Victor Hugo n'avaient songé — si ce n'est à la rencontre et sans y insister — à

---

1. *De Natura rerum*, livre III.
2. Buffon, *Histoire Naturelle, Le Bœuf*.
3. *Poèmes Barbares* : *La Fontaine aux Lianes*.

interpréter de la sorte le spectacle de l'univers. Seul, Alfred de Vigny avait exprimé une conception jusqu'à un certain point analogue, dans quelques stances de *La Maison du Berger*. Elles sont assez connues pour qu'il soit superflu de les citer. La Nature en personne, on le sait, fière de sa puissance et de sa pérennité, « impassible » et « sereine », y déclare formellement son indifférence aux vicissitudes des créatures, et confond dans un même dédain les hommes et les fourmis. Vigny, s'il avait l'âme stoïque, n'était pas assez stoïcien pour apporter de bon gré à cette conception du monde, que lui imposait sa raison, une adhésion qui froissait sa sensibilité. Il n'avait donné la parole à la Nature que pour protester de toutes ses forces contre une cruauté dont il était indigné :

> C'est là ce que me dit sa voix triste et superbe ;
> Et dans mon cœur alors je la hais, car je vois
> Notre sang dans son onde et nos morts sous son herbe,
> Nourrissant de leurs sucs la racine des bois.
> Et je dis à mes yeux qui lui trouvaient des charmes :
> Ailleurs tous vos regards, ailleurs toutes vos larmes ;
> Aimez ce que jamais on ne verra deux fois.

Son cœur souffre et son imagination se révolte. Tout le vieux levain d'individualisme que, depuis cent ans, les initiateurs et les maîtres du romantisme ont déposé dans les âmes, fermente et bouillonne dans la sienne. Il déteste cette nature méchante et meurtrière ; il n'en veut plus voir la beauté ; il n'a d'yeux que pour l'être unique, précieux, irréparable, qu'elle a créé hier et qu'elle anéantira demain. Combien l'attitude de Leconte de Lisle est plus philosophique ! Si la nature est insensible et indifférente, — et personne n'en est plus convaincu que lui — ce n'est pas une raison pour qu'il s'interdise — ni pour qu'il nous défende — de la regarder et de l'admirer. Au contraire, la fraîcheur qu'elle répand dans les sens, le calme qu'elle insinue dans l'âme ont une vertu bienfaisante ; les images qu'ont gravées en nous les premières impressions de sa beauté nous accompagnent jusqu'au dernier jour. Les tristesses de notre destinée particulière s'atténuent et se dissolvent dans la contemplation des choses, et, à défaut de consolations positives, tout au moins pouvons-nous attendre de la Nature qu'elle nous affranchisse de notre individualité misérable, et qu'elle nous fasse goûter par avance l'inaltérable paix qui est réservée aux hommes comme aux dieux.

> Homme, si le cœur plein de joie ou d'amertume,
> Tu passais vers midi dans les champs radieux,
> Fuis ! la nature est vide et le soleil consume,
> Rien n'est vivant ici, rien n'est triste ou joyeux.
>
> Mais si, désabusé des larmes et du rire,
> Altéré de l'oubli de ce monde agité,
> Tu veux, ne sachant plus pardonner ou maudire,
> Goûter une suprême et morne volupté ;
>
> Viens ! le soleil te parle en paroles sublimes.
> Dans sa flamme implacable absorbe-toi sans fin,
> Et retourne à pas lents vers les cités infimes,
> Le cœur trempé sept fois dans le néant divin [1].

On le voit, la conception que Leconte de Lisle se fait de la nature correspond exactement à celle qu'il se fait des dieux et à celle qu'il se fait de l'humanité. Ce sont trois aspects d'une même pensée, trois traits qui, s'ajoutant et s'ajustant l'un à l'autre, déterminent dans ses grandes lignes la philosophie que nous pouvons maintenant dégager de son œuvre.

---

1. *Poèmes Antiques* : *Midi*.

CHAPITRE VII

LE PESSIMISME DE LECONTE DE LISLE

Néant des dieux, abjection des hommes, indifférence de la nature, tels sont les trois termes auxquels se ramène en substance l'œuvre de Leconte de Lisle, envisagée des trois points de vue où nous nous sommes successivement placés. Il semble que la simple énumération en soit assez éloquente. S'il est vrai, comme l'a dit l'auteur des *Poèmes Barbares*, que « toute vraie et haute poésie contient une philosophie », sa philosophie, à lui, est ce qu'on est convenu d'appeler une philosophie pessimiste, et cette définition pourrait être considérée comme suffisante, si ce terme de pessimisme avait par lui-même un sens qui fût suffisamment précis.

Mais le pessimisme — j'entends le pessimisme poétique — n'est pas une doctrine ; c'est la réaction instinctive d'une sensibilité froissée par la vie et qui se venge en dénigrant et en maudissant la vie. Chacun de nous a ses raisons particulières de souffrir et sa manière propre de réagir à la souffrance. C'est dire qu'il y a autant de pessimismes qu'il y a d'individus. Il y en a de vulgaires, et il y en a de nobles ; il y en a de triviaux, et il y en a de distingués ; il y en a d'égoïstes, et il y en a de généreux ; il y en a de déprimants, et il y en a d'héroïques. Selon les motifs qui les déterminent, ils diffèrent en qualité et ils diffèrent aussi en degré, depuis le pessimisme passager, qui n'est qu'un accès de mauvaise humeur élevé à la dignité d'un principe, jusqu'au pessimisme systématique qui a la fermeté d'une conviction philosophique et implique une conception de l'univers. En sorte que ce qui est intéressant, quand nous avons affaire à un écrivain qui voit régulièrement — comme c'est le cas de Leconte de Lisle — le mauvais côté des choses, ce n'est pas de constater qu'il est pessimiste, c'est de savoir pourquoi et jusqu'à quel point il l'a été.

I

On l'a dit bien des fois : on naît pessimiste — comme aussi et inversement on naît optimiste — on ne le devient pas. Si on veut remonter jusqu'à la cause initiale et à la raison dernière du pessimisme, il faut en chercher la plus profonde racine dans le caractère même du pessimiste et jusque dans son tempérament, pour autant que de notre organisation physique dépend notre disposition morale. C'est ce qu'à l'occasion on n'a pas manqué de faire. Il y a, dans la littérature du XIXe siècle, avant Leconte de Lisle, un cas illustre de pessimisme poétique. C'est celui d'Alfred de Vigny. On a expliqué gravement que s'il était né triste, comme il le reconnaît lui-même, c'est qu'il était né de parents âgés, le plus faible et le dernier de quatre enfants dont les trois premiers moururent en bas âge, et que s'il fut pessimiste, et que s'il fut infécond, « ce fut faute de vitalité native, de vigueur constitutionnelle, de richesse physique ; en un mot, ce fut faute de vie [1]. » On accordera volontiers que l'œuvre d'Alfred de Vigny n'est pas très nombreuse ni volumineuse, et que cette œuvre n'est pas gaie. On pourra toutefois se demander si vraiment il y a lieu de taxer d'infécondité un écrivain qui a enrichi de trois ou quatre chefs-d'œuvre la littérature de son siècle. On pourra se demander aussi si l'auteur des *Destinées* est bien le moraliste désabusé et découragé qu'on nous dépeint d'habitude, et si on ne le qualifie pas de pessimiste surtout parce qu'il n'a pas été optimiste éperdument et avec fracas. En admettant qu'il ait été ce que l'on dit, encore s'agirait-il de savoir jusqu'à quel point il peut être avantageux à la critique littéraire d'emprunter à la médecine et à la pathologie les éléments de ses définitions et les

1. E. Lauvrière, *Alfred de Vigny, sa vie et son œuvre*. Paris, 1909 ; p. 374.

considérants de ses jugements. Mais, dans le cas de Leconte de Lisle, il n'y a rien qui relève de la pathologie ou de la médecine. Né sain de parents sains, il a prolongé jusqu'à soixante-quinze ou seize ans une existence que la maladie ne semble à aucune époque avoir notablement éprouvée. A soixante ans, on nous le montre capable de monter à cheval, lui, homme sédentaire et déshabitué dès longtemps des exercices du corps, pour escorter une jeune femme dans ses promenades, et même d'accomplir en mer, sous ses yeux, des « prouesses de nageur »; et les Parisiens qui, quelque dix ou douze ans plus tard, le voyaient, à la fin d'un après-midi d'été, sortir du palais du Luxembourg et remonter vers son appartement du boulevard Saint-Michel, admiraient ce beau vieillard, marchant d'un pas alerte, le torse large et droit, bien pris dans la redingote grise, la tête haute, le monocle à l'œil sous un chapeau haut de forme soigneusement lustré. Celui-là n'avait pas l'air d'avoir jamais manqué de « vigueur constitutionnelle » ni de « richesse physique », et si l'on admet que Victor Hugo dut à la puissance indéniable de son tempérament et à l'excellence prodigieuse de son estomac l'optimisme qui est, à tout prendre, le trait marquant de son œuvre, on ne constatera pas sans quelque étonnement que l'auteur de *La Légende des Siècles* et celui des *Poèmes Barbares*, ayant reçu l'un et l'autre de la nature une constitution également et exceptionnellement robuste, se soient fait de Dieu, des hommes et du monde, une conception si différente, pour ne pas dire absolument opposée.

Si donc je crois inutile de remonter jusqu'à la naissance de Leconte de Lisle, et même par delà, pour exposer la genèse de son pessimisme, en revanche il me paraît intéressant de signaler chez lui, d'après son propre témoignage, dès le temps de son séjour à Bourbon, des accès d'angoisse inexpliquée et de tristesse sans cause, qui lui sont demeurés comme un des souvenirs inoubliables de son adolescence. Dans une pièce écrite vraisemblablement au cours de sa vieillesse, à l'époque où, comme il disait à Jules Breton, « il revivait ses impressions premières », il décrit un de ces beaux paysages de Bourbon que son imagination se plaisait à évoquer, plein d'oiseaux, de feuillages légers, d'arbres en fleur, d'eaux limpides, et de splendide soleil :

> Tout n'était que lumière, amour, joie, harmonie ;
> Et moi, bien qu'ébloui de ce monde charmant,
> J'avais au fond du cœur comme un gémissement,
> Un douloureux soupir, une plainte infinie,
> Très lointaine et très vague et triste amèrement.
>
> C'est que devant ta grâce et ta beauté, Nature !
> Enfant qui n'avais rien souffert ni deviné,
> Je sentais croître en moi l'homme prédestiné,
> Et je pleurais, saisi de l'angoisse future,
> Épouvanté de vivre, hélas ! et d'être né [1].

Sans doute le commentaire est postérieur de bien des années à l'impression reçue. La vie a repassé sur le trait initial pour l'approfondir et l'envenimer. La sensibilité de l'adolescent est aiguisée rétroactivement par l'expérience de l'homme. Mais l'impression est certaine. Elle révèle, sans que nous en puissions bien démêler la cause, une tendance précoce à la mélancolie chez « l'enfant songeur ».

Cette mélancolie n'était encore qu'une disposition vague et presque inconsciente. Elle dut se préciser et s'aggraver à mesure que se révéla la contrariété intime qui semble avoir été la source de la plupart des déboires essuyés par Leconte de Lisle au cours de son existence. La nature, en même temps qu'elle avait mis en lui une intelligence supérieure, l'avait doué d'un tempérament de créole, à la fois indolent, orgueilleux et passionné. Il n'aimait pas l'action, ni même le mouvement. Il était le premier à le reconnaître. A la suite d'un voyage de Rennes à Dinan, en 1838, il s'excusait auprès de son ami Rouffet d'avoir tardé à lui écrire : « Tout déplacement produit une espèce de trouble en moi, tant est grande mon apathie physique. » Cette nonchalance était demeurée dans l'esprit de ses camarades de jeunesse comme le trait caractéristique de sa nature. En 1860, l'un d'entre eux, Charles Bénézit, son ancien collaborateur de *La Variété*, le taxait de

---

1. *Derniers Poèmes* : *L'aigu bruissement...*

paresse, et le poète ne protestait contre le reproche qu'au point de vue de l'esprit. « Quand tu me traites de paresseux, je présume que tu veux parler de mes jambes, car, pour le travail intellectuel, j'affirme que peu de bœufs me valent. » Et il en fournissait la preuve. Il n'en eût peut-être que mieux valu pour lui, s'il avait eu, avec un corps plus actif, une âme moins contemplative, s'il eût vécu davantage hors de lui-même, s'il eût été plus disposé à se mêler à la foule des hommes et plus apte à y jouer des coudes, plus remuant et plus habile. Il faut le prendre tel qu'il était, tel qu'il s'est peint lui-même à nous dans une de ses nouvelles en prose[1], sous le nom de Georges Fleurimont. Ce Georges Fleurimont, au physique, lui ressemble singulièrement : « de grands yeux bleus, le front large, les lèvres fines et les cheveux blonds. » Au moral, il paraît bien qu'il en est de même : « une passion, d'autant plus violente que sa nature normale était apathique, s'était allumée dans son cœur, et ses désirs inassouvis le dévoraient. » Dans l'âme du jeune Leconte de Lisle, ce n'est pas une passion, c'est toutes les passions qui s'étaient allumées à la fois ; non seulement, comme nous l'avons vu, l'amour de la femme, mais l'amour de la poésie et l'amour de la gloire, mais l'amour de la justice et l'amour de la liberté. Dans une de ses plus belles pièces, et de celles qui jettent le plus de lueur sur son être intime, il a fait allusion à ces heures tumultueuses de son adolescence :

> Autrefois, quand l'essaim fougueux des premiers rêves
> Sortait en tourbillons de mon cœur transporté ;
> Quand je restais couché sur le sable des grèves,
> La face vers le ciel et vers la liberté ;...
>
> Incliné sur le gouffre inconnu de la vie,
> Palpitant de terreur joyeuse et de désir,
> Quand j'embrassais dans une irrésistible envie
> L'ombre de tous les biens que je n'ai pu saisir [2]...

Un fragment de ses lettres de jeunesse complète et commente

1. *Marcie*.
2. *Poèmes Barbares* : *Ultra Cœlos*.

de la manière la plus heureuse ces confidences discrètes de sa poésie. Il vaut la peine de citer en entier cette page aussi sincère que pénétrante :

> J'ai toujours été un être nomade — écrivait-il à Rouffet le 26 mars 1839 — et vous devez bien comprendre que cette vie incertaine, quelque jeune que je fusse alors, n'a jamais été propre à fixer mes idées et mes sensations. Aussi, je m'effraie parfois de la confusion qui bouleverse ma tête : mes pensées sans résultat, désirs ardents sans but réel, abattements soudains, élans inutiles, se heurtent dans mon âme et dans mon cœur pour s'évanouir bientôt en indolence soucieuse. Rien de fixe et d'arrêté pour l'avenir ; mon passé même semble évoquer mes souvenirs, preuve de mon inutilité passée, pour me prédire mon incapacité future. J'ai rêvé, comme un autre, d'amour et de jours heureux, écoulés entre une femme aimée et un ami bien cher; mais ce n'était là qu'un songe. Je le sens bien, il y a en moi trop de mobilité pour espérer une telle vie, si toutefois il m'était donné de jamais la réaliser. La monotonie m'abrutit, et je me reconnais un tel besoin de métamorphoses, que je me sentirais capable d'éprouver en un mois tout l'amour, toute la haine et toutes les espérances d'un homme qui y aurait consacré sa vie tout entière. Oui, me voilà bien, mon ami. Pardonnez-moi de m'être posé en sorte de problème, et essayez de me résoudre. Notez qu'avec tout cela je suis excessivement malheureux. Vous me direz, sans doute, qu'une semblable vie n'est appuyée sur nul raisonnement et que, au bout du compte, ce n'est qu'une paresse incarnée. C'est peut-être vrai.

Déséquilibre de la rêverie et de l'action, disproportion entre l'infini des désirs et l'étroitesse des réalités, repliement sur soi-même, découragement et tristesse, si ce sont là les causes et les symptômes de ce qu'entre 1830 et 1840 on appelait encore « le mal du siècle », Leconte de Lisle en a été atteint, et, de son pessimisme, le point de départ, autant du moins qu'il est accessible à l'analyse psychologique, se trouve là. Plus enclin à agir, il eût moins embrassé par le rêve ; il eût appris à limiter ses aspirations, à choisir un but prochain, à y concentrer ses pensées et à y proportionner ses efforts. Il se fût contenté peut-être de ces « joies réelles » et modestes que lui recommandait timidement Adamolle ; il eût atteint son idéal, parce qu'il l'aurait placé moins haut ; il eût été plus heureux, mais il ne fût pas devenu le poète, et le grand poète, qu'il a été.

Ajoutez, — pour lui rendre la vie encore plus difficile, — à cette disposition première, la raideur d'un caractère altier et intransigeant. Cette raideur venait d'une réelle droiture de conscience, du sentiment très vif de sa dignité personnelle ; elle venait aussi et surtout d'un immense orgueil. « Je sais, écrivait-il un jour à Rouffet, que, dans mon orgueil — et je ne saurais me le dissimuler — une envie de dominer plus forte parfois que ma volonté même est en moi. » A plus forte raison se sentait-il incapable de s'abaisser ou de plier. La seule idée, je ne dis pas d'une bassesse, mais d'une sollicitation, d'une concession, d'une démarche qui le mît sous la dépendance ou dans l'obligation d'autrui, lui était insupportable. Lorsqu'il s'était agi, en 1839, de publier, de compte à demi avec Rouffet, ce volume de poésies qui devait leur ouvrir à tous les deux le chemin de la gloire, la proposition, avancée par son ami, de le faire imprimer par souscription, lui avait causé un sursaut de colère : « Savez-vous ce que c'est que de faire imprimer par souscription ? Êtes-vous disposé à vous traîner à deux genoux devant des gens qui se soucient fort peu de vos vers, afin d'en obtenir de l'argent ? Pour moi, non seulement cela est au-dessus de mes forces, mais j'aimerais mieux ne jamais publier une ligne que la devoir à la pitié du vulgaire. » On n'a pas oublié de quel ton cassant, avec quelle inflexibilité arrogante, il enjoignait à Adamolle de ne consentir à aucune modification de la « copie » qu'il était chargé de remettre au *Courrier de Saint-Paul* ; avec quelle susceptibilité hautaine il rejetait, tout d'abord et de premier mouvement, les offres de *La Démocratie Pacifique*, de peur de paraître abandonner quelque chose de l'intégrité de ses opinions. L'orgueil, porté à ce point, est une force. La conviction d'une supériorité intime, qui ne s'abaisse devant personne, que personne ne peut vous ravir, est un ressort puissant dans l'adversité, un soutien dans l'épreuve. Mais ce même orgueil est aussi une infirmité morale, une cause de faiblesse et de souffrances. La conscience de sa valeur méconnue dut rendre plus cruelles encore pour le poète, en dépit de sa « résignation philosophique », les humiliations, les injustices, les déboires de toute sorte qui lui furent infligés par les hommes ou par la fortune.

Avant de quitter Bourbon, Leconte de Lisle ne savait pas encore ce que c'était que la souffrance. Je ne sais si, à cette époque, était déjà morte la jeune cousine dont il a, dans *Le Manchy* et ailleurs, immortalisé le souvenir. Il est fort possible, du reste, qu'il y ait eu, dans son cas, ce que Stendhal appelait un phénomène de cristallisation, et que le souvenir idéalisé de cette passion malheureuse lui ait été plus douloureux que la réalité même. En tout cas, jusqu'en 1837, il avait grandi librement au milieu d'une nature magnifique et charmante, dans l'habitation paternelle, entouré de compagnons de son âge dont la sympathie réchauffait son cœur et dont l'admiration juvénile flattait son orgueil. A peine eut-il mis le pied sur le pont du navire qui devait le transporter en France, qu'il se sentit envahi par le sentiment de la solitude morale qui désormais allait être son lot. « C'est surtout maintenant que je me trouve jeté, écrivait-il à Adamolle, au milieu d'hommes indifférents sur toutes les choses dont nous aimons à causer, que je sens tout le prix d'une âme qui comprenne la mienne et soit comprise d'elle. » Il commençait déjà à regretter, comme il dira un peu plus tard,

> Ces parents chers et bons que m'accordait le Ciel,
> Tous ces amis grandis à mes côtés, doux frères
> Que je pleure parfois dans mes jours solitaires [1]...

La solitude, en effet, au lieu de s'atténuer à son arrivée en Bretagne, s'était aggravée du fait de son malentendu avec sa famille de Dinan. On l'avait jugé froid et méprisant. Il s'était de son côté senti en pays hostile. Il s'habitua — son caractère ne l'y portait que trop — à vivre avec lui-même, à se passer des autres. Il affecta des allures de misanthrope. Il se déclara content de n'avoir point d'amis. Il en eut pourtant, et qui lui furent chers. Mais ils lui furent chers surtout à distance. « Vous l'avez dit, mon cher Rouffet : nous sympathisons beaucoup mieux de loin que de près. Il n'est pas difficile de deviner pourquoi. Vous êtes au fond un excellent garçon ; mais, jamais je n'ai rencontré votre égal en originalité. De mon côté, je suis emporté de caractère et considérablement fatigué des autres hommes : il était donc

---

1. *Premières Poésies* : *Un souvenir et un regret.*

impossible que nous puissions vivre en bonne intelligence. Nous sommes plutôt faits pour nous entendre de l'âme que de vive voix. » Quant au reste de l'humanité, il jugea bien vite qu'il n'avait aucune sympathie, aucun réconfort à en attendre. Dans les jours où pesait plus péniblement sur lui

> Le poids cruel et lourd de notre isolement,

il se disait qu'il ne manquait peut-être à ses semblables que d'avoir connu sa souffrance pour chercher à le soulager :

> Mon Dieu ! s'ils savaient bien le malheur d'être seul [1] !

Mais l'illusion ne durait pas longtemps. Il s'était trop nourri de la prose amère d'Alfred de Vigny, il avait trop médité sur le cas de Chatterton, et sur celui, beaucoup plus proche, d'Hégésippe Moreau, pour avoir, lui poète, quelque confiance dans un siècle « qui ne reconnaît que l'or pour dieu », dans « une société abrutie et sourde » qui laisse les poètes mourir de faim. Les hommes n'estiment que ceux qui leur sont utiles, et les poètes leur sont inutiles : ils le prétendent, du moins.

> Ah ! puisque nul ne veut comprendre ici nos cris,
> Puisque devant nos pas on sème le mépris,
> Puisque chaque homme enfin à notre âme altérée
> De la pitié refuse une goutte sacrée,
> Mon Dieu, rappelle à toi tes trop faibles enfants,
> Donne-nous le repos, le dernier, il est temps [2] !

C'est le mot du Quaker devant les cadavres de Chatterton et de Kitty Bell : « Oh ! dans ton sein ! dans ton sein, Seigneur, reçois ces deux martyrs ! »

Tels étaient les sentiments qu'il rapporta, en 1843, dans son île natale. Il s'y trouva comme étranger au milieu des siens. Sa misanthropie s'exalta encore dans la solitude totale où, à Saint-Denis, il se trouva plongé. Elle se serait adoucie peut-être, une fois

---

1. *Premières Poésies : Tristesse.*
2. *Ibidem.*

le poète retourné en France, devant les sourires de la fortune ; elle aurait fondu à « ces premiers rayons de la gloire, qui sont plus doux que les premiers feux de l'aurore ». Mais l'homme est l'artisan de sa destinée, et nous savons déjà que Leconte de Lisle n'avait ni les qualités ni les défauts qu'il fallait pour rendre la sienne heureuse. Il n'eut pas à subir de retentissantes infortunes, mais à lutter, ce qui, à de certains égards, est pire, contre la difficulté incessamment renouvelée d'assurer son pain quotidien. Pendant toute sa jeunesse, et même jusque dans son âge mûr, il se trouva dans une situation non pas modeste, mais précaire, et souvent même plus que précaire. Nous l'avons vu à Rennes, réduit, par sa faute sans doute, mais enfin réduit pour vivre à de misérables expédients. Nous l'avons retrouvé à Paris subsistant maigrement des faibles appointements qu'il recevait de *La Démocratie Pacifique* et d'une petite pension que lui faisait sa famille. En 1848, tout lui manqua à la fois. Il n'eut plus d'autres ressources que de donner des leçons de grec et de latin, et de se mettre aux gages des libraires. Comment en vivait-il ? Béranger, dont il avait fait, on ne sait trop par quelle voie, la connaissance, et qui s'intéressait à lui, va nous le dire. Au mois de janvier 1853, l'auteur des *Chansons* recommandait — rapprochement inattendu — l'auteur des *Poèmes Antiques*, qui venaient de paraître, à la bienveillance de Pierre Lebrun, poète lui-même, sénateur et membre de l'Académie française, en compagnie et à la suite d'un obscur littérateur de l'époque, Hippolyte Tampucci. « Mon autre recommandation, écrivait-il, est en faveur de M. Leconte de Lisle, dont je vous ai remis le volume ; volume plein de magnifiques vers, ainsi que vous avez pu vous en assurer. Je vous dirai, moi qui recommande plus les auteurs que les livres, que ce jeune homme est ici dans un état voisin de l'indigence. » Les *Poèmes Antiques*, en effet, n'avaient pas trouvé beaucoup d'acheteurs ; on prétend même que, pour se faire quelque argent, Leconte de Lisle en devait vendre les exemplaires aux bouquinistes des quais. Le recueil, et celui qui suivit en 1855, les *Poèmes et Poésies*, valurent à l'auteur deux prix académiques, plus une gratification de cinq cents francs, obtenue du ministère de l'Instruction publique par les efforts combinés de Pierre Lebrun, de Scribe et d'Alfred de Vigny. Mais ces maigres subsides ne pouvaient rétablir une situation depuis longtemps obérée. Le 1er septembre 1856, c'est le secrétaire perpétuel de l'Académie française, Villemain, qui, à son tour, fait appel, en faveur du lauréat de l'illustre compagnie, à la puissante influence du sénateur impérial : « Je viens de voir M. Leconte de Lisle... Il est fort malheureux, et il en porte la trace visible : il est fort maigre et pâle, comme un homme qui n'a pas souffert seulement de chagrin. Je sais que le prix Lambert (1.000 francs) n'éteindra pas tout à fait sa dette principale, qui est une dette pour premiers besoins de logement et de nourriture. Un acompte sera accepté sur cette dette, et lui laissera pour usage immédiat le reste du prix. Mais ce sera bien peu, et bientôt absorbé, quoiqu'il n'y ait, j'en suis assuré, nul désordre, nulle dépense de fantaisie. Mais le nécessaire, le plus indispensable nécessaire n'est pas assuré. Les *Poésies nouvelles*, tirées à 500 exemplaires, sont presque épuisées, mais sans produit pour l'auteur. Il n'y a nul travail utile en perspective. Et le découragement est grand, comme la souffrance, et m'a été exprimé simplement et noblement. » Villemain concluait en pressant son ami d'obtenir du ministre ce qu'il appelait, voilant de médiocre latin la misère des choses, *aurum honorarium aut potius alimentarium*, la pension de quinze cents ou deux mille francs qui mettrait le poète à l'abri des besoins les plus immédiats. Pierre Lebrun tarda peut-être à se mettre en campagne. Toujours est-il que, le 9 octobre, il recevait, de Leconte de Lisle aux abois, la supplique suivante, qu'il n'est pas possible d'appeler autrement qu'une demande de secours :

Pressé de tous côtés, et ne trouvant plus d'issues, momentanément du moins, pour échapper à des embarras cruels et multipliés, je me vois contraint, Monsieur, d'avoir recours à votre appui doublement puissant. Si je souffrais seul, je subirais avec résignation, comme je l'ai déjà fait longtemps, la fortune contraire ; mais je suis sans forces désormais.
Oserais-je donc vous prier de m'aider à obtenir du ministère de l'Instruction publique une somme de 500 francs sur les fonds destinés aux lettres ? Cette allocation me permettrait d'attendre, et je vous serais vivement reconnaissant d'avoir contribué puissamment à soulever un peu mon fardeau.

On ne sait quel succès eut l'intervention de Pierre Lebrun. Le salut cette fois vint d'ailleurs. Le Conseil général de la Réunion attribua au jeune compatriote, deux fois couronné par l'Académie française, une petite pension, qui, pendant quelques années, lui fut régulièrement servie. Puis, un jour, on la lui supprima. C'est alors, en 1864, que Leconte de Lisle, ayant à pourvoir non seulement aux dépenses de son ménage — il s'était marié entre temps — mais encore à l'entretien d'une partie de sa famille de Bourbon, qui était retombée à sa charge, épuisa la coupe d'amertume. Il dut se résigner, lui anti-bonapartiste, lui républicain, lui ancien révolutionnaire, à accepter une allocation de 300 francs par mois sur la cassette impériale. On la lui a plus d'une fois durement reprochée. Quelle ironie ! Pour un caractère comme le sien, une telle humiliation, même ignorée du public, même intime et secrète, était une torture plus cruelle que les plus cruelles privations.

Je ne connais pas de meilleure illustration que cette vie à la maxime amère et profonde de Juvénal :

> Haud facile emergunt, quorum virtutibus obstat
> Res angusta domi.

Quand on songe que c'est au milieu de ces soucis d'argent et dans les intervalles de ces pénibles démarches que furent conçues ou écrites la plupart des belles pièces qui composent actuellement le recueil des *Poèmes Barbares*, on se demande avec une sorte de stupeur quel amour passionné de son art, quelle robuste confiance en lui-même et quelle tenace volonté il fallut à cet homme pour persévérer dans son effort. Et on ne risque plus de prendre pour des déclamations banales les anathèmes qu'il lance contre la société de son temps.

Si je me suis laissé entraîner, en effet, à parler longuement des embarras pécuniaires de Leconte de Lisle, ce n'est pas pour le plaisir d'étaler la misère d'un grand écrivain ; ce n'est pas non plus que, dans ma pensée, ses opinions philosophiques dépendent nécessairement de l'état de son porte-monnaie ; mais, c'est pour que l'on comprenne bien que le poète, quand il se plaignait de la vie, avait quelques raisons d'en dire du mal. Si l'on ajoute à ces causes de découragement le regret toujours présent et douloureux de son pays natal, on ne s'étonnera pas des plaintes amères dont sa poésie de cette époque — et de toutes les époques, une fois le pli donné au caractère — est si souvent l'écho :

> Comme un morne exilé, loin de ceux que j'aimais,
> Je m'éloigne à pas lents des beaux jours de ma vie,
> Du pays enchanté qu'on ne revoit jamais.
> Sur la haute colline où la route dévie
> Je m'arrête et vois fuir à l'horizon dormant
> Ma dernière espérance, et pleure amèrement [1]...

Et l'on comprendra qu'il y a autre chose que de l'excitation cérébrale, de la rhétorique ou de la « littérature » dans ces aspirations au repos, au néant, à la mort qui reviennent lugubrement dans ses vers. Tantôt, c'est le regret de n'être pas mort jeune, de n'avoir pas été affranchi de la vie avant d'en avoir connu les tristesses :

> Nature ! immensité si tranquille et si belle,
> Majestueux abîme où dort l'oubli sacré,
> Que ne me plongeais-tu dans ta paix immortelle,
> Quand je n'avais encor ni souffert ni pleuré [2] ?

Tantôt, c'est l'insistance avec laquelle il évoque l'image du suicide apaisant et libérateur, du détachement insensible et doux de cette vie. La fin des *Étoiles Mortelles*, telle surtout qu'on peut la lire dans la version primitive[3], est significative à cet égard. Ils sont là « deux beaux enfants », l'amoureux et l'amoureuse, qui, toute la journée, pareils aux *Amants de Montmorency* que jadis Vigny avait mis en scène, ont couru les bois, en riant et en cueillant des fruits et des fleurs.

> O rêveurs innocents, fiers de vos premiers songes,
> Jeunes esprits, cœurs d'or rendant le même son,

---

1. *Poèmes Barbares* : *Requies*.
2. *Ibid.* : *Ultra Cœlos*.
3. *Revue Contemporaine* du 30 juin 1864.

> Ignorant que la vie est pleine de mensonges,
> Vous écoutiez en vous la divine chanson !

Le soir ils se sentent troublés par la nuit qui tombe, ils ont vaguement peur, ils se prennent par la main pour se sentir moins seuls. Ils s'arrêtent au bord d'un large étang, où s'amoncellent, sous la nappe profonde des eaux, les pleurs d'argent tombés du ciel nocturne.

> Les enfants, inclinés sur la pente des rives,
> Essuyant pour mieux voir leurs yeux où nage encor
> Un reste de tristesse et des larmes naïves,
> Contemplaient à l'envi ce splendide trésor.
>
> Tels que des papillons vers la beauté des flammes,
> Un charme les plongea dans le gouffre mortel ;
> Et le bois entendit comme un vol de deux âmes
> Effleurer le feuillage en retournant au ciel.

Parfois le poète déclare ouvertement son intention d'en finir promptement, violemment avec une existence qui lui est à charge.

> Le mal est de trop vivre, et la mort est meilleure...

Son « vœu suprême », c'est de sortir de ce monde en répandant sa vie à flots par une large blessure, comme le soldat ou comme le martyr :

> O sang mystérieux, ô splendide baptême,
> Puissé-je, aux cris hideux du vulgaire hébété,
> Entrer, ceint de ta pourpre, en mon éternité [1] !

Mais ce n'est là qu'un vœu, et qu'un rêve. En fait, il n'est pas possible de s'évader de l'existence, soit qu'on ne s'en reconnaisse pas le droit, soit qu'on n'en ait pas le triste courage. Il faut suivre jusqu'au bout sa voie douloureuse. Il faut se résigner à vivre, en enviant les morts, pour qui la vie n'est plus qu'un songe évanoui :

> Oubliez, oubliez, vos cœurs sont consumés ;
> De sang et de chaleur vos artères sont vides.
> O morts, morts bienheureux, en proie aux vers avides,
> Souvenez-vous plutôt de la vie, et dormez !

---

1. *Poèmes Barbares* : *Le Vœu suprême.*

> Ah ! dans vos lits profonds quand je pourrai descendre,
> Comme un forçat vieilli qui voit tomber ses fers,
> Que j'aimerai sentir, libre des maux soufferts,
> Ce qui fut moi rentrer dans la commune cendre [1] !

Et pour se consoler de la vie, et pour s'aider à en supporter le poids, il n'est que de fixer sa pensée sur le terme inévitable, lequel viendra tôt ou tard, à son heure et à son jour :

> La vie est ainsi faite : il nous la faut subir.
> Le faible souffre et pleure, et l'insensé s'irrite ;
> Mais le plus sage en rit, sachant qu'il doit mourir [2].

II

Une disposition naturelle à la tristesse, dont les premiers symptômes et comme le pressentiment s'étaient fait sentir de bonne heure, et qui provenait, semble-t-il, de la rencontre malheureuse d'un tempérament apathique et d'une âme ardente ; cette disposition, accrue par les circonstances d'une vie pénible et précaire, par l'éloignement des siens et du pays natal, par la solitude morale, par des embarras matériels qui entraînaient non seulement des privations difficilement supportables, mais des comparaisons douloureuses entre ce qui était et ce qui aurait dû être et d'intolérables humiliations, telles sont, du pessimisme de Leconte de Lisle, les causes que nous pouvons appeler personnelles. Et il faut bien convenir qu'elles expliquent et même qu'elles justifient ses paroles amères et son profond désenchantement de la vie. Mais ce ne sont pas là toutefois des bases assez larges pour édifier sur elles une conception générale des choses, et, de l'œuvre de Leconte de Lisle, il n'y aurait pas lieu de dégager une philosophie, si, à ces motifs, qui étaient valables pour lui-même, ne s'en étaient ajoutés d'autres d'une portée plus universelle et d'un caractère plus désintéressé.

Leconte de Lisle appartenait par sa naissance à la génération de

---

1. *Poèmes Barbares* : *Le vent froid de la nuit.*
2. *Ibid.* : *Requies.*

1848. Cette génération, chez nous, s'est distinguée entre toutes par la générosité de ses aspirations, la ferveur de son idéalisme et sa capacité d'illusions. Son idéal politique, c'était la République. Que la République était belle sous la monarchie de Juillet ! Son idéal social, c'était le bonheur de l'humanité. Elle inscrivait dans son *credo* la liberté, la justice et l'amour, l'égalité entre les citoyens, l'amélioration du sort du plus grand nombre, la paix universelle, la fraternité des peuples. Cet idéal est encore le nôtre. Mais, instruits par de dures expériences, nous savons combien il est difficile et long à réaliser. Nous savons que le progrès moral est une conquête de tous les instants sur l'égoïsme de l'homme, le fruit d'un effort patient et continu. Nous ne pensons pas qu'on puisse tout d'un coup transformer la société et le monde. On le croyait vers 1848. Tandis que les possédants s'engourdissaient dans leur bien-être, des esprits aventureux, touchés de la misère et des souffrances du peuple, cherchaient le moyen de substituer à l'ordre de choses qui semblait condamné un ordre de choses meilleur. C'est le temps où surgissaient de tous côtés les théories et les systèmes, les Utopies et les Icaries, les sociologies et les religions. Il semblait qu'on assistât à la naissance d'un culte nouveau, par qui le monde moderne serait régénéré, comme le monde antique l'avait été par le Christianisme. Plusieurs aspiraient à en être le prophète. Il y avait comme une attente universelle, et les poètes, interprétant ces aspirations obscures, se demandaient, selon le mot de l'un d'eux, avec un enthousiasme angoissé :

Qui de nous, qui de nous va devenir un Dieu [1] ?

Cette confiance dans l'avenir, cette conviction de l'aptitude supérieure d'une forme de gouvernement à instaurer le règne de la justice et de la paix parmi les hommes, cette foi républicaine — et il faut ici donner au mot son sens mystique — Leconte de Lisle la possédait depuis ses jeunes années. Elle lui était commune

---

1. Musset, *Rolla*.

avec les jeunes créoles qui faisaient cercle autour de lui, le dimanche, sur la grève de Saint-Paul. « Adieu, mon cher ami, prions pour Elle ! » — entendez : pour la République — écrivait-il, quelques jours après son départ de Bourbon, à son ami Adamolle. Son séjour en Bretagne ne modifia pas ses sentiments, bien au contraire. Il se fit un plaisir, ne fût-ce que pour faire pièce à l'oncle Leconte, d'afficher ses sentiments républicains. A son retour en France, en 1845, ses espérances, ou, si l'on veut, ses illusions, se trouvèrent encore surexcitées par le milieu dans lequel il vécut. Quand éclata la révolution de 1848, il crut qu'elles allaient être comblées. Au bout de deux mois, on sait où il en était. La déception fut rude et la chute profonde. Toute l'orientation de sa pensée en fut changée. Les radieuses visions d'avenir, de paix, de bonheur universel, vagues — mais combien séduisantes ! — qu'il s'était complu à évoquer dans ses poèmes phalanstériens, s'effacèrent, en lui laissant le souvenir d'un mauvais rêve. Il condamna à l'oubli la plupart des œuvres — dont certaines fort belles — où il les avait développées. Des trois ou quatre poèmes qu'il conserva de cette série, il effaça, avec un soin jaloux, tout ce qui pouvait rappeler l'état d'esprit dans lequel ils avaient été composés. Non pas qu'il rougît de s'être abusé ; mais il ne l'était plus, et il ne voulait plus le paraître, ni donner une adhésion, même platonique, à des espérances qu'il ne partageait plus. Il n'avait pas perdu sa foi dans la République ; il avait, ce qui est plus grave, perdu sa foi dans l'humanité. Désormais, il ne regarda plus l'avenir que pour entrevoir dans ses profondeurs la fin d'un monde où rien ne subsistait plus des généreux enthousiasmes, des passions sublimes, amour de la liberté, de la justice, de la beauté, qui avaient enflammé sa jeunesse, et qui lui paraissaient les seules raisons de vivre.

Il ne renonça pas pour cela à caresser ce rêve de bonheur, de bonheur individuel et de bonheur social, de vie riante et libre dans un monde plus beau, dont l'homme n'abandonne la poursuite qu'avec la vie, quand il n'est pas soulevé par une espérance surnaturelle qui lui en offre la réalisation par delà. Mais il le déplaça dans le temps et dans l'espace ; il le transporta de la

France dans l'Hellade, et de l'avenir dans le passé. Il y eut pour lui un temps où l'existence humaine avait été heureuse, une contrée où avait fleuri la beauté. C'est de ce côté qu'il tourna les pensées d'une âme essentiellement nostalgique, et ses aspirations devinrent des regrets. Ce tour d'esprit se faisait déjà sentir chez lui avant 1848 : témoin le poème d'*Hélène* dont j'ai cité quelques fragments; témoin aussi, dans ce poème de *Qaïn*, dont les idées maîtresses remontent, selon moi, à 1845, les passages où le poète, avec une visible complaisance, développe les plaintes de l'inconsolable exilé :

> Éden ! O vision éblouissante et brève,
> Toi, dont avant les temps j'étais déshérité !...
> ....
> Éden ! ô le plus cher et le plus doux des songes,
> Toi vers qui j'ai poussé d'inutiles sanglots !
> Loin de tes murs sacrés éternellement clos,
> La malédiction me balaye, et tu plonges
> Comme un soleil perdu dans l'abîme des flots !.....

témoin encore, dans *La Phalange* de 1847, la longue tirade d'*Orphée et Chiron*, où le centaure revit comme en un songe les jours les plus lointains de son passé :

> Oui, j'ai vécu longtemps sur le sein de Kybèle...
> Dans ma jeune saison que la terre était belle !...
> O jours de ma jeunesse, ô saint délire, ô force !
> O chênes dont mes mains brisaient la rude écorce,
> Lions que j'étouffais contre mon sein puissant,
> Monts témoins de ma gloire et rouges de mon sang !
> Jamais, jamais mes pieds fatigués de l'espace,
> Ne suivront plus d'en bas le grand aigle qui passe ;
> Et comme aux premiers jours d'un monde nouveau-né,
> Jamais plus, de flots noirs partout environné,
> Je ne verrai l'Olympe et ses neiges dorées
> Remonter lentement aux cieux hyperborées !...

Cette tendance naturelle à l'esprit du poète, elle était alors réprimée, combattue, refoulée par les affirmations et les espoirs qui se faisaient jour autour de lui. Après 1848, elle ne rencontra plus d'obstacle. La pensée de Leconte de Lisle, se détournant des réalités qui lui étaient douloureuses, se réfugia dans l'antiquité comme dans un âge d'or. Son hellénisme se composa, pour une part, du sentiment de la beauté grecque, pour une part aussi de sa sympathie pour un peuple passionnément amoureux de la liberté. Mais il n'eut pas de fondement plus solide que son aversion pour la laideur du présent. Et, de la Grèce, ce qu'il aima, ce fut sans doute la Grèce classique, la Grèce historique, la Grèce « des héros, des chanteurs et des sages », la Grèce de Sophocle, de Phidias et de Platon ; mais ce fut au moins autant, sinon plus, la Grèce primitive, mythique, préhistorique, la Grèce pélasgique et anté-homérique, celle du légendaire Orphée et du fabuleux Khirôn. Dans cette nature et cette civilisation également primitives, il se trouvait à l'aise. Il y oubliait les vulgarités et les bassesses d'une civilisation corrompue et dégradée. Dans son hellénisme, en dépit de la différence du décor et de l'art, il entre un peu de la disposition d'esprit de ce Jean-Jacques qu'il avait lu jadis, dans les longs loisirs de son adolescence à Bourbon.

Mais l'apôtre du retour à la nature n'avait pas cru lui-même qu'il fût possible à l'homme de revenir, après des milliers d'années de vie sociale et de culture, à la vie sauvage et libre où il aurait trouvé le bonheur. De même le beau rêve grec de Leconte de Lisle n'était qu'un rêve de poète. Le passé ne pouvait plus revivre. Eût-il été désirable même de le faire revivre ? Dans ces temps lointains, il n'y avait pas que des heureux. Cette Grèce idéale connaissait déjà le blasphème ; on y souffrait déjà de l'injustice et de la méchanceté des dieux, et déjà l'humanité cherchait dans un passé plus lointain encore, le bonheur qu'il ne lui est jamais donné de saisir. « Tais-toi », dit Niobé à l'aède dont les chants en l'honneur de Zeus, d'Apollôn et d'Artémis l'ont excédée :

> Il était d'autres dieux que les tiens, race auguste,
> Dont le sang était pur, dont l'empire était juste...

Quant au dieu d'aujourd'hui, elle le traite à peu près comme Qaïn traite l'Iahveh biblique, les mêmes sentiments appelant les mêmes insultes :

> O Zeus ! toi que je hais ! Dieu jaloux, Dieu pervers,
> Implacable fardeau de l'immense univers...

Et, dans ces temps lointains où les dieux du polythéisme hellénique, encore tout près de leur naissance, régnaient puissamment sur l'imagination des hommes, déjà l'angoisse du doute étreignait les esprits.

> Est-il donc, par delà leur sphère éblouissante,
> Une Force impassible, et plus qu'eux tous puissante,
> D'inaltérables dieux, sourds aux cris insulteurs,
> Du mobile Destin augustes spectateurs,
> Qui n'ont connu jamais, se contemplant eux-mêmes,
> Que l'éternelle paix de leurs songes suprêmes [1] ?

Ainsi, dans le passé, comme dans le présent et dans l'avenir, il n'y a qu'une réalité qui demeure, immuable à travers les âges, c'est la souffrance humaine, toujours renouvelée, jamais apaisée. La constatation en est faite par le poète dans un passage qu'il faut citer, non seulement pour la magnifique beauté des vers, mais encore parce qu'il résume toute son expérience et toute sa philosophie de la vie :

> Une plainte est au fond de la rumeur des nuits,
> Lamentation large et souffrance inconnue
> Qui monte de la terre et roule dans la nue ;
> Soupir du globe errant dans l'éternel chemin,
> Mais effacé toujours par le soupir humain.
> Sombre douleur de l'homme, ô voix triste et profonde,
> Plus forte que les bruits innombrables du monde,
> Cri de l'âme, sanglot du cœur supplicié,
> Qui t'entend sans frémir d'amour et de pitié !
> Qui ne pleure sur toi, magnanime faiblesse,
> Esprit qu'un aiguillon divin excite et blesse,
> Qui t'ignores toi-même et ne peux te saisir,
> Et, sans borner jamais l'impossible désir,
> Durant l'humaine nuit qui jamais ne s'achève,
> N'embrasses l'Infini qu'en un sublime rêve !
> O douloureux Esprit, dans l'espace emporté,
> Altéré de lumière, avide de beauté,
> Qui retombes toujours de la hauteur divine
> Où tout être vivant cherche son origine,
> Et qui gémis, saisi de tristesse et d'effroi,
> O conquérant vaincu, qui ne pleure sur toi [2] !

---

1. *Poèmes Antiques* : *Khirôn*.
2. *Ibid.* : *Baghavat*.

Le problème du mal, cette fois, est posé dans les termes les plus larges, d'un point de vue qui n'a plus rien d'intéressé ni d'égoïste, d'un point de vue purement intellectuel, et comme qui dirait des hauteurs de Sirius. Il ne nous reste plus, pour connaître toute la pensée de Leconte de Lisle, et pour avoir fait le tour de sa philosophie, qu'à enregistrer, de ce problème métaphysique, la solution métaphysique que le poète a donnée.

Cette solution, il ne l'a pas inventée. Il l'a trouvée dans les conceptions du brahmanisme, auxquelles il avait été initié — dans le même temps à peu près que Louis Ménard lui transmettait ses idées sur l'histoire des religions — par un autre de ses amis, un disciple d'Eugène Burnouf, Ferdinand de Lanoye. Elles avaient d'abord excité chez lui, semble-t-il, plus de curiosité que d'admiration, si on en juge par le ton ironique et amusé d'une nouvelle hindoue, la *Princesse Yaso'da*, qu'il publia, en 1847, dans *La Démocratie Pacifique*. Elle raconte l'histoire malheureuse et touchante d'une vierge royale, « la rose du Lasti D'jumbo, la perle du monde ». La princesse a pour père le saint roi Satyavatra, devant qui les méchants frémissent de crainte rien qu'à voir « la ligne droite de son nez auguste, signe inflexible de l'infaillibilité de sa justice ». Mais en approfondissant la littérature brahmanique, et spécialement le *Bhagavata-Pûrana*, Leconte de Lisle fut séduit par la doctrine panthéiste dont cette littérature est l'expression. Le monde, pour les sages de l'Inde, n'est qu'un tissu d'apparences. Il n'y a d'autre réalité que l'être unique, infini et éternel, source et principe de toutes choses, dont la pensée est l'univers. Telle est la vérité que révèle à Brahma, dans un des plus beaux parmi les *Poèmes Antiques*, Hari, l'être-principe, le dieu parfait, toujours jeune et toujours heureux. « Toute chose, lui dit-il,

> fermente, vit, s'achève ;
> Mais rien n'a de substance et de réalité,
> Rien n'est vrai que l'unique et morne Éternité !
> O Brahma ! toute chose est le rêve d'un rêve.
>
> La Mâyâ dans mon sein bouillonne en fusion,
> Dans son prisme changeant je vois tout apparaître ;

> Car ma seule Inertie est la source de l'Être ;
> La matrice du monde est mon Illusion.
>
> C'est Elle qui s'incarne en ses formes diverses,
> Esprits et corps, ciel pur, monts et flots orageux [1]...

Cette déclaration, Leconte de Lisle l'a reprise à son propre compte par deux fois, en prose et en vers. En prose, dans une autre nouvelle hindoue, *Phalya Mani*, publiée en 1876 dans *La République des Lettres*, et qui n'est qu'une réplique, sur le mode sérieux cette fois, de *La Princesse Yaso'da*. En vers, dans le douzain intitulé la *Mâyâ* (la Mâyâ, c'est l'Illusion) qui clôt les *Poèmes Tragiques* :

> Mâyâ ! Mâyâ ! torrent des mobiles chimères,
> Tu fais jaillir du cœur de l'homme universel
> Les brèves voluptés et les haines amères,
> Le monde obscur des sens et la splendeur du ciel ;
> Mais qu'est-ce que le cœur des hommes éphémères,
> O Mâyâ ! sinon toi, le mirage immortel ?
> Les siècles écoulés, les minutes prochaines,
> S'abîment dans ton ombre, en un même moment,
> Avec nos cris, nos pleurs et le sang de nos veines :
> Éclair, rêve sinistre, éternité qui ment,
> La Vie antique est faite inépuisablement
> Du tourbillon sans fin des apparences vaines.

Ce n'est pas sans raison assurément que le poète inscrivait ces vers à la dernière page du recueil qu'il publiait à l'âge de soixante-sept ans, et qu'il pouvait considérer comme la dernière de ses œuvres. Cette doctrine, qui fait si peu de cas de notre individualité éphémère, qui réduit à un pur fantôme cette personnalité à laquelle nous tenons tant, peut nous paraître désolante. Et certes Leconte de Lisle la jugeait ainsi. Mais il goûtait, à s'en bien pénétrer, une amère satisfaction. Elle rendait le calme à sa pensée ; elle résolvait, en supprimant l'un des termes, le conflit entre la réalité et le rêve qui avait été la souffrance de sa vie, et qui est en son fond celle de toute vie humaine. Des deux hommes qui étaient en lui, le poète au cœur tumultueux et le créole au

---

1. *Poèmes Antiques* : *La Vision de Brahma*.

corps nonchalant, elle justifiait l'un de n'avoir point agi, elle consolait l'autre d'avoir désiré l'impossible, puisque l'action est vaine, puisque vain est le désir, puisque « toute chose, comme le disait Hari à Brahma, est le rêve d'un rêve », et que, pour embrasser d'un regard indifférent et accueillir d'une âme paisible le bien et le mal, la douleur et la joie, il suffit d'avoir connu cette vérité, et de s'en être, une bonne fois, convaincu.

Tel apparaît, dans ses grandes lignes, le pessimisme de Leconte de Lisle. A défaut de documents qui permettent de suivre avec précision, dans leur ordre chronologique, les démarches, d'ailleurs assez peu compliquées de sa pensée, j'ai cherché à expliquer la genèse de ses sentiments et à retrouver l'enchaînement logique de ses conceptions. J'en ai fini ainsi avec la substance de son œuvre, et je me propose de l'envisager désormais au point de vue proprement littéraire.

CHAPITRE VIII

LES IDÉES LITTÉRAIRES DE LECONTE DE LISLE

Leconte de Lisle a laissé la réputation d'un artiste. D'aucuns même veulent qu'il n'ait pas été autre chose. Ils accordent qu'il a eu le don des beaux vers et l'amour des belles formes. Ils se refusent à admettre qu'il ait prêté quelque sentiment à ces formes, ou enfermé quelque pensée dans ces vers. Rien n'est plus superficiel et plus injuste que ce jugement. En ce qui regarde la pensée, il me paraît amplement réfuté par l'analyse que je viens de faire de son œuvre. L'auteur des *Poèmes Antiques* et des *Poèmes Barbares* a eu sur la religion, sur l'histoire, sur la nature, des vues et des idées dont certaines sont discutables, dont beaucoup étaient, à l'époque, intéressantes et neuves, et témoignaient d'un esprit curieux, ouvert, attentif au mouvement intellectuel, tout le contraire d'un esprit frivole et vide. On peut dire qu'il a été, dans la mesure où un poète peut l'être, un penseur. Pour ce qui est de sa sensibilité, ou, si l'on aime mieux, de son impassibilité, il y a là-dessus beaucoup à dire, et j'y reviendrai. Mais s'il ne fut pas un artiste exclusivement, il est certain qu'il fut avant tout un artiste. Non seulement de très bonne heure il eut de l'art un sentiment vif et profond, mais de très bonne heure aussi il s'attacha à réfléchir sur son art, et, à ce sujet, il a exprimé à plusieurs reprises, soit sous la forme de considérations abstraites, soit sous la forme de jugements portés sur ses contemporains et confrères en poésie, des conceptions très arrêtées et très personnelles.

I

Le sentiment de l'art, ramené à ce qu'il a d'élémentaire et d'essentiel, est une disposition à ne pas se contenter de ce que la nature, livrée à elle-même, produit spontanément et sans efforts, à concevoir la possibilité et le désir d'une réalisation plus parfaite, et à chercher par la réflexion et par l'étude les moyens d'y parvenir. Avoir le sentiment de l'art, c'est avant tout être difficile pour les autres et pour soi-même. Cette disposition est contemporaine, chez Leconte de Lisle, de ses tout premiers essais. Elle est d'autant plus remarquable que, dans le milieu où s'ébaucha son éducation littéraire, elle était moins répandue. Les amateurs de poésie, à Bourbon, se satisfaisaient, on l'a vu, à peu de frais, avec les vers de Parny, ou les vers de Baour-Lormian. Ceux qui avaient le goût de rimer ne croyaient pas qu'on pût imaginer quelque chose de mieux. Le poète de l'île, vers 1835, c'était un certain Eugène Dayot, d'une dizaine d'années plus âgé que Leconte de Lisle, auteur d'élégies à la façon de Millevoye, « où il y a, nous dit-on, de beaux vers et une assez grande puissance de sentiment[1] ». C'est sur lui que s'exerça tout d'abord la faculté critique de son jeune émule. Une des premières lettres écrites par Leconte de Lisle à Adamolle, après son arrivée en Bretagne, contient une appréciation détaillée d'une poésie de Dayot. Le morceau fait suite, évidemment, à des propos du même genre échangés entre le jeune homme et son ami à Bourbon, et nous apporte un écho des conversations littéraires qui se tenaient, le dimanche soir, sur la grève de Saint-Paul.

J'ai lu, mon ami, avec la plus grande attention, la petite élégie de Dayot. C'est bien faible, ou plutôt ce n'est rien. Plusieurs personnes ont été de mon avis. Ce genre — l'élégie — est pourtant l'un des plus propres au sentiment qui, seul, constitue la poésie élégiaque ; mais, je te le dis, jamais tu ne trouveras, dans la froide manière de la vieille école, la touchante et pittoresque expression de la moderne. Prends vingt sujets semblables traités par des classiques, et compare-les aux fraîches et naïves compositions de la littérature moderne : c'est la nuit, c'est le jour. Lis la simple et ingénieuse élégie de Rességuier, où tant de grâce respire ; lis l'orientale élégie de Victor Hugo, brillante de souplesse et de pensée ; lis Delorme, Mme Tastu, Émile Deschamps et de Vigny, J. Lefèvre, etc., etc.. Lis-les, ô mon ami, et puis compare et juge.
Mais je te parle ici des différences qui sont entre les deux écoles. Dayot n'y a peut-être jamais pensé. S'il croit qu'une rime adaptée au bout d'une phrase fait la poésie, il se trompe. Il a donc eu tort de se servir d'expressions rabâchées depuis cinquante ans. Le siècle veut du nouveau ; ce qu'il veut,

---

1. Marius-Ary Leblond, *L'Adolescence de Leconte de Lisle* (Revue des Revues du 15 août 1899).

il faut le faire, ou se taire. Tu m'avoueras que ce quatrain-ci est par trop fort :

> Rose était aimable et jolie,
> D'une mère faisait l'orgueil ;
> Elle devait aimer la vie :
> Pourquoi l'as-tu mise au cercueil ?

C'est vraiment trop prosaïque. Et ce dernier vers :

> Au ciel elle donna la main.

Que veut dire cela ? Quelle incorrecte expression ! Quelle gêne il y a dans tout cela ! Combien est plus douce, et mieux dite, la même pensée rendue ainsi par Rességuier :

> Plus de roses d'hymen... plus de rêves de miel !
> Oh ! sa mort est sans doute un doux et saint mystère !
> Une vierge de moins gémira sur la terre,
> Un pur ange de plus sourira dans le ciel !

La page est amusante ; elle a de la verve, de l'entrain, du mordant. Il ne faudrait pas toutefois en exagérer la pénétration. Les vers de Dayot — au moins ceux qui sont cités ici — sont d'une platitude à soulever le cœur. Et si la sévérité du jeune homme à leur endroit est amplement justifiée, le pêle-mêle de ses admirations nous surprend un peu, et certaines d'entre elles nous font sourire. Nous ne sommes pas persuadés que le quatrain maniéré de Rességuier vaille beaucoup mieux en son genre que l'octosyllabe raboteux auquel il est opposé comme le jour à la nuit. A cette époque, et à dix-neuf ans à peine, il était permis de s'y tromper. Au début du séjour en Bretagne, le goût de Leconte de Lisle n'est pas encore formé ; il se ressent de la jeunesse du poète et de son origine exotique. Notre créole est un fervent partisan de la poésie sentimentale : inclination, en soi, nullement blâmable ; mais il confond le sentiment avec la mièvrerie, la grâce avec ce qu'il appelle « la gracieuseté », l'élégie avec la romance. Des *Voix intérieures*, qui viennent justement de paraître, il s'empresse d'extraire et de copier, pour les envoyer à Adamolle, des morceaux comme *La Tombe et la Rose*, et la piécette qui débute par ces vers :

> Puisque ici-bas toute âme
> Donne à quelqu'un
> Sa musique, sa flamme,
> Ou son parfum, etc...

« Que Dayot étudie cela ! s'écrie-t-il; voilà tout le secret de l'élégie. » Nous sommes encore loin, reconnaissons-le, des *Poèmes Antiques*. Mais reconnaissons aussi que s'il fallait à tout prix suivre la mode et composer des romances, encore était-ce prouver quelque sens artistique que de recommander de les écrire à la façon de Victor Hugo.

A ce sentiment, le séjour en France, la fréquentation d'une société plus lettrée que la société de l'île, de camarades plus instruits et moins paresseux que les jeunes créoles de Saint-Paul, la lecture et l'étude vont donner un développement rapide. Dès la fin de 1838, on trouve dans la correspondance avec Rouffet des passages où se révèle un jugement littéraire déjà aiguisé et personnel. Cette année 1838 est celle où ont paru *Jocelyn* et *Ruy Blas*. On s'attendrait que notre apprenti littérateur, entraîné par le goût de son âge pour la nouveauté, et romantique convaincu, parlât de l'un et l'autre ouvrage avec l'enthousiasme d'un disciple, qu'il en louât aveuglément les défauts autant que les qualités. Point du tout : il donne son opinion avec le flegme, l'impartialité et la mesure d'un critique expérimenté :

> Je me suis décidé enfin à lire *Jocelyn* ; je vous avoue que ça n'a pas été sans peine. Je savais M. de Lamartine très capable, sans nul doute, de rendre avec vérité une existence aussi remplie de poésie par elle-même ; mais je me doutais aussi qu'il sacrifierait souvent la douce et gracieuse peinture que comportait un tel sujet au vague prétentieux qui abonde dans ses plus beaux ouvrages. Il y a des morceaux charmants dans *Jocelyn*, des pages magnifiques de haute poésie. La peinture de la nuit à la Grotte aux Aigles est vraiment sublime, et l'on rencontre des pièces exquises de sentiments et d'intimes douleurs ; mais aussi vous avouerez qu'il y a bien des longueurs qui affadissent de beaucoup le charmant et incorrect ouvrage.

La sentence, dans l'ensemble, est sévère, et certains mots sont particulièrement durs. Le drame de Victor Hugo n'est pas traité avec plus d'indulgence. Leconte de Lisle en fait consciencieusement l'analyse, à l'intention de son ami, et il ajoute : « A part la mise en scène qui déplaît généralement, à part un style souvent grossier, peu digne de l'auteur des *Feuilles d'Automne,* il y a dans cette pièce de magnifiques morceaux poétiques. » Il en donne comme spécimen la fin du célèbre monologue, et conclut : « Voilà *Ruy Blas,* mon cher Rouffet. Du génie, toujours. Mais peu ou point de règles. » Il est curieux de noter, dans un cas comme dans l'autre, ce souci, surprenant à l'époque et chez un si jeune homme, de la correction et de la régularité. Celui-là, certes, n'est pas un adepte de la « littérature facile » et il développe à sa façon la maxime de La Bruyère, « qu'il faut plus que de l'esprit pour être auteur ».

L'enseignement que donnaient à Rennes les professeurs de la Faculté des Lettres ne pouvait que contribuer, en élargissant le cercle de ses connaissances et de ses lectures, en le familiarisant avec les grandes œuvres de la littérature universelle, à le rendre plus difficile encore. Entre 1838 et 1843, les auditeurs qui fréquentaient les cours universitaires entendirent parler non seulement de nos classiques, mais des auteurs du Moyen Age et du XVIe siècle ; non seulement des écrivains français, mais des grands écrivains étrangers, de Shakespeare et de Dante. Fait intéressant à retenir, presque toute la poésie grecque y fut passée en revue, la tragédie, la comédie, enfin l'épopée depuis Homère et Hésiode jusqu'à Apollonius de Rhodes, jusqu'aux derniers représentants de l'hellénisme, Nonnus, Tryphiodore, Coluthus, Musée, et jusqu'au Byzantin Tzetzès. On a des raisons de croire que le futur auteur des *Poèmes Antiques* employa une bonne partie des longs loisirs que lui laissait la préparation buissonnière de la licence en droit à lire la plupart de ces œuvres, sinon dans le texte, tout au moins dans un gros volume de la collection du *Panthéon littéraire,* paru en 1839, qui lui en offrait, sous le titre de *Petits poèmes grecs,* une traduction rajeunie et colorée. C'est là qu'il fit connaissance, notamment, avec les poèmes orphiques, avec Théocrite et avec Anacréon. Mais la prose d'Ernest Falconnet et de ses collaborateurs n'aurait pas réussi à lui donner le sentiment de la beauté antique, si, dans le même temps, il n'avait assidûment pratiqué l'œuvre d'André Chénier.

Il est probable qu'il ne la connaissait pas avant de venir en France. Elle fit sur lui une impression assez forte pour qu'il vît dans son auteur un des plus grands noms de la poésie française, le successeur immédiat — tout l'intervalle, et dans cet intervalle il y a Racine, étant compté pour rien — de Ronsard et de Corneille, et notre « Messie littéraire ». Or, si Chénier lui paraît si grand, ce n'est pas par la qualité de son inspiration, puisée aux sources du paganisme, et non, comme l'aurait souhaité en ce temps-là le jeune rédacteur de *La Variété*, à celles du spiritualisme chrétien. C'est par la perfection de sa forme. « André Chénier, déclare-t-il, était païen de souvenirs, de pensées et d'inspirations ; mais il a été le régénérateur et le roi de la forme lyrique... La facture du vers, la coupe de la phrase pittoresque et énergique que tout un siècle avait bannie ont fait de ses poèmes et de ses élégies une œuvre nouvelle et savante, d'une mélodie entièrement ignorée, d'un éclat d'autant plus saillant qu'il était plus inattendu et plus hardi. » L'article dont j'extrais ces jugements oppose, dans une conclusion vigoureuse, à l'art tel qu'il était à la fin du xviiie siècle, « méprisable routine, absurde mélange des traditions païennes et des croyances modernes », « chaos sans principe et sans forme », l'art « régénérateur » d'André Chénier :

> Comment avait-il donc deviné, ce moderne enfant de la vieille Grèce, que la poésie lyrique attendait un rayon de soleil, plongée qu'elle était depuis deux siècles dans l'ombre de l'oubli ?... Comment avait-il deviné que la France intelligente demandait un libérateur ?... Nul ne le sait sans doute ; mais sait-on bien ce que Chénier a fait de ces morceaux de fadeur, froids et vides, que le xviiie siècle appelait des élégies ? Il veut bien nous le faire connaître dans un seul vers, harmonie et délicatesse vivantes !
> Le baiser dans mes vers étincelle et respire.
> Mais sait-on ce qu'il a fait de l'amour, de l'enthousiasme et de l'énergie, ces trois rayons de la poésie spontanée ignorés avant lui ?... Il en a fait Lamartine, Hugo, Barbier : le sentiment de la méditation ou de l'harmonie, l'ode, l'iambe ! Il a bien mérité de notre littérature actuelle, si étincelante, si mobile, si profonde aussi, quoiqu'on en dise ; car elle n'a d'autre passé, d'autre sève primitive que lui.

Considéré comme une page d'histoire littéraire, ce morceau appellerait les plus expresses réserves. Il n'est pas douteux qu'en écrivant ses *Iambes*, Auguste Barbier n'ait pris pour modèle les

Iambes d'André Chénier. Mais il semble plus qu'aventureux de faire dériver les *Odes* de Victor Hugo de l'*Ode sur le serment du Jeu de Paume*, ou les *Méditations* et les *Harmonies* des *Élégies* et des *Épîtres* ; et l'on s'étonne que, parmi les disciples de Chénier, le critique de *La Variété* oublie justement de nommer celui qui tient de lui la tradition du « poème », l'auteur de *Symétha* et de la *Dryade*, le seul ou à peu près de la première génération romantique qui ait cherché à faire « du Chénier ». N'est-ce pas, d'autre part, un paradoxe, que de présenter la poésie artificielle et livresque de l'auteur des *Bucoliques* comme un produit de l'inspiration créatrice et du génie spontané ? Mais la justesse des vues historiques de Leconte de Lisle n'importe pas ici. Ce qu'il y a lieu de retenir, c'est le goût qu'il manifeste pour cette littérature châtiée, raffinée et savante, si opposée aux effusions sentimentales en alexandrins verbeux et prosaïques ou aux plats couplets de romance que lui-même avait pris et qu'on prenait encore, trop souvent, pour la poésie véritable. André Chénier lui révéla le prix et la beauté d'une forme accomplie, et, comme on a dit depuis, impeccable. Il développa chez lui la conscience littéraire et le besoin impérieux de la perfection.

II

Vers 1840, Leconte de Lisle comprenait donc toute l'importance de l'art. Mais sur l'art en général, aussi bien que sur son art, il n'avait encore que des idées assez confuses. Les premières qu'il ait exprimées ont ce caractère de généralité qui plaît d'ordinaire aux tout jeunes gens. Il est séduit par la théorie de l'union, ou de l'interpénétration des arts, idée chère aux romantiques, que Vigny, notamment, dès 1825, avait développée dans un fragment assez peu connu dédié aux *Mânes de Girodet*. Chaque art, pris en particulier, musique, peinture ou poésie, est une harmonie ; ces trois harmonies se complètent, et en s'unissant l'une à l'autre, forment une harmonie totale qui, au sens absolu du mot, est l'art. Telle est la thèse que Leconte de Lisle se proposait de soutenir dans un « poème spiritualiste et artistique », dont il exposa le plan à Rouffet, en lui demandant sa collaboration. « C'est, disait-il, un sujet immense et magnifique. » Si magnifique et si immense en effet, que l'exécution resta singulièrement au-dessous. Le « spiritualisme » qu'il comptait mettre dans son poème, c'était sans doute le spiritualisme à la façon de George Sand, qui était, comme nous le savons, sa grande admiration de cette époque ; c'est chez elle aussi qu'il se fournissait de théories esthétiques. On s'en aperçoit en parcourant ces *Sept Cordes de la Lyre*, qui furent, de son propre aveu, un des livres auquel il dut le plus, et dont il est indispensable, pour cette raison, de dire quelques mots.

Cet ouvrage, bien oublié aujourd'hui, est un drame philosophique en cinq actes, dont le *Faust* de Gœthe a fourni l'affabulation, Pierre Leroux les idées et George Sand le lyrisme, selon son ordinaire, vertigineux. La combinaison donne une allégorie dont le sens, en gros, est assez clair. Albertus personnifie la raison ; Hélène, le sentiment, ou l'intuition poétique ; les sept cordes de la lyre, ce sont les grandes aspirations de l'âme humaine, élan vers l'infini, amour de la nature, amour de l'humanité, amour de la vie. Et la raison doit s'unir à l'intuition, l'intelligence et le sentiment doivent se pénétrer l'un l'autre, et les sept cordes vibrer à la fois, pour produire l'harmonie qui est l'âme humaine, qui est la beauté, qui est Dieu. Mais, dans le détail, que d'obscurités ! Il y a de tout dans ces deux cents pages : de la métaphysique et de la poésie, de la sociologie et de la politique ; entre temps, quelques dissertations sur la beauté et sur l'art dont Leconte de Lisle n'a pas manqué de faire son profit. Albertus, qui est philosophe et même professeur de philosophie, discute avec ses élèves sur la nature de la poésie. Il ne voit en elle « qu'une forme claire et brillante, destinée à vulgariser les austères vérités de la science, de la morale, de la foi, de la philosophie, en un mot. » Mais ses disciples qui, s'ils sont moins instruits, sont beaucoup plus intelligents que leur maître, lui expliquent que le poète a sa fonction propre, et une fonction supérieure, au sein de l'humanité. Dieu, disent-ils, a divisé la race humaine en un certain nombre de familles.

> L'une de ces familles s'appelle les savants, une autre les guerriers, une autre les mystiques, une autre les philosophes, une autre les industriels, une autre les administrateurs... Toutes sont nécessaires et doivent concourir également au progrès de l'homme en bien-être, en sagesse, en vertu, en harmonie. Mais il en est encore une qui résume la grandeur et le mérite de toutes les autres ; car elle s'en inspire, elle s'en nourrit, elle se les assimile ; elle les transforme pour les agrandir, les embellir, les diviniser en quelque sorte ; en un mot, elle les propage et les répand sur le monde entier, parce qu'elle parle la langue universelle... Cette famille est celle des artistes et des poètes.

Les hommes, qui pourtant ont « besoin des créations et des prestiges de l'art pour sentir que la vie est autre chose qu'une équation d'algèbre », traitent les artistes « comme les accessoires frivoles d'une civilisation raffinée ». Ils prétendent les réduire au rôle de simples amuseurs. Mais les vrais artistes refusent d'abjurer et de trahir la vérité. Peu leur importe d'être incompris de leurs contemporains ; ils « travaillent en martyrs du présent pour la postérité ». Ils refusent, pour se rendre intelligibles, de rétrécir et d'abaisser leur forme, parce que « l'art est une forme et rien autre chose », et que si on abaisse et si on rétrécit cette forme au gré des gens qui n'aiment pas le beau et le grand, il n'y a plus d'art. Or, l'art, le grand art, est indispensable à la vie humaine. C'est lui qui, par le sentiment de la beauté infinie, élève les âmes vers l'idéal, qui aide les hommes à gravir les degrés de cette échelle de Jacob dont le sommet se perd dans les nuées célestes. La métaphysique s'évertue à prouver Dieu, mais la poésie le révèle. Et l'on retrouve ici l'article premier et essentiel du credo littéraire de Leconte de Lisle, à savoir que, dans la hiérarchie intellectuelle, l'art et les artistes sont placés au sommet : conviction qui fut encore affirmée en lui par le fâcheux succès de ses expériences politiques, et qu'il mit, nous l'avons vu, toute son éloquence à faire partager par son ami Louis Ménard.

Une autre scène, d'un caractère tout différent, met en présence un poète, un peintre, un musicien et un critique. Ni ce poète, ni ce peintre, ni ce musicien ne sont de ces grands et vrais artistes dont George Sand parlait tout à l'heure. Il n'y a en eux qu'or gueil, vanité et présomption. Et le critique prend acte de leur impuissance pour proclamer la dégénérescence de l'art moderne et recommander à ses contemporains d'aller chercher leurs modèles dans le passé.

> Cette douloureuse expérience nous confirme dans la conviction pénible, mais irrévocable, que l'inspiration n'existe plus, et que nos pères ont emporté dans la tombe tous les secrets du génie. Il ne nous reste plus que l'étude laborieuse et l'examen austère et persévérant des moyens par lesquels ils ont revêtu de formes irréprochables les créations de leur intelligence féconde. Travaillez donc, ô artistes ! travaillez sans relâche et, au lieu de tourmenter inutilement vos imaginations déréglées pour leur faire produire des monstres, appliquez-vous à encadrer, du moins, dans des lignes pures et régulières, les types éternels de beauté qu'il n'appartient pas aux générations de changer. Depuis Homère, toute tentative d'invention n'a servi qu'à signaler le progrès incessant et fatal d'une décadence inévitable. O vous qui voulez manier le sistre et la lyre, étudiez le rythme et renfermez-vous dans le style. Le style est tout, et l'invention n'est rien, parce qu'il n'y a plus d'invention possible.

Cette tirade est, dans la pensée de George Sand, fortement teintée d'ironie. Autant que des mauvais artistes elle se raille du critique, envieux par nature, impuissant par définition, inutile par surcroît, bon tout au plus à « tracer des épitaphes sur des tombes », à faire « un métier de croque-mort ». Mais les paradoxes qu'elle lui fait débiter sont tombés dans l'esprit de Leconte de Lisle, on le verra, comme des germes de vérité.

Enfin, dans un tableau qui est un des plus saisissants du drame — sinon, après la *Notre-Dame* de Victor Hugo et le *Paris* d'Alfred de Vigny, un des plus originaux — Hélène, suivie d'Albertus, monte sur la cathédrale ; elle s'élève jusqu'au sommet de la flèche qui la domine, et de là, suspendue pour ainsi dire dans les airs, elle embrasse du regard tout l'empire de l'homme. L'Esprit de la Lyre lui fait admirer les merveilles conçues et exécutées par la race industrieuse : temples majestueux, coupoles resplendissantes, arcs de triomphe, musées, théâtres, ports encombrés de navires, chemins aux rails de fer qui transportent des populations entières.

> Et maintenant, lui dit-il, écoute ! Ces myriades d'harmonies terribles ou sublimes qui se confondent en un seul rugissement plus puissant mille fois que celui de la tempête, c'est la voix de l'industrie, le bruit des machines, le sifflement de la vapeur, le choc des marteaux, le roulement des tambours,

les fanfares des phalanges guerrières, la déclamation des orateurs, les mélodies des mille instruments divers, les cris de la joie, de la guerre et du travail, l'hymne du triomphe et de la force. Écoute, et réjouis-toi ; car ce monde est riche, et cette race ingénieuse est puissante !

Mais Hélène se refuse à admirer et à se réjouir. Elle n'a devant les yeux « qu'une masse de fange labourée par des fleuves de sang » ; elle ne voit que souffrance, injustice, oppression, misère, tortures ; elle n'entend que des sanglots et des cris de douleur. De toutes les forces de son âme, elle nie la poésie de la civilisation, la beauté de l'industrie ; il n'y a là pour elle que des objets d'horreur.

III

Religion de l'art, poussée jusqu'au « fanatisme » — le mot est dans *Les Sept Cordes de la Lyre* — horreur de la civilisation industrielle, retour aux formes de beauté réalisées par l'humanité primitive, ce sont les idées maîtresses que nous retrouvons dans les deux préfaces écrites par Leconte de Lisle en 1852 pour les *Poèmes Antiques*, en 1855 pour les *Poèmes et Poésies*, et qui, se continuant et se complétant l'une l'autre, forment à elles deux comme son manifeste littéraire. Au début de la première, il définit nettement le caractère original de l'ouvrage qu'il présente au public.

Ce livre est un recueil d'études, un retour réfléchi à des formes négligées ou peu connues. Les émotions personnelles n'y ont laissé que peu de traces ; les passions et les faits contemporains n'y apparaissent point. Bien que l'art puisse donner, dans une certaine mesure, un caractère de généralité à tout ce qu'il touche, il y a dans l'aveu public des angoisses du cœur et de ses voluptés non moins amères une vanité et une profanation gratuites. D'autre part, quelque vivantes que soient les passions politiques de ce temps, elles appartiennent au monde de l'action ; le travail spéculatif leur est étranger. Ceci explique l'impersonnalité et la neutralité de ces études.

L'auteur ne se dissimule pas les critiques auxquelles son œuvre est exposée. On reprochera aux *Poèmes Antiques*, il le sait d'avance, leur archaïsme et leurs allures érudites. Mais, persuadé que ces objections tomberont d'elles-mêmes, une fois admise la conception littéraire qu'ils réalisent, c'est cette conception même qu'il se propose de justifier par l'examen des conditions présentes de la société et de la littérature, et par une vue générale de l'évolution de l'humanité. Voici, dans leur enchaînement logique, et résumés aussi fidèlement que possible, les principaux arguments qu'il fait valoir.

« La poésie moderne — entendez la poésie intime et lyrique, la poésie romantique — reflet confus de la personnalité fougueuse de Byron, de la religiosité factice et sensuelle de Chateaubriand, de la rêverie mystique d'outre-Rhin et du réalisme des Lakistes » est au bout de sa course. Elle a lassé la patience par ses « divagations » et son « autolâtrie » : on n'en veut plus. En face d'elle s'est dressée récemment une autre école, « restauratrice un peu niaise du bon sens public ». C'est l'école qui reconnaît pour chef François Ponsard. A celle-ci, Leconte de Lisle ne daigne même pas faire l'honneur d'en discuter les théories : elle « n'est pas née viable » et « ne répond à rien ». Ainsi le champ est libre pour une poésie nouvelle. Mais, cette poésie, où cherchera-t-elle son inspiration et ses lois ? Abandonnera-t-elle le lyrisme pour l'épopée ? Mais l'épopée n'est possible que dans une société naïve et jeune, où le poète est, en même temps qu'un artiste, le guide et l'historien des nations. Dans les temps où nous vivons, ces emplois sont dévolus à d'autres. La poésie n'a plus pour mission de conduire les peuples, d'enfanter les actions héroïques, d'inspirer les vertus sociales, d'enseigner l'homme, ni même de consacrer la mémoire des événements qu'elle n'a ni prévus ni amenés. L'épopée moderne est impossible. Le seul moyen de salut, c'est de tourner résolument le dos au présent, de se plonger dans l'étude du passé le plus lointain, d'aller chercher la matière épique là où elle abonde, aux origines même de l'humanité.

O poètes..., — s'écrie le poète — instituteurs du genre humain, voici que votre disciple en sait instinctivement plus que vous. Il souffre d'un travail intérieur dont vous ne le guérirez pas, d'un désir religieux que vous n'exaucerez pas, si vous ne le guidez dans la recherche de ses traditions idéales. Aussi, êtes-vous destinés, sous peine d'effacement définitif, à vous isoler d'heure en heure du monde de l'action, pour vous réfugier dans la vie contemplative et savante, comme en un sanctuaire de repos et de purification...

Ce faisant, ils ne se sépareront pas, comme on serait porté à le croire, de la pensée de leur époque ; ils seront, au contraire, en pleine communion avec elle. La science du XIXᵉ siècle se montre par-dessus tout préoccupée du problème des origines. « Les idées et les faits, la vie intime et la vie extérieure, tout ce qui constitue la raison d'être, de croire, de penser, d'agir des races anciennes, appelle l'attention générale. Le génie et la tâche de ce siècle sont de retrouver et de réunir les titres de famille de l'intelligence humaine ». Et, en retournant vers le passé, les poètes reviendront aux sources mêmes de l'art et de la poésie, car « depuis Homère, Eschyle et Sophocle, la décadence et la barbarie ont envahi l'esprit humain ». A ces sources « éternellement pures » ils retremperont « l'expression usée et affaiblie des sentiments généraux », ils retrouveront le secret des formes nettes et précises ; ils rendront à la pensée et à l'art « la sève et la vigueur, l'harmonie et l'unité perdues » ; ils prépareront l'avenir. Plus tard, dans quelques siècles, « peut-être la poésie redeviendra-t-elle le verbe inspiré et immédiat de l'âme humaine. En attendant l'heure de la renaissance, il ne lui reste qu'à se recueillir et à s'étudier dans son passé glorieux ».

Il était impossible, je crois, de mettre plus clairement au jour la liaison étroite par laquelle la poésie de Leconte de Lisle se rattachait au mouvement intellectuel contemporain, en particulier la dépendance où elle se trouvait par rapport à ces sciences du passé, histoire, archéologie, mythologie, ethnographie, philologie, qui furent la création et l'orgueil du XIXᵉ siècle. Le fait aujourd'hui nous crève les yeux ; en 1852, peu de gens s'en aperçurent. On ne manqua pas de faire au poète les objections qu'il avait prévues et que d'avance il s'était efforcé de réfuter. On l'accusa, en haine de son temps, de « repeupler de fantômes les nécropoles du passé », et « dans son amour exclusif de la poésie grecque » de « nier tout l'art postérieur ». C'est à ce double reproche que, dans la préface des *Poèmes et Poésies*, il répondit longuement.

Le premier lui parut « on ne peut plus motivé » ; il le reconnut « par l'aveu le plus explicite ». Il ne contesta pas qu'il haïssait son temps. Il déclara son horreur pour la fumée de la houille et pour les clameurs barbares du Pandémonium industriel, son mépris pour les prétendus progrès de la civilisation et pour une société à laquelle les poètes deviennent de jour en jour plus inutiles. Il ne cacha pas sa médiocre estime pour « les hymnes et les odes inspirés par la vapeur et la télégraphie électrique »; il protesta hautement contre je ne sais quelle alliance monstrueuse de la poésie et de l'industrie. « C'est par suite de la répulsion naturelle que nous éprouvons pour ce qui nous tue, affirma-t-il, que je hais mon temps. Haine inoffensive, malheureusement, et qui n'attriste que moi. » Sur le second point, il prit la peine de s'expliquer et de se défendre. Il se fit fort de prouver la supériorité du polythéisme hellénique dans le domaine de l'art. Il montra qu'il répondait à toutes les aspirations poétiques de la nature humaine, et que, par ses qualités d'ordre, de clarté et d'harmonie, il donnait une satisfaction toute particulière à ses besoins intellectuels. Il compara les figures idéales et typiques que l'imagination grecque a conçues, Œdipe, Hélène, Prométhée, Pénélope, Antigone, aux créations des poètes modernes, à l'Hamlet de Shakespeare, à la Béatrice de Dante, au Satan de Milton, à la Julie de Rousseau, au Manfred de Byron. Il ne retrouva pas dans celles-ci — sauf toutefois dans les personnages de Molière, dans un Alceste, un Harpagon ou un Tartuffe — « ce caractère un et général qui renferme dans une individualité vivante l'expression complète d'une vertu ou d'une passion idéalisée. » Parmi les œuvres des derniers siècles qui donnent le mieux l'impression du génie, il n'en vit point qui fussent comparables, pour l'ampleur, aux grandes compositions épiques de la Grèce — et aussi de l'Inde — « à ces nobles récits qui se déroulaient à travers la vie d'un peuple, qui exprimaient son génie, sa destinée humaine et son idéal religieux ». De nouveau, il affirma la nécessité de détourner la poésie de l'actualité médiocre et de la retremper dans le passé, convaincu « qu'à génie égal les œuvres qui nous retracent les origines historiques, qui s'inspirent des traditions anciennes, qui nous reportent au temps où l'homme et la terre étaient jeunes et dans l'éclosion de leur force et de leur beauté, exciteront toujours un intérêt plus profond et plus durable que le tableau daguerréotypé des mœurs et des faits contemporains. »

Par ces deux préfaces, Leconte de Lisle marquait, de la façon la plus nette, sa position par rapport à la littérature de son temps. Le romantisme avait, par une action déjà séculaire, produit deux principaux effets, qui n'étaient pas liés nécessairement l'un à l'autre, qui même dans une certaine mesure étaient contradictoires : il avait exalté jusqu'au paroxysme les sensibilités individuelles ; il avait, après une longue période de sécheresse et de prosaïsme, rafraîchi et revivifié le sentiment de l'art. De l'école déclinante et déjà condamnée, Leconte de Lisle répudiait l'héritage sentimental, effervescence des passions, manie des confidences, étalage du moi, lyrisme intempérant. Il n'en acceptait que la tradition d'art — et cela sous bénéfice d'inventaire : il voulait qu'on assainît la langue poétique, et qu'on demandât à la méditation des grandes œuvres de l'antiquité le secret de cette forme pure et parfaite, grâce à laquelle elles se sont conservées et transmises jusqu'à nous. Revendications en somme fort modérées et raisonnables, en dépit du tour paradoxal qu'elles prenaient volontiers sous sa plume. Et le ton sur lequel elles étaient présentées n'avait rien d'outrecuidant. C'était le ton d'un débutant qui a conscience de sa valeur parce qu'il l'a longuement éprouvée, qui a confiance dans ses idées, parce qu'il les a soigneusement mûries, et qui compte, pour les imposer, sur leur vérité même. Quand, dix ou douze ans plus tard, en 1864, il reprit la plume du critique, la situation était changée. Il venait de publier ses *Poésies Barbares*, qui consacraient son talent et en révélaient un aspect nouveau. Il s'était fait sa place dans le monde littéraire ; il y avait noué des relations et des amitiés ; il avait conquis de haute lutte l'estime de ses pairs. Les jeunes poètes, en quête d'un guide, se tournaient vers lui. Il n'était pas le Maître — ce titre étant réservé à Victor Hugo, alors confiné dans son exil de Guernesey — mais il était un maître. Il le savait : on s'en aperçoit aux formes tranchantes de son style, si tranchantes qu'il se croit obligé, au moment d'entrer en matière, de s'en excuser ou tout au moins de s'en expliquer. « Qu'on veuille bien, dit-il, ne point s'irriter de la forme affirmative qui m'est habituelle et qui me permettra la concision et la netteté. » En fait de « concision » et de « netteté », l'*Avant-propos* qui ouvre la série des études données au *Nain jaune* sur les *Poëtes contemporains* ne laisse en effet rien à désirer. En quatre ou cinq pages, c'est toute une poétique, et même toute une esthétique, que Leconte de Lisle nous expose. En voici les articles, ou pour parler plus justement, les dogmes essentiels.

L'art, déclare superbement le poète, est « un luxe intellectuel ». Il est réservé à un très petit nombre d'élus. Il n'est pas fait pour la multitude qui, de son côté, instinctivement, l'a en horreur. Leconte de Lisle est même persuadé que le peuple français y est particulièrement rebelle. « Race d'orateurs éloquents, d'héroïques soldats, de pamphlétaires incisifs, soit ; mais rien de plus. » L'art n'a pour objet ni l'utilité pratique ni l'enseignement moral. Il a pour objet le Beau. Qu'est-ce que le Beau ? L'auteur paraît en faire une sorte de notion première, acquise par l'intuition pure : il se sent, et ne se définit point. A défaut de ce qu'il est, apprenons du moins ce qu'il n'est pas, et sachons du même coup quelle place il occupe dans le monde de l'intelligence : « Le Beau n'est pas le serviteur du Vrai, car il contient la vérité divine et humaine. Il est le sommet commun où aboutissent les voies de l'esprit. Le reste se meut dans le tourbillon illusoire des apparences. » La fonction propre du poète est de réaliser le Beau « par la combinaison complexe, savante, harmonique des lignes, des couleurs et des sons, non moins que par toutes les ressources de la passion, de la réflexion, de la science et de la fantaisie ; car toute œuvre de l'esprit, dénuée de ces conditions nécessaires de beauté sensible, ne peut être une œuvre d'art. Il y a plus ; c'est une mauvaise action, une lâcheté, un crime, quelque chose de honteusement et d'irrévocablement immoral. » C'est la beauté de l'œuvre d'art qui fait sa vérité ; c'est elle aussi qui fait sa moralité : « La vertu d'un grand artiste, c'est son génie. La pensée surabonde nécessairement dans l'œuvre d'un vrai poète, maître de sa langue et de son instrument. Il voit du premier coup d'œil plus loin, plus haut, plus profondément que tous, parce qu'il contemple l'idéal à travers la beauté visible, et qu'il le concentre et l'enchâsse dans l'expression propre, précise, unique. » Quant aux « clameurs du vulgaire », et aux reproches ou aux éloges de la critique, il n'a pas à s'en occuper.

Cette théorie, qui repose sur une conception indéfinissable et quasi mystique de la beauté, réduit en somme toute l'esthétique à la question de l'art. C'est, comme on disait alors, une théorie de l'art pour l'art, de l'art considéré non pas seulement comme une fin en soi, mais comme la fin suprême de toute l'activité intellectuelle et morale de l'humanité. On voit dès lors sur quel principe se fondera la critique de Leconte de Lisle. Aux poètes dont il examinera l'œuvre, il ne demandera compte ni de la moralité de cette œuvre, ni de sa vérité, ni de son utilité sociale, ni même de l'idéal de beauté qu'ils se seront assignés. Il les jugera uniquement sur l'emploi qu'ils auront fait des moyens d'expression dont ils disposaient pour réaliser cet idéal. Il s'enquerra avant tout de leurs « titres d'artiste », certain de rencontrer un penseur et une haute nature morale là où il pourra admirer « la passion, la grâce, la fantaisie, le sentiment de la nature et la compréhension métaphysique et historique, le tout réalisé par une facture parfaite, sans laquelle il n'y a rien ». Et je ne crois pas ni que cette théorie soit indiscutable, ni qu'elle soit si éloignée des conceptions communes que son auteur se l'imaginait, ni qu'elle ouvre sur la nature et les conditions de l'œuvre d'art des vues si inattendues et si pénétrantes ; je ne crois pas en un mot qu'elle ait ni la solidité, ni l'originalité, ni la profondeur auxquelles visiblement elle prétend. Mais, si elle est, à mon gré, un peu simple et un peu courte, elle a du moins le mérite d'être nette, et Leconte de Lisle en a fait l'application à ses contemporains avec la rigueur qu'on pouvait attendre d'un caractère entier et d'un esprit absolu.

IV

Le premier de ses contemporains dont il s'occupe — j'allais

dire auquel il s'attaque — est Béranger. On serait un peu surpris de voir le chansonnier si durement traité par un écrivain auquel, en des jours mauvais, il s'était employé à rendre service, si Leconte de Lisle n'avait pris soin de se justifier d'avance par un *distinguo* analogue à celui qui permettait à Boileau d'exercer sans remords sa verve satirique aux dépens de Chapelain : « L'homme était bon, généreux, honnête. Il est mort plein de jours, en possession d'une immense sympathie publique, et je ne veux, certes, contester aucune de ses vertus domestiques ; mais je nie radicalement le poète... » Celui qu'on présentait alors — sa réputation a bien baissé depuis — comme « un grand poète populaire et national » en qui s'incarnait l'âme de la France, n'est pour lui qu'un « esprit médiocre, rusé sans finesse, malicieux sans verve et sans gaîté, sous le couvert d'une sorte de bonhomie sentimentale, et mené en laisse par ce bon sens bourgeois qui l'a toujours guidé, dans le cours d'une longue vie, avec l'infaillibilité de l'instinct », dénué de tout savoir, hostile à la grande poésie française aussi bien qu'étrangère, « manquant de souffle et d'élan, parlant une langue sénile, terne et prosaïque, se servant avec une incertitude pénible d'un instrument imparfait. » Le jugement est sévère, mais il est en grande partie justifié : si l'auteur du *Vieux Sergent* et des *Souvenirs du Peuple* n'est pas tout à fait le faux bonhomme et le plat rimeur que nous peint Leconte de Lisle, si même il est en son genre un artiste, on reconnaîtra sans difficulté qu'il n'est pas un grand artiste, et que les côtés médiocres ou vulgaires de son talent ont largement contribué à la vogue extraordinaire et à la popularité incroyable dont il a joui de son vivant.

Lamartine est traité avec moins de désinvolture. Entre Béranger et lui, il y a la distance « du néant à la vie ». Il a eu du génie. Mais il a eu aussi le tort d'arriver à la gloire « sans lutte, sans fatigue, par des voies largement ouvertes ». C'est un fort mauvais signe. « Il n'est pas bon de plaire ainsi à une foule quelconque » — la foule, en l'occurrence, étant le public mondain. « Un vrai poète n'est jamais l'écho systématique ou involontaire de l'esprit public. C'est aux autres hommes à sentir et à penser comme lui...

Je l'affirme résolument : la marque d'une infériorité intellectuelle caractérisée est d'exciter d'immédiates et unanimes sympathies. » La remarque, pour venir d'un homme qui a eu à percer le mal que nous savons, n'est pas sans fondement. N'oublions pas toutefois qu'il peut y avoir et qu'il y a eu d'illustres exceptions à la règle, et qu'au surplus, quand Lamartine débutait par un coup de maître, il avait derrière lui tout un passé de réflexion et d'étude, de projets avortés, d'essais manqués et mis virilement au rebut, douze ou quinze années d'apprentissage littéraire, autant, à bien compter, que Leconte de Lisle, avec cette différence qu'il eut l'heureuse fortune d'en recueillir du premier coup tout le fruit. Mais, ce qui est plus grave, le poète des *Méditations* n'est pas suffisamment artiste : son vers est mou, sa pensée vague, sa sensibilité trop facile. Et puis, après lui et à sa suite, il y a la queue de l'école élégiaque et sentimentale, tous ceux « que M. de Lamartine laissera derrière lui comme une expiation, cette multitude d'esprits avortés, loquaces et stériles, qu'il a engendrés et conçus, pleureurs selon la formule, cervelles liquéfiées et cœurs de pierre, misérable famille d'un père illustre ». C'en est assez pour justifier toutes les rigueurs du critique, qui résume son opinion sur son illustre confrère en le qualifiant dédaigneusement d'amateur, « le plus extraordinaire des amateurs poétiques du xixe siècle », mais enfin un amateur.

Avec Auguste Barbier, Leconte de Lisle a l'impression d'entrer dans le monde des vrais poètes. Un goût naturel pour l'intransigeance des sentiments et l'énergie du langage l'entraîne vers l'auteur des *Iambes* ; mais il découvre, à son regret, « sous la violence et la crudité des termes, un esprit timide et un caractère indécis. » Comme il le dit spirituellement, ce virulent satirique est, au fond, « un homme de concorde et de paix, revêtu de la Peau de Némée ». « Il est vrai, s'empresse-t-il d'ajouter, que les poils du lion l'enveloppent souvent de telle sorte qu'on s'y trompe. » Personne ne s'y trompe plus aujourd'hui, et *L'Idole* et *La Curée* n'ont plus guère d'action que sur des imaginations très novices. Si Barbier est resté inférieur à lui-même, c'est, selon Leconte de Lisle, qu'il était trop préoccupé de l'enseignement moral. Il donne de son échec une raison plus plausible quand il voit dans ce poète inégal, essoufflé et ronflant, chez qui des éclairs de génie ne peuvent compenser les défaillances trop fréquentes de l'inspiration et de la forme, un artiste incomplet, qui mit son idéal très haut, trop haut pour lui, et qui n'eut pas la chance, ou la force d'y atteindre.

A Vigny, Leconte de Lisle n'a aucun motif de ménager son admiration. Celui-là lui est sympathique pour n'être pas populaire, pour être même — c'était rigoureusement vrai en 1864 — « inconnu au plus grand nombre » ; plus sympathique encore par ses vertus d'homme de lettres : « l'élévation, la candeur généreuse, la dignité de soi-même et le dévouement religieux à l'art. » Et puis, sans le dire très haut, pas aussi haut du moins qu'on s'y attendrait, Leconte de Lisle, jusqu'à un certain point se reconnaît en lui. En ce poète auquel il manque tant de choses, qui n'a pas eu le mouvement et la couleur, « ni même la certitude constante de la langue, la solidité du vers et la précision rigoureuse de l'image », mais qui, en 1822, écrivait *Moïse*, il découvre « un précurseur déjà admirable de la Renaissance moderne », entendez de la poésie selon le cœur de Leconte de Lisle. Si Vigny n'a pas eu « le sens intuitif du caractère particulier des diverses antiquités », s'il ne lui a pas été donné « de dégager nettement l'artiste de l'homme et de se pénétrer à son gré des sentiments et des passions propres aux époques et aux races disparues », il a écrit quelques poèmes superbes, non seulement *Moïse*, ou *Éloa*, ou *Le Déluge*, mais *La Mort du Loup* et *La Colère de Samson*. « Son nom et son œuvre n'auront point de retentissement vulgaire ; ils survivront parmi cette élite future d'esprits fraternels qui auraient aimé l'homme et qui consacreront la gloire sans tache de l'artiste. »

Mais, pour Leconte de Lisle, le poète par excellence, celui qui offre à son admiration « le spectacle d'un esprit très mâle et très individuel, se dégageant de haute lutte et par bonds des entraves communes », et par ses défauts aussi bien que par ses qualités commandant une sorte de vénération, c'est Victor Hugo, tel qu'il apparaît des *Orientales* à *La Légende des Siècles*. Il « s'impose à toute intelligence compréhensive comme une force vivante à la fois volontaire et fatale... On se sent en présence d'une volonté puissante conforme à une destinée, ce qui est la marque du génie. » C'est le seul poète lyrique que nous puissions opposer, « avec la certitude du triomphe », aux littératures étrangères, « excessif » sans doute, mais dont les excès sont des chefs-d'œuvre ; capable des plus grandes pensées comme des sentiments les plus tendres ; par-dessus tout, « artiste sans pareil », dont l'œuvre immense exprime à la fois toutes les voix de l'âme et tous les bruits de la nature. Cet éloge enthousiaste, Leconte de Lisle le fit entendre de nouveau, et presque dans les mêmes termes, en 1887, lorsqu'il vint s'asseoir sous la coupole à la place laissée vide par Victor Hugo. C'était la première fois que, depuis 1864, il exprimait publiquement ses idées littéraires. Ceux qui les connaissaient de longue date purent constater qu'elles n'avaient pas changé. Comme préambule à l'éloge de son illustre prédécesseur, éloge accompagné et relevé, selon l'usage académique, de quelques inoffensives critiques, il esquissa l'histoire de la poésie depuis Homère et Valmiki jusqu'à la Renaissance du seizième siècle et la rénovation littéraire du dix-neuvième. Il salua en Victor Hugo « un grand et sublime poète, c'est-à-dire un incomparable artiste, car les deux termes sont nécessairement identiques » et le dernier représentant peut-être « de la race des génies universels ». Ainsi, jusqu'au bout, demeurait-il fidèle à l'idéal littéraire qu'il avait conçu dans sa jeunesse et qu'il exprimait en 1852 dans la préface de son premier livre, donnant l'exemple d'une unité de doctrine, ou, pour mieux dire, d'une persévérance dans la foi qui impose le respect. Il nous reste maintenant à voir comment il a justifié sa foi par ses œuvres, ses théories par sa pratique, à lui appliquer à lui-même son propre critérium, en examinant la qualité, la valeur et l'originalité de son art.

CHAPITRE IX

L'ART DE LECONTE DE LISLE

I

Leconte de Lisle a eu — il l'a proclamé assez haut — la religion de l'Art. Mais il ne s'est pas contenté de la professer. Il l'a, au cours de sa longue existence, très exactement pratiquée. Depuis le temps lointain où il discutait passionnément, avec ses camarades de Bourbon, sur le style qui convient à l'élégie et sur les mérites ou les faiblesses des poésies de Dayot, jusqu'aux extrêmes années de sa vieillesse, quand il jouissait dans un repos olympien d'une gloire tardive, il a vécu non pas de l'Art — l'Art, hélas ! ne lui a jamais donné de quoi vivre — mais par l'Art et pour l'Art. Jusque dans son aspect extérieur il portait le caractère d'un homme occupé de pensées au-dessus du vulgaire et voué, pour parler le langage de 1840, à une tâche sublime. « L'Art, a-t-on dit, était pour lui un sacerdoce. Il avait l'air d'un prêtre[1]. » Il en avait quelques-unes des vertus. La plus apparente était la gravité. Non qu'il eût rien de gourmé ni de pédantesque. Au témoignage de ses familiers, l'homme, dans la vie ordinaire, était gai, spirituel, mordant, capable de plaisanter et de rire. Mais quand il faisait œuvre de poète — j'allais dire quand il officiait — il reprenait tout son sérieux. Dans ses vers, il ne se déride et ne se détend presque jamais. A peine sa poésie se permet-elle quelques sourires. Ces sourires, ce sont, par exemple, les *Chansons écossaises* qu'il a imitées de Burns, les *Études latines* où il a pris

---

1. Jules Breton. *Souvenirs d'un peintre paysan* (*Revue Bleue* du 5 octobre 1895).

pour maître Horace, ou les *Médailles Antiques* qu'il a gravées d'après Anacréon. Ils sont trop rares pour déranger les lignes de son œuvre et pour en troubler la beauté austère. Personne assurément n'a moins accordé que Leconte de Lisle à cette forme capricieuse de l'imagination qu'on appelle la fantaisie. Personne aussi n'a été plus persuadé de la nécessité du travail et des dangers de l'improvisation. Il n'attendait pas l'inspiration, comme font certains de ses confrères : il allait au-devant d'elle. Il ne la demandait pas, comme d'autres, à des excitations factices : il la sollicitait par la lecture et la méditation. Il ne rougissait pas des recherches que lui coûtaient ses poèmes ; il parlait de « la série non interrompue » de ces études préparatoires comme d'une chose toute naturelle et indispensable. Cette méthode quasi scientifique a donné, nous le savons, à son œuvre une solidité remarquable. Elle a été cause, en revanche, de sa relative exiguïté. Les trois ou quatre volumes que Leconte de Lisle nous a laissés représentent le fruit de quarante années de labeur. Je ne crois pas qu'à eux tous, ils excèdent sensiblement le contenu de la seule *Légende des Siècles*.

Qu'importe, si à ce grain il se mêle peu ou point de paille. Rareté de la production n'est pas nécessairement synonyme d'infécondité. Elle peut signifier aussi — et c'est ici le cas — sévérité à l'égard de soi-même, conscience scrupuleuse, souci de l'exécution parfaite. Il ne tenait qu'à Leconte de Lisle de multiplier les recueils de vers. Il a attendu jusqu'à trente-quatre ans pour publier le premier. Ce premier était en réalité le troisième ou le quatrième. Sans parler de celui qu'en 1839 il projetait de faire imprimer de compte à demi avec Rouffet, il en rapportait un de Bourbon en 1845, celui que, selon la légende ou l'histoire, il effeuilla sur les vagues de l'Atlantique. En 1847, il avait de quoi fournir la matière d'un autre. Il écrivait, dans le courant de juin, à son ami Bénézit : « Je publie un volume considérable au commencement de l'hiver, et je n'attends pour commencer l'impression que la fin d'un poème auquel je mets la dernière main. » De celui-là, les éléments sont demeurés, en grande partie, épars dans les livraisons de *La Phalange*. C'est ce millier ou plus « de ses meilleurs vers » — du moins il les jugeait tels à l'époque — qu'il regrettait d'y avoir « enfouis sans profit pour l'École comme pour sa réputation » : *Hélène, Architecture, Les Épis, La Recherche de Dieu, Les Sandales d'Empédocle, Tantale, Le Voile d'Isis*, tous ces poèmes amples et éloquents, d'inspiration humanitaire et de tendance vaguement socialiste, dont je n'ai pu citer à mon regret que de trop courts passages, et non pas peut-être, au point de vue poétique, les plus heureux. Un autre les eût conservés avec soin. Leconte de Lisle, héroïquement, les sacrifia. Et ce ne sont pas les seuls. En feuilletant les éditions originales de ses recueils ou les livraisons de la *Revue Contemporaine* dans lesquelles parurent d'abord la plupart des *Poèmes Barbares*, on en trouverait d'autres qu'il a résolument exclus de son œuvre, parce qu'ils ne répondaient pas, ou ne répondaient plus, à sa conception de l'Art. Quant à ceux qu'il a gardés, il les a remis sur le métier, corrigés, remaniés. Avant qu'il se décidât à les livrer pour la première fois à l'impression, quelles peines lui avaient-ils déjà coûtées ? Il faudrait pour le dire, avoir eu ses manuscrits sous les yeux. Mais rien qu'avec les variantes que présentent les textes imprimés, il y aura de quoi faire, quand le moment sera venu, une édition critique fort intéressante. Certains de ces poèmes ont été récrits presque entièrement. C'est le cas, notamment, des « poèmes grecs » parus dans *La Phalange* en 1846 et 1847. Leconte de Lisle s'imposa la tâche ingrate de refaire plusieurs centaines de vers uniquement pour restituer aux dieux de l'Olympe leurs appellations authentiques, et remplacer Saturne, Vénus ou Neptune par Kronos, Aphrodite et Poseidôn. Il en est, comme les *Ascètes*, dont il modifia le sens, ou comme les *Étoiles Mortelles*, dont il changea le rythme, ou comme *La Fontaine aux lianes*, qu'il refit stance par stance, simplement pour les faire mieux. Et, non content d'une première revision, dans certains cas il en fit une seconde. De *Niobé*, par exemple, nous avons jusqu'à trois états successifs. Une preuve assez curieuse de l'attachement de Leconte de Lisle à tel sujet qui lui avait plu, et en même temps de sa difficulté à s'avouer satisfait de lui-même nous est offerte par la pièce des *Poèmes Antiques* intitulée les *Éolides*. Ce n'est pas au demeurant une des meilleures du recueil.

L'idée première en remonte fort loin, au séjour de Leconte de Lisle en Bretagne. Il la développa à cette époque en une dizaine de quatrains octosyllabiques dédiés à une de ses sœurs et glissés dans une nouvelle [1] que *La Variété* inséra en 1841. Le poète s'y adresse aux brises, aux brises du printemps, aux brises de son pays peut-être :

> O brises qui venez des cieux,
> Et qui riez sur toutes choses !
> De vos baisers capricieux
> Pourquoi ravir l'encens des roses ?

Il leur reprochait, à ces brises folles courant de la montagne à la grève, de sécher en passant la rosée dans le calice des fleurs ; et il reprochait aux chimères de l'amour et de la jeunesse, à ces « brises du cœur » comparables aux brises des champs, de passer elles aussi, sur les âmes, en emportant leurs illusions et leurs espoirs. Le morceau appartenait au genre sentimental qu'en ce temps-là il cultivait encore volontiers. Il n'était plus compatible avec la nouvelle manière qu'il avait inaugurée dans ses « poèmes grecs ». Il ne voulut pas toutefois perdre un mouvement qu'il jugeait gracieux. L'invocation aux brises du printemps, aux brises de Bourbon ou de la France, devint une invocation aux brises de l'Ilyssos et de l'Eurotas, de l'Ionie et de l'Attique, de la Sicile et de l'Italie, aux brises qui avaient soupiré d'amour sur les lèvres de Théocrite, ou entendu le Mantouan parler d'Amaryllis :

> O vous que parfuma l'égile,
> Souffles, invisibles liens
> Des douces flûtes de Virgile
> Et des roseaux siciliens,

> Brises des mois fleuris, brises harmonieuses,
> Pleines d'un frais encens, compagnes des beaux jours,
> Sur terre et dans les cieux, oh ! puissiez-vous toujours
> Planer de vos ailes joyeuses !

---

1. *Une peau de tigre.*

> Puissiez-vous, céleste trésor
> D'amour, de joie, et de délire,
> Modérant votre heureux essor,
> Parfois vous poser sur ma lyre [1] !

Sans doute trouva-t-il que dans cet appel à l'inspiration antique, il y avait encore un tour d'un lyrisme trop personnel. Dans la version définitive, c'est à la moderne humanité, au sein de laquelle il se confond et se perd lui-même, qu'il supplie ces brises fortunées d'apporter le parfum des âges évanouis :

> Vous qui flottiez jadis aux lèvres du génie,
> Brises des mois divins, visitez-nous encor ;
> Versez-nous en passant avec vos urnes d'or
> Le repos et l'amour, la grâce et l'harmonie [2] !

II

Préparation minutieuse, fermeté de la conception, probité de l'exécution, gravité un peu austère, recherche d'une forme parfaite, ce sont là autant de caractères de l'art de Leconte de Lisle. Ils suffiraient déjà à distinguer cet art de l'art romantique dont il est issu et qu'il continue sans lui ressembler, et à le rapprocher de l'art classique, avec lequel, toutes modernes que soient les idées et les sentiments de l'auteur, il a, par l'intermédiaire d'André Chénier, une incontestable parenté. Mais ce ne sont encore là que ses caractères extérieurs. Si l'on veut saisir son originalité à la source même et poser la loi qui le régit, il faut la chercher, non pas dans des considérations d'histoire littéraire ou des déterminations d'influences accidentelles, mais dans l'organisation du poète et dans la manière même dont le monde se révèle à lui. J'ai signalé à plusieurs reprises le tour nostalgique que prend presque invariablement la poésie de Leconte de Lisle. Cette inclination à revenir sans cesse vers le passé, à s'y attacher et à s'y complaire, tient à bien des causes, dont l'une — et ce n'est peut-

---

1. *L'Idylle antique*, dans *La Phalange*, tome III, 1846.
2. *Poèmes Antiques* : *Les Élides*.

être pas la moindre — est la persistance indélébile et l'obsession constante des images enregistrées par sa mémoire quand elle était dans sa première fraîcheur. Le poète n'a qu'à fermer les yeux ou qu'à refuser son attention aux objets qui l'entourent pour qu'aussitôt se dressent devant lui, dans leur réalité vivante, les sites de son pays natal : la maison au toit roux, le maïs en fleur, les cannes dorées par le soleil, les oiseaux merveilleux et les corolles magnifiques, et le Piton des Neiges resplendissant sur l'azur du ciel. Mais les scènes qu'il n'a pas vues et les paysages que lui suggèrent les livres, son imagination les lui représente avec un relief égal et une couleur aussi intense. Il est vraiment de ceux pour qui, selon le mot fameux de Théophile Gautier, « le monde extérieur existe ». On pourrait même dire que pour lui il n'existe que celui-là ; pour parler plus justement, que les idées ne prennent pour lui de réalité et de consistance que lorsqu'elles sont revêtues de formes sensibles. Veut-il les exprimer à l'état pur et en termes abstraits, il faiblit, il gauchit, il perd la précision et la netteté : maint passage de ses préfaces ou de ses articles en prose en fournirait la preuve. Mais s'avise-t-il de leur donner un corps, elles revêtent du coup une véritable splendeur. Cette beauté dont il s'est fait le serviteur et le prêtre, il serait bien en peine de la définir. Il n'y essaye même pas, et il a raison ; il fait mieux : il la voit. Elle apparaît à l'œil intérieur comme « la lumière de l'âme », comme un marbre d'une candeur éblouissante :

> Elle seule survit, immuable, éternelle.
> La mort peut disperser les univers tremblants,
> Mais la beauté flamboie, et tout renaît en elle,
> Et les mondes encor roulent sous ses pieds blancs [1].

Le trait dominant de l'organisation mentale, chez Leconte de Lisle, c'est donc l'aptitude à saisir, à retenir et à reproduire les formes des choses, leurs lignes et leurs couleurs. En d'autres termes, c'est une remarquable mémoire visuelle. Une faculté de ce genre est précieuse pour un poète. Il est même difficile d'en conce-

---

1. *Poèmes Antiques* : *Hypatie*.

voir un seul qui en soit totalement dépourvu. De la qualité de cette mémoire, de sa richesse, du jeu de son mécanisme dépendent la richesse, la puissance, le tour particulier de son imagination. Les images que le poète porte accumulées en lui, il faut qu'il les rappelle dans le champ de sa vision intérieure. Mais il ne les y rappelle pas toujours quand il veut et comme il veut. Elles ont, selon la nature de chacun, leurs lois auxquelles elles obéissent. Ici, elles se présentent spontanément, elles se pressent, elles se multiplient, elles foisonnent, elles envahissent la pensée du poète, qui s'en délivre en les fixant. Là, elles sont rares, lentes à renaître ; on sent qu'il a fallu les chercher, les solliciter, les amener de force à la lumière. Chez l'un, elles semblent vivre d'une vie qui leur est propre ; elles se croisent, se combinent, se transforment ; elles prennent des développements inattendus, qui sont comme des créations nouvelles où l'on ne reconnaît plus le fragment de réalité étiré, soufflé, métamorphosé, dont elles sont faites. Chez l'autre, elles demeurent telles que l'œil les a aperçues d'abord, inertes, toujours identiques à elles-mêmes, comme de brillants papillons épinglés dans la boîte d'un collectionneur. Tantôt elles sont pâles, vagues, floues, voilées de vapeur et estompées de brume ; tantôt nettes, franches, découpées à l'emporte-pièce, avec des contours arrêtés et des couleurs vives. C'est de ce dernier genre que sont celles de Leconte de Lisle. Son imagination n'est ni sèche, ni tumultueuse, ni débordante, ni visionnaire : elle est exacte et précise. Ce poète voit les choses avec l'œil d'un sculpteur et d'un peintre. Il démêle comme eux, dans leur spectacle d'abord confus, le rapport des tons et le dessin des lignes ; il s'en pénètre, il en jouit ; et quand il fait œuvre d'artiste, il transporte dans son poème, comme eux dans leur marbre ou sur leur toile, en la simplifiant et en la parachevant, l'harmonie dont il a puisé l'idée et les éléments dans la nature.

Telle est la faculté maîtresse de Leconte de Lisle. Elle explique mieux que des considérations de doctrine et des professions de foi esthétique, ses goûts littéraires, ses attractions et ses répulsions. S'il a fini par éprouver pour Lamartine, qu'il avait aimé dans sa jeunesse, une antipathie véritable ; si, malgré de réelles affinités d'esprit et de caractère, il n'a accordé à Alfred de Vigny qu'une estime tempérée de réserves ; si, au contraire, il a exprimé pour Victor Hugo, dont les idées étaient, sur beaucoup de points, en désaccord avec les siennes, une admiration enthousiaste, c'est que ni chez le premier, ni chez le second, mais chez celui-ci seulement il reconnaissait une vision des choses analogue à sa propre vision. Il l'a loué d'avoir « saisi d'un œil infaillible le détail infini et l'ensemble des formes, des jeux d'ombre et de lumière ». C'est que lui-même avait conscience de les saisir avec autant de puissance et de les regarder du même œil. Toute la différence entre eux, c'est qu'il ne les déforme pas. L'imagination de Leconte de Lisle, c'est l'imagination du Victor Hugo de la première manière, du Victor Hugo d'avant l'exil, la solitude et le prophétisme. Dans la revue que l'auteur des *Poèmes Barbares* a faite de l'œuvre immense accomplie par son prédécesseur, il a réservé une place privilégiée aux *Orientales*. Sans doute, c'est qu'il avait reçu des *Orientales*, comme il le dit lui-même, la révélation de la nature et la révélation de l'art. Mais c'est aussi, mais c'est surtout que ce recueil, le plus objectif, le plus plastique des premiers recueils lyriques de Victor Hugo, lui avait révélé sa propre conception de la nature et sa propre conception de l'art.

III

Subordination du sentiment personnel à la représentation pittoresque, goût des belles formes, brillantes et pures, objectivité et plasticité, qui, à ce double caractère, ne reconnaîtrait pas dans ce poète dont on a voulu faire un Celte, sous prétexte qu'il était né d'un père Breton — lequel était Normand, — ou un Hindou ou un Scandinave, l'un des héritiers les plus directs et des représentants les plus qualifiés que nous ayons dans notre littérature de l'art méditerranéen par excellence, de l'art gréco-latin. Et ne voyons pas ici seulement l'effet de l'éducation reçue, ou de l'imitation volontaire, ou des sujets choisis. D'autres poètes, en d'autres pays, ont eu le goût de l'antique ; ils ont essayé d'en faire et ils en ont fait. Mais que ce soit Keats, ou Shelley, ou Goethe, ils ont emprunté aux Grecs et aux Latins des noms et des légendes dont ils se sont servis pour exprimer leurs propres conceptions ; ils ont habillé à l'antique un frais sentiment de la nature, un lyrisme nuageux, une idéologie compliquée ; ils ne nous ont rien rendu de l'art d'Homère et d'Eschyle, de Virgile et d'Horace. Celui-ci, au contraire, comme avant lui Ronsard, comme avant lui Chénier, retrouve sans effort la manière des anciens ; il voit les choses comme ils les voyaient et il les peint comme eux. Il reproduit la forme antique, parce qu'il la porte, en quelque sorte, préfigurée en lui-même. Les hellénistes pourront relever sans peine des contresens dans sa version d'Homère, et les latinistes diront qu'il a traduit Horace comme il ne faut pas traduire. Mais qu'importent des erreurs de détail ou de méthode, s'il possède, des maîtres qu'il étudie, mieux qu'une connaissance érudite et livresque, s'il est véritablement de leur famille et marqué à leur ressemblance, s'il a leur tour d'esprit et leur forme d'imagination, cette imagination plastique qui explique et commande tous les procédés de son art.

C'est elle qui l'a guidé dans le choix de ses sujets. Elle ne l'a pas seulement détourné des sujets d'ordre purement lyrique — il n'y a pas, je crois bien, dans toute l'œuvre de Leconte de Lisle des thèmes lyriques qui ne soient posés tout d'abord sous la forme d'un tableau ou d'une vision ; — elle lui a fait rechercher des sujets simples, de ceux qu'un peintre ou mieux encore un statuaire aimerait à traiter. Un seul personnage, dieu, homme ou animal, y est décrit dans une attitude unique et immuable. Quand, après avoir lu les *Poèmes Antiques*, on ferme le livre, ce qui se détache devant les yeux, ce qui demeure dans la mémoire, ce sont des gestes, des poses, des lignes. C'est la Naïade mollement étendue dans la source :

> Elle songe, endormie ; un rire harmonieux
> Flotte sur sa bouche pourprée [1] ;

---

1. *Poèmes Antiques* : *La Source.*

c'est le Cyclope, « énorme, couché sur un roc écarté », en face de la mer aux volutes bleues ; c'est le pasteur sicilien gardant son troupeau de béliers, de boucs et de chèvres, allongé sur le thym sauvage et l'épaisse mélisse, s'appuyant sur son coude, et se laissant baigner de lumière ; c'est Kléarista qui

> S'en vient par les blés onduleux,
> Avec ses noirs sourcils arqués sur ses yeux bleus,
> Son front étroit coupé de fines bandelettes,
> Et sur son cou flexible et blanc comme le lait
> Ses tresses où parmi les roses de Milet
> On voit fleurir les violettes.

Ouvrez les *Poèmes Barbares* ou les *Poèmes Tragiques*, vous trouverez d'autres figures, d'un autre galbe et d'une autre couleur, mais conçues de la même façon et traitées par le même procédé : la Persane royale, immobile,

> Derrière son col brun croisant ses belles mains,
> Dans l'air tiède, embaumé de l'odeur des jasmins,
> Sous les treillis d'argent de la vérandah close [1] ;

Qaîn, debout au faîte d'Hénokhia, regardant l'ombre et le désert antique

> Et sur l'ampleur du sein *croisant* ses bras velus ;

ou le dernier Sagamore des Florides, assis à l'indienne contre un des troncs géants de la forêt :

> dressant son torse tatoué
> D'ocre et de vermillon, il fume d'un air grave,
> Sans qu'un pli de sa face austère ait remué [2].

Et si nous passons aux animaux, c'est le lion s'étirant au seuil de son antre, le tigre dormant dans l'herbe, le ventre en l'air ; c'est le loup assis sur ses jarrets et hurlant à la lune, ou le condor immobile dans les hauteurs glacées du ciel. Nombre de ces sujets

---

1. *Poèmes Barbares : La Vérandah.*
2. *Poèmes Tragiques : Le calumet du Sachem.*

appellent la pierre ou le bronze. Il y en a un qui, même en vers, semble avoir été exécuté par le ciseau : c'est Niobé, contemplant, « immobile et muette », les cadavres amoncelés de ses enfants :

> Comme un grand corps taillé par une main habile,
> Le marbre te saisit d'une étreinte immobile ;
> Des pleurs marmoréens ruissellent de tes yeux ;
> La neige du Paros ceint ton front soucieux ;
> En flots pétrifiés ta chevelure épaisse
> Arrête sur ton cou l'ombre de chaque tresse ;
> Et tes vagues regards où s'est éteint le jour,
> Ton épaule superbe au sévère contour,
> Tes larges flancs, si beaux dans leur splendeur royale
> Qu'ils brillaient à travers la pourpre orientale,
> Et tes seins jaillissants, ces futurs nourriciers
> Des vengeurs de leur mère et des Dieux justiciers,
> Tout est marbre ! la foudre a consumé ta robe,
> Et plus rien désormais aux yeux ne te dérobe...

Cette figure hautaine, figée dans son expression douloureuse demeure le symbole de ce qu'il y a dans l'art de Leconte de Lisle de sculptural et, pour emprunter au poète lui-même une épithète caractéristique, de marmoréen.

Parfois le sujet se complique un peu, mais sans excéder la mesure au delà de laquelle il serait difficile d'en donner une représentation plastique. Au lieu d'un personnage unique, on a un groupe ; Hêraklès enfant étouffant dans ses poings déjà forts les deux serpents envoyés contre lui :

> Ils fouettent en vain l'air, musculeux et gonflés,
> L'enfant sacré les tient, les secoue étranglés ;

Pan saisissant au passage la vierge errante à l'ombre des halliers :

> transporté de joie,
> Aux clartés de la lune il emporte sa proie ;

dans l'ordre animal, le bœuf fuyant au hasard par les plaines sans bornes avec le jaguar cramponné à son dos,

> L'un ivre, aveugle, en sang, l'autre à sa chair rivé [1] ;

---

1. *Poèmes Barbares* : *Le Jaguar*.

ou bien l'aigle attaché par ses ongles de fer au col de l'étalon sur lequel il s'est abattu,

> Et plongeant son bec courbe au fond des yeux qu'il crève.

Rarement Leconte de Lisle dépasse le nombre de trois ou quatre personnages, du moins de trois ou quatre personnages principaux. Quant aux scènes tumultueuses, qui plaisent à l'imagination tourmentée d'un Hugo, il ne les recherche pas ; il les éviterait plutôt. Ce n'est pas, quand il veut, qu'il n'y réussisse. Dans *Le Combat homérique*, la mêlée des guerriers, tourbillonnant comme un essaim de mouches au soleil, donne une impression de grouillement. Dans *Les Paraboles de Dom Guy*, la ripaille des moines attablés dans le réfectoire de leur moutier, ressemble à une kermesse de Téniers :

> Cent moines très joyeux, à la trogne fleurie,
> Entonnant les bons jus de Touraine, plongeant
> Les dix doigts dans la viande écharpée, aspergeant
> De sauces et de vin leurs faces et leurs ventres,
> Semblaient autant de loups sanglants au fond des antres.
> Derrière ces goulus, non moins empressés qu'eux,
> Convers et marmitons, avec les maîtres-queux,
> Les caves où cuisaient les choses étant proches,
> Comblaient les plats vidés, dégarnissaient les broches,
> Allant, venant, courant, suant, vrai tourbillon
> De diables tout mouillés des eaux du goupillon.

Mais ce sont là, dans son œuvre, tableaux exceptionnels. Un de ses plus beaux poèmes, *Le Massacre de Mona*, a pour sujet le carnage qui est fait de tout un peuple. Il semblerait qu'il y eût là matière à des scènes animées et violentes. Il n'en est rien. La majeure partie du poème est remplie par le long récitatif du barde évoquant les traditions anciennes, et la tuerie est expédiée au dernier moment, en sept ou huit vers. Même dans les paysages bourboniens, où la vie pullule, ce pullulement se fait avec ordre et, si l'on peut dire, avec calme, et sans que rien soit troublé de l'harmonie du morceau.

S'il évite instinctivement les actions trop vives et les scènes trop compliquées, c'est qu'elles s'accorderaient mal avec ses habitudes de composition. Il aime les ordonnances simples, majestueuses, où le tableau de l'activité humaine, réduit aux gestes essentiels, sert de toile de fond à quelque grande figure qui occupe le premier plan et impose à l'ensemble ses proportions et son unité. Dans *Khirôn*, la description du soir sur les plaines d'Haimonie et de la vie bucolique menée par les vierges et les pasteurs encadre et relève par le contraste la gravité souveraine d'Orphée :

> Silencieux, il passe, et les adolescents
> Écoutent résonner au loin ses pas puissants.
> C'est un Dieu ! pensent-ils ; et les vierges troublées
> S'entretiennent tout bas, en groupes rassemblées.

C'est autour de ce personnage central et par rapport à lui que l'œuvre s'organise. Le souci de l'équilibre et des proportions y est toujours sensible. *Niobé* en fournit un excellent exemple. Il y a, dans la première partie du poème, une description du palais d'Amphion, corsée de chants exécutés par l'aède. Ces chants en l'honneur de Zeus, d'Apollôn, d'Artémis, ne sont pas inutiles à l'action, puisque ce sont eux qui irriteront l'orgueil de Niobé et feront monter le blasphème à ses lèvres ; mais on peut trouver qu'ils sont un peu longs, comme on peut par contre trouver un peu court le récit fait par le chœur de la mort, sous les flèches des dieux, des quatorze enfants de la reine. C'est qu'il fallait balancer la composition, et laisser aussi exactement que possible en son milieu la grande tirade dans laquelle la fille de Tantale défie et brave les Immortels. Dans les poèmes où il ne se trouve pas de personnage central, l'équilibre est obtenu par la symétrie des parties. Dans *La Légende des Nornes*, les trois vieilles assises sur les racines du frêne Yggdrasill prennent tour à tour la parole : elles la gardent chacune pendant un nombre sensiblement égal de vers, et le dessin général de la composition nous est connu dès que nous savons de quoi parle la première : du moment qu'elle est le passé, la seconde sera le présent et la troisième l'avenir. Dans *Baghavat*, les trois brahmanes procèdent de la même façon ; et, ici, la symétrie de l'ordonnance est encore soulignée par les formes du style puisque chaque discours s'achève par une conclusion identique, chacun d'entre eux répétant la même invocation à Baghavat, en y changeant seulement un mot, le mot qui exprime le genre particulier de souffrance humaine — souvenir, désir ou doute — qu'il est chargé d'incarner.

Du plan général du poème, ce souci d'unité, d'ordonnance et de proportions se propage à chacune des parties qui le composent. Chacune d'entre elles, par le choix, l'agencement et l'harmonie des détails, est comme un tout à l'intérieur du tout, et la moindre esquisse traitée par le poète devient un quadro qui peut, dans une certaine mesure, se suffire à lui-même. Jusqu'à quel point Leconte de Lisle poussa l'art de la composition, nous n'en avons pas de meilleure preuve que le très précieux ouvrage où M. Vianey rapproche perpétuellement le texte du poète des sources auxquelles il a puisé. Ce serait une erreur de croire que quand Leconte de Lisle s'inspire, comme il lui arrive souvent, d'un modèle déjà parfait, il n'a eu que bien peu d'effort à faire. Même dans ce cas, il remanie et recompose à sa guise, et il ne se borne pas à recomposer ; il invente, en harmonisant si justement ce qu'il apporte avec ce qu'il reçoit, qu'à moins de suivre l'original ligne à ligne, on ne distingue pas ce qui est à autrui et ce qui est à lui. On pourrait faire cette expérience sur ses imitations de Théocrite, d'Anacréon ou d'Horace. Mais la comparaison sera encore plus instructive si elle est faite avec un original où l'art est moins parfait. Voici dans le poème antédiluvien de Ludovic de Cailleux, dont j'ai déjà eu l'occasion de parler [1], un passage qui a ému l'imagination de Leconte de Lisle et qui lui a suggéré une des plus belles pages de son poème de Qaïn. L'auteur, dans la forme un peu bizarre qu'il a adoptée, et qui prétend reproduire la coupe des versets de la Genèse, décrit l'aspect d'Hénokhia, la ville des Forts, à la tombée du soir :

Il était soir, temps où les jeunes filles ont coutume de sortir de la ville d'Hénochia pour puiser de l'eau ; temps où les voyageurs font reposer leurs chameaux aux portes de la ville.

Or le puits était creusé près des portes sur la route du désert ;

---

1. *Le Monde antédiluvien, poème biblique en prose*, Paris, 1845.

Des troupeaux étaient couchés à l'entour, sur le penchant de l'Aride.

En ce temps-là, il était coutume aux pasteurs d'Hénochia, après avoir ramené leurs troupeaux aux portes de la ville, de s'arrêter pour les compter. Alors les chèvres fatiguées se couchent sur les bords du chemin ; leurs mamelles pleines traînent sur l'herbe ; les chevreaux se lèvent debout sur les pierres de l'abreuvoir, les autres se frottent contre un cèdre.

Les onagres, les chameaux, les dromadaires se roulent ou se reposent sur les sables que le soleil ne brûle pas ; et, au signal du pasteur, les troupeaux rentrent dans la ville, vers une étable pleine de paille, pour donner leur lait, à l'aurore, aux Colossiens.

Or donc, les pasteurs ayant fait boire leurs chameaux, leurs onagres, leurs dromadaires, leurs chèvres, leurs brebis, rentraient lentement vers les portes.

Et les derniers mugissements des troupeaux allaient se perdre du côté des régions de la solitude.

Ils passèrent ainsi longtemps, et déjà le soleil avait disparu de la terre.

Et ses rayons expirants embrasaient les murailles de la ville de Kaïn, comme des murailles de feu.

Et les jeunes filles sortirent d'Hénochia ;

Suivant la coutume des femmes de leur peuple, elles étaient couvertes d'une robe et d'un voile de lin blancs.

Elles remplirent les urnes et les vases qu'elles portaient sur l'épaule, et les plaçant à terre, elles se reposèrent sous un palmier qui s'élevait près du puits.

Il y a dans cette description, assurément, de l'imagination, de la couleur, du pittoresque ; mais elle est diffuse, traînante, elle se répète, elle est mal composée et mal équilibrée. Des trois parties essentielles dont elle consiste, rentrée des troupeaux, rentrée des hommes, sortie des femmes pour aller puiser de l'eau à la fontaine, les deux premières sont, par rapport à la troisième, l'une trop longue, l'autre étriquée ; elles se suivent et ne tiennent pas l'une à l'autre, faute d'un point de vue d'où elles s'étagent et se coordonnent. Leconte de Lisle a élagué ce qui était superflu, resserré ce qui était prolixe, ajouté ce qui manquait, lié ce qui était décousu et mis le tout en perspective. Et voici ce que de la page médiocre de tout à l'heure, il a tiré :

> Thogorma dans ses yeux vit monter des murailles
> De fer, d'où s'enroulaient des spirales de tours
> Et de palais cerclés d'airain sur des blocs lourds,
> Ruche énorme, géhenne aux lugubres entrailles,
> Où s'engouffraient les Forts, princes des anciens jours.
>
> Ils s'en venaient de la montagne et de la plaine,
> Du fond des sombres bois et du désert sans fin,

Plus massifs que le cèdre et plus hauts que le pin,
Suants, échevelés, soufflant leur rude haleine
Avec leur bouche épaisse et rouge, et pleins de faim.

C'est ainsi qu'ils rentraient, l'ours velu des cavernes
A l'épaule, ou le cerf, ou le lion sanglant.
Et les femmes marchaient, géantes, d'un pas lent
Sous les vases d'airain qu'emplit l'eau des citernes,
Graves, et les bras nus, et les mains sur le flanc.

Elles allaient, dardant leurs prunelles superbes,
Les seins droits, le col haut, dans la sérénité
Terrible de la force et de la liberté,
Et posant tour à tour dans la ronce et les herbes
Leurs pieds fermes et blancs avec tranquillité.

Le vent respectueux, parmi leurs tresses sombres,
Sur leur nuque de marbre errait en frémissant,
Tandis que les parois des rocs couleur de sang,
Comme de grands miroirs suspendus dans les ombres,
De la pourpre du soir baignaient leur dos puissant.

Les ânes de Khamos, les vaches aux mamelles
Pesantes, les boucs noirs, les taureaux vagabonds
Se hâtaient, sous l'épieu, par files et par bonds ;
Et de grands chiens mordaient le jarret des chamelles ;
Et les portes criaient en tournant sur leurs gonds.

Et les éclats de rire et les chansons féroces,
Mêlés aux beuglements lugubres des troupeaux,
Tels que le bruit des rocs secoués par les eaux,
Montaient jusqu'aux tours où, le poing sur leurs crosses,
Des vieillards regardaient, dans leurs robes de peaux.

Spectres de qui la barbe, inondant leurs poitrines,
De son écume errante argentait leurs bras roux,
Immobiles, de lourds colliers de cuivre aux cous,
Et qui, d'en haut, dardaient, l'orgueil plein les narines,
Sur leur race des yeux profonds comme des trous.

Au premier plan, l'aspect farouche et violent des guerriers, contrastant avec la beauté calme et sculpturale des femmes ; au fond, dans un nuage de poussière, les troupeaux s'enfonçant pêle-mêle sous les portes de la ville ; en haut, les vieillards immobiles au sommet des tours. Ainsi par paliers successifs se distribue, s'étage et pyramide, pour ainsi dire, tout le tableau, baigné dans cette lumière sanglante du couchant qui achève de lui donner son caractère et renforce l'unité de composition par l'unité d'impression. Ce souci de l'unité d'impression est tel chez Leconte de Lisle qu'il lui fait plus d'une fois forcer la note. Tous ceux de ses poèmes qui ont trait au Moyen Age en sont, nous l'avons déjà vu, autant d'exemples ; et récemment encore, comparant scène par scène, et presque vers par vers, ses *Érinnyes* avec l'*Orestie* dont elles prétendent être une adaptation, un critique constatait qu'il avait constamment renchéri sur son modèle en fait de sauvagerie et de violence[1]. Il lui arrive d'être plus eschylien qu'Eschyle, plus grec que les Grecs, et plus barbare que les Barbares.

Il resterait à montrer, en poussant dans le détail, comment dans le style même de ces poèmes on retrouve ce sentiment de l'harmonie et ce souci de l'art. La langue en est d'une extrême richesse, et on en comprend la raison. Ayant, au degré que nous savons, le goût de l'exactitude, de la précision et de la couleur, demandant, d'autre part, ses sujets à tous les temps, à tous les pays, à toutes les civilisations, à toutes les races, il a dû, s'il voulait éviter l'à peu près, la périphrase et le délayage, puiser largement dans le vocabulaire propre à chaque temps, à chaque race ou à chaque pays. Ses descriptions de Bourbon fourmillent de termes empruntés à la faune et à la flore des régions tropicales, ou au langage créole : il n'y est question que de gérofliers et de vétivers, de mangues et de letchis, de martins et de paille-en-queue, de bygailles, de varangues, de bobres, de calaous. Dans ses poèmes orientaux, il parle d'émirs et de kalifes, de fakirs et de houris, de hûka et de santal ; dans ses poèmes scandinaves, de Jarls, de skaldes, de runes ; dans ses poèmes égyptiens, de pagne, de nome, de sistre et de nopal ; dans ses poèmes grecs, de khlamyde, de quadrige, d'hyacinthe, de lotos, de cratères et de canéphores ; dans ses récits du Moyen Age, de moutiers et de nonnes, de sires et de donjons, de hart et d'escarcelle, de frocs et de cagoules, d'estrapade et de chevalets. Il est, je crois bien, de tous nos grands poètes, celui dont les vers roulent le plus de mots étrangers à l'usage de notre temps, ou même étrangers à l'usage de la langue

---

1. Bernard Latzarus, *Leconte de Lisle adaptateur de l'Orestie*. Nîmes, 1920.

française. Mais il les emploie avec un sens si délicat de leur valeur pittoresque et de leur charme un peu bizarre, il les introduit si habilement, il les répartit avec tant de mesure et les place si à propos, qu'ils surprennent parfois, mais qu'ils ne détonnent jamais. Et tous ces vocables insolites ou mystérieux, exotiques ou surannés, que ni Bossuet, ni Racine, ni Lamartine, ni Musset n'ont insérés dans leur prose ou dans leurs vers, que Hugo lui-même, le grand remueur de mots, n'aurait pas osé employer, il les sertit dans une phrase d'un tour si net et d'un galbe si pur, que nous avons, en dépit de ces nouveautés, l'impression d'un style tout classique et fermement attaché à la tradition française.

IV

La beauté plastique des *Poèmes Antiques* et des *Poèmes Barbares* incline à voir avant tout dans leur auteur un sculpteur ou un peintre. Mais il n'aurait pas été un poète complet, s'il n'avait été en même temps un musicien, s'il n'avait conçu et réalisé, aussi bien que l'harmonie des lignes et des couleurs, l'harmonie des sons et des rythmes. Est-il possible, sans entrer dans un détail qui deviendrait vite fastidieux, de donner une idée au moins de la musique inhérente à sa poésie ? On n'en finirait pas de citer tous les beaux vers qui, le livre fermé, chantent encore dans la mémoire. Les uns sont rudes et rauques, ils évoquent les mille bruits de la tempête, le sifflement du vent à travers l'espace :

> Dans l'immense largeur du Capricorne au Pôle,
> Le vent beugle, rugit, siffle, râle, et miaule [1].

Les autres sont retentissants et sourds, comme le choc des vagues contre les rochers de la côte :

> Vois ! cette mer si calme a, comme un lourd bélier,
> Effondré tout un jour le flanc des promontoires,
> Escaladé par bonds leur fumant escalier,
> Et versé sur les rocs, qui hurlent sans plier,
> Le frisson écumeux des longues houles noires [2].

1. *Poèmes Tragiques* : *L'Albatros*.
2. *Poèmes Barbares* : *Les Rêves morts*.

Les uns sont larges et graves comme le murmure des forêts agitées par la brise :

> Le vent d'automne, au bruit lointain des mers pareil,
> Plein d'adieux solennels, de plaintes inconnues,
> Balance tristement, le long des avenues,
> Les lourds massifs rougis de ton sang, ô soleil [1] !

Les autres sont limpides et frais comme une voix de femme qui monte en chantant dans la nuit :

> Jeune, éclatante et pure, elle emplit l'air nocturne,
> Elle coule à flots d'or, retombe et s'amollit,
> Comme l'eau des bassins qui, jaillissant de l'urne,
> Grandit, plane et s'égrène en perles dans son lit [2].

D'autres sont durs, déchirants, métalliques :

> Vos divines chansons vibraient dans l'air sonore,
> O jeunesse, ô désirs, ô visions sacrées,
> Comme un chœur de clairons éclatant à l'aurore [3] !

D'autres sont doux, apaisés et chuchotants :

> Sur son cœur enivré pressant sa bien-aimée,
> Réchauffant de baisers sa lèvre parfumée,
> Çunaçepa sentait, en un rêve enchanté,
> Déborder le torrent de sa félicité !
> Et Çanta l'enchaînait d'une invincible étreinte !
> Et rien n'interrompait durant cette heure sainte,
> Où le temps n'a plus d'aile, où la vie est un jour,
> Le silence divin et les pleurs de l'amour [4].

Mais si l'on veut mesurer jusqu'à quel degré d'exquise finesse et de subtilité ingénieuse va chez Leconte de Lisle le sens des sonorités, il n'est que de comparer entre elles les deux strophes d'une si parfaite harmonie dont l'une commence et l'autre termine le gracieux poème intitulé *La Vérandah*. La première, avec ses sept vers sur deux rimes, les deux derniers reprenant en sens inverse les deux premiers, avec ses allitérations et ses voyelles sourdes

---

1. *Poèmes Barbares.* : *La Mort du Soleil.*
2. *Ibid.* : *Nurmahal.*
3. *Ibid* : *Mille ans après.*
4. *Poèmes Antiques* : *Çunaçepa.*

sur lesquelles tranchent à intervalles irréguliers des voyelles plus claires, donne l'impression du chant monotone et léger de l'eau qui tombe goutte à goutte et fuit hors de la vasque de marbre :

> Au tintement de l'eau dans les porphyres roux
> Les rosiers de l'Iran mêlent leurs frais murmures,
> Et les ramiers rêveurs leurs roucoulements doux.
> Tandis que l'oiseau grêle et le frelon jaloux,
> Sifflant et bourdonnant, mordent les figues mûres,
> Les rosiers de l'Iran mêlent leurs frais murmures
> Au tintement de l'eau dans les porphyres roux.

Mais voici que sous les treillis d'argent de la vérandah où elle repose, la belle Persane s'engourdit peu à peu dans un demi-sommeil ; le bruit de l'eau dans la vasque, et de la brise dans le feuillage, et des oiseaux dans les branches, et des insectes autour des fruits n'arrive plus à son oreille que comme un vague chuchotement qui semble s'assoupir en même temps qu'elle... Pour donner de ce glissement dans le silence la sensation quasi physique, il a suffi au poète de reprendre les mêmes vers, en éteignant seulement les notes trop vives et en accentuant la monotonie du rythme :

> Et l'eau vive s'endort dans les porphyres roux ;
> Les rosiers de l'Iran ont cessé leurs murmures,
> Et les ramiers rêveurs leurs roucoulements doux.
> Tout se tait. L'oiseau grêle et le frelon jaloux
> Ne se querellent plus autour des figues mûres.
> Les rosiers de l'Iran ont cessé leurs murmures,
> Et l'eau vive s'endort dans les porphyres roux.

Ce qui donne leur valeur musicale aux vers de Leconte de Lisle, c'est le choix des sons plutôt que la variété des rythmes. Il n'a sur ce dernier point rien innové, rien inventé. Le vers qu'il a employé de préférence est l'alexandrin, l'alexandrin assoupli et libéré que lui léguaient les romantiques. Il s'en est contenté, et il l'a même beaucoup moins « disloqué » que ne l'a fait Victor Hugo. La seule liberté qu'il se soit permise avec lui, et que son illustre prédécesseur n'aurait pas approuvée, c'est d'assourdir la syllabe sur laquelle tombe l'hémistiche, en mettant à cette place un proclitique, une préposition notamment, et même une syllabe muette.

> D'un bout à l'autre *de* la salle à voûte épaisse...

Mais il le balance en général d'une façon beaucoup plus régulière et plus classique que lui. En fait d'autres mètres, il n'a guère employé que l'octosyllabe, et aussi le décasyllabe scindé en deux mesures égales :

> Couronnés de thym et de marjolaine,
> Les Elfes joyeux dansent sur la plaine [1].

C'est là, sauf erreur, une coupe qu'il a été, avec Théodore de Banville, un des premiers à pratiquer. Ces rythmes, plus rapides et plus courts, il les a réservés à certains sujets, où ils étaient nécessaires. Mais le plus ordinairement il s'est servi de rythmes graves, majestueux, un peu lents et lourds, massifs comme est souvent sa poésie elle-même : le tercet, le quatrain à rimes croisées ou embrassées ; la strophe de cinq vers qui n'est qu'un quatrain à rimes croisées, ralenti et alourdi encore par l'insertion en son milieu d'un vers supplémentaire qui triple l'une de ses deux rimes. Le quatrain est exactement à la mesure de sa phrase poétique et en suit on ne peut mieux le mouvement. Il y a même, dans certains de ses poèmes, des tirades entières d'alexandrins à rimes plates qui se décomposent, non sans quelque monotonie, en groupes de quatre vers. Il ne faudrait pas conclure de ces remarques que la métrique de Leconte de Lisle soit totalement dépourvue de variété et de souplesse ; mais il est juste de reconnaître qu'elle s'adapte mieux aux grandes images et aux sentiments profonds qu'aux conceptions gracieuses et légères, et que, prise dans son ensemble, elle achève de donner à son œuvre le caractère d'ampleur, de majesté, et même, si l'on veut, de solennité, qui en demeure le trait le plus apparent.

---

1. *Poèmes Barbares* : *Les Elfes.*

V

Cette œuvre est belle, d'une beauté régulière, harmonieuse et calme, pure de lignes comme l'antique dont elle est souvent inspirée, voluptueuse et chaste à la fois comme lui. Elle a la splendeur du marbre auquel on l'a souvent comparée ; elle en a aussi, disent ceux qui ne l'aiment point, la froideur. On reproche au poète de n'avoir atteint la perfection de l'art qu'aux dépens du sentiment, d'avoir modelé des formes admirables et peint des tableaux magnifiques, mais de n'avoir pas donné de vie à ces tableaux et de n'avoir pas mis une âme dans ces formes. On lui en veut surtout de n'y avoir rien mis de la sienne, de n'avoir rien trahi, dans sa poésie, de l'homme qu'il était sans doute, semblable à nous, faible et passionné comme nous, d'avoir été non seulement impersonnel, mais impassible. C'est un grief que confirme trop facilement une lecture superficielle de Leconte de Lisle. Il vaut la peine de l'examiner spécialement et de le discuter à fond.

CHAPITRE X

L'IMPASSIBILITÉ DE LECONTE DE LISLE

I

Un poète évoque à nos yeux les peuples d'autrefois, les races éteintes, les civilisations disparues ; à sa voix, cette poussière se réveille et recommence à vivre ; elle retrouve sa religion, ses dieux, ses rites, ses mœurs, ses légendes ; elle reprend son âme, fruste, naïve et sauvage, guerrière, voyageuse ou pastorale. Dans les cadres qu'il a ainsi restaurés, il place quelques grandes figures en qui s'incarnent les passions qui ont agité l'humanité primitive : l'orgueil qui s'égale aux dieux, l'amour qui attire ou qui donne la mort, la bravoure qui la méprise, la haine, la vengeance, le fanatisme. Il célèbre la beauté magnifique de la nature ; il la contemple, il l'admire, il aspire à se fondre et à se perdre en elle ; ou bien il suit dans leurs courses, dans leurs chasses, dans leur repos et dans leurs jeux les animaux superbes qui hantent la jungle ou la forêt ; il comprend leurs instincts, il devine leurs rêves, il interprète leurs vagues angoisses. Du spectacle des hommes et du spectacle des choses il extrait une philosophie amère, qui retourne et remâche sans répit les causes de notre souffrance, et ne lui offre de consolation que dans la conviction de la vanité universelle et dans la perspective du gouffre insondable où tout est destiné à s'engloutir :

> Le secret de la vie est dans les tombes closes.
> Ce qui n'est plus n'est tel que pour avoir été,
> Et le néant final des êtres et des choses
> Est l'unique raison de leur réalité [1].

---

1. *Poèmes Tragiques* : *Le secret de la vie*.

C'est ce poète dont une légende littéraire — légende contre laquelle il était le premier à protester — a fait un artiste sans émotion et sans entrailles, un pur descriptif, un froid ciseleur de rimes, un styliste impeccable et imperturbable, et, comme on a dit d'un mot, un « impassible ». Comme si, pour ranimer et ressusciter le passé, il ne fallait pas lui donner de son souffle et de son âme ; comme si, pour peindre fortement les passions, il ne fallait pas non seulement les avoir observées et analysées, mais être capable de les concevoir et, jusqu'à un certain degré au moins, de les ressentir ; comme si, pour pénétrer dans la conscience obscure d'un animal, il ne fallait pas un don de divination et de sympathie ; comme si, pour accuser et maudire la vie, il ne fallait pas commencer par en avoir souffert.

On pourrait dire, à ce compte, que Michelet est un impassible, quand il nous trace du Moyen Age un tableau qui, s'il est plus équitable que celui que nous en donne Leconte de Lisle, n'est pas plus coloré, certes, ni plus vivant. On pourrait dire aussi que Sophocle, Racine ou Shakespeare sont impassibles, quand ils nous représentent, dans leurs tragédies, les crimes involontaires d'Œdipe, ou la vertueuse rébellion d'Antigone, les malheurs de Desdémone et les tourments d'Hamlet, les remords de Phèdre et les fureurs d'Hermione. On oublie que les histoires de la littérature s'extasient sur la sensibilité de Virgile, parce que Virgile a dit en trois vers la désolation du rossignol devant son nid dévasté, ou en un hémistiche la tristesse du bœuf qui a perdu son compagnon d'attelage : *maerentem fraterna morte juvencum*. On oublie que ces mêmes histoires font à Lucrèce la réputation d'un poète passionné, pour avoir célébré avec enthousiasme la fécondité de la nature universelle, et pour avoir déploré la pitoyable condition de l'humanité :

> O miseras hominum mentes ! o pectora caeca !
> Qualibus in tenebris vitae quantisque periclis
> Degitur hoc aevi quodcumque est [1] !

---

1. *De natura rerum*, livre II.

Si nul n'accuse Michelet, ou Shakespeare, ou Sophocle, ou Racine, ou Virgile, ou Lucrèce, d'avoir été impassibles, si même on les blâme ou on les loue, suivant les cas, d'avoir été le contraire, est-il juste, est-il logique d'objecter son impassibilité à Leconte de Lisle, et, avant de lui adresser un reproche de ce genre, ne faudrait-il pas savoir ce qu'on entend exactement lui reprocher ?

Car il semble bien, lorsqu'on accuse Leconte de Lisle d'avoir manqué d'émotion, de passion, de sentiment et de tendresse, qu'on lui en veut surtout de ne pas nous avoir pris pour les confidents de ses émotions, de ne pas avoir crié sa passion à nos oreilles et même par-dessus les toits, de ne pas nous avoir étalé ses sentiments et fait admirer sa tendresse, de n'avoir rien mis dans sa poésie de ses aventures et de son histoire, et beaucoup moins d'avoir été un poète impassible qu'un poète, si je puis ainsi parler, impersonnel. Sans vouloir soulever ici une discussion d'esthétique générale, et en admettant provisoirement que le grief soit de nature à disqualifier l'écrivain qui en est l'objet, il est permis de se demander si ce grief même est fondé, si une lecture plus attentive de l'œuvre de Leconte de Lisle et des impressions moins rapides ne l'atténuent pas en grande partie, pour ne pas dire qu'elles le dissipent tout à fait.

II

Il est certain que d'une bonne part de cette œuvre, mettons, si l'on veut, de la plus grande part, la personne de l'auteur est absente, ou, si elle s'y révèle à nous, elle ne s'y révèle qu'indirectement. C'est toute la partie purement épique ou dramatique. La loi même du genre s'oppose à ce que le poëte intervienne de son moi dans son récit ou dans son dialogue. Il exprime par le moyen des personnages qu'il met en scène des sentiments qui, en apparence, lui sont étrangers. Comment concevoir qu'il y ait quelque rapport entre un homme du XIXe siècle après Jésus-Christ et un contemporain de la Grèce pélasgique ou des migrations kymriques, ou de la XIXe dynastie, ou des temps antédiluviens ? En réalité, ils ne sont point tellement impénétrables l'un à l'autre, et l'on pourrait se demander plutôt s'il est possible au premier de faire à ce point abstraction de lui-même, qu'il ne transporte dans le passé les idées de son temps, et les aspirations, les tendances, les réactions et les répulsions de sa propre nature. Leconte de Lisle l'a reproché à Vigny, il l'a reproché à Hugo, et nous le lui avons déjà, à un degré moindre sans doute, mais enfin nous le lui avons reproché à lui-même. Le poète qui pratique un art impersonnel nous livre, en partie au moins, sa personnalité, en dépit des obstacles qui s'opposent à ce qu'elle paraisse, en dépit des efforts qu'il fait et qu'il doit faire pour la cacher, comme une flamme se devine derrière l'écran qui ne permet pas de la voir. Le choix de certains sujets, la prédilection pour certains caractères, l'insistance à développer certains sentiments, parfois un mot parti non pas des lèvres d'un personnage fictif, mais du cœur même d'un être réel et vivant, suffisent à nous faire découvrir l'homme derrière l'auteur. Pour peu qu'il ait de finesse et d'imagination psychologique, un lecteur pourra-t-il lire le théâtre de Corneille, celui de Molière ou celui de Racine, sans se faire une idée non pas seulement de leur art, mais de leur caractère et de leur personne ? « Les ouvrages, disait André Chénier, ont une physionomie ; ils font connaître non seulement les humeurs et le caractère, mais même la figure... Convenez que Newton n'avait pas un nez obtus et de grosses lèvres, que Voltaire ne pouvait avoir que des traits étincelants et fins[1]. » C'est un plaisir exquis, c'est une curieuse et passionnante étude que de retrouver et de réunir de cette physionomie les linéaments incertains et les traits épars. Tâche délicate, sans doute, difficile et périlleuse, mais où l'on peut réussir, à plus forte raison qu'il est permis d'entreprendre ; et je me ferais fort, avec une demi-douzaine de poèmes de Leconte de Lisle, des plus « antiques » ou des plus « barbares », des plus lointains et des plus objectifs, avec *Baghavat* et *Çunaçepa*, avec *Niobé* et *Khirôn*, avec *Qaïn*, avec *Hypatie et Cyrille*, avec la *Vigne de Naboth* ou le *Jugement de Komor*, de dessiner, dans ses grandes lignes, le portrait moral de Leconte de Lisle, de marquer les trois ou quatre

---

[1]. *Œuvres inédites* : *Sur la Perfection des Arts.*

sentiments essentiels, venus du fond même de sa nature, que sa poésie, personnelle ou impersonnelle, exprime, si vraiment ce n'était là besogne absolument inutile, et si lui-même ne nous les avait, à maintes reprises, énoncés de la façon la plus claire et la plus émouvante. A côté de cette partie de son œuvre où sa personne n'apparaît pas, il y en a en effet une autre où elle se montre ; à côté de la partie épique ou dramatique, il y a la partie qu'on ne peut pas nommer autrement que lyrique, si, dans notre langage actuel, dans nos mœurs modernes où la poésie ne se chante plus, où le poète n'a plus de lyre, lyrisme peut signifier autre chose qu'expression vibrante et passionnée des sentiments individuels.

Ces sentiments, quels sont-ils ? Il en est que nous connaissons déjà, car on ne saurait analyser l'œuvre du poète, ni en marquer la tendance philosophique, ni en caractériser l'art sans les rencontrer sur son chemin. Le plus profond de tous peut-être, et celui qui est à la base de la vie sentimentale de Leconte de Lisle, c'est cette nostalgie du pays natal que ses vers ont tant de fois exhalée, au cours de plus d'un demi-siècle d'exil, avec une mélancolie toujours aussi pénétrante, pour ne pas dire avec une douleur aussi vive qu'au premier jour. Nuits merveilleuses dorées d'étoiles, midis resplendissants de lumière, couchants et aurores,

> Celui qui savoura vos ivresses sacrées
> Y replonge à jamais en ses rêves sans fin [1].

Il en a emporté sous sa paupière les visions indélébiles ; c'est à leur hantise qu'il a dû l'habitude de se détourner du présent, de chercher en arrière, dans son passé et dans le passé de l'humanité, la beauté et le bonheur. Ce regret du pays natal rendait pour lui plus âprement douloureux le regret de sa jeunesse enfuie pour toujours. Certes, nous sentons tous, à partir d'un certain âge, que chaque instant qui passe nous éloigne un peu plus des heures brillantes et fortunées de notre vie, des heures qui ne reviendront pas. Mais ce sentiment, auquel nous ne pouvons nous abandonner

---

1. *Derniers Poèmes* : *Les Yeux d'or de la Nuit.*

sans tristesse, il est atténué dans une certaine mesure par le changement que subissent les choses autour de nous et en même temps que nous. Les images au milieu desquelles nous vivons nous demeurent contemporaines ; nous voyons toujours à notre hauteur le paysage qui borde les rives du fleuve sur lequel nous glissons insensiblement; il faut le hasard d'un retour aux lieux où nous fûmes jeunes, il faut le rappel inattendu d'un souvenir de notre enfance, pour que nous regardions en arrière et que brusquement nous mesurions avec stupeur la fuite rapide du temps. De telles pensées, pour la plupart d'entre nous, sont intermittentes ; elles s'imposaient constamment à l'esprit de Leconte de Lisle. Ses souvenirs de Bourbon, toujours présents à sa mémoire, étaient ce point fixe, ce point de repère qu'il voyait briller au fond de ses années, toujours aussi lumineux, mais toujours plus reculé et plus lointain :

> O jeunesse sacrée, irréparable joie,
> Félicité perdue, où l'âme en pleurs se noie !
> O lumière, fraîcheur des monts calmes et bleus,
> Des coteaux et des bois feuillages onduleux,
> Aube d'un jour divin, chant des mers fortunées,
> Florissante vigueur de mes jeunes années [1] !...

Dans ce temps de sa jeunesse, tout pour lui était doux, riant, heureux, car il portait en son cœur une source intarissable de vie, d'espérance et de joie. Même les impressions de tristesse qui lui venaient des choses, en passant à travers son âme, se tournaient en exaltation et en encouragements :

> La nuit terrible avec sa formidable bouche
> Disait : — La vie est douce, ouvre ses portes closes !
> Et le vent me disait de son râle farouche :
> — Adore ! absorbe-toi dans la beauté des choses [2] !

Tous ses beaux rêves de jeune homme, aujourd'hui que sont-ils devenus ? Ils sont au fond de ce cœur, calme en apparence,

---

1. *Poèmes Barbares : L'Aurore.*
2. *Ibid. : Mille ans après.*

comme après la tempête, sous la mer paisible, les cadavres des marins engloutis :

> ... Génie, espérance, amour, force et jeunesse
> Sont là, morts, dans l'écume et le sang du combat [1].

Ils sont bien morts, et rien désormais ne pourra les faire revivre :

> O malheureux ! crois en ta muette détresse,
> Rien ne refleurira, ton cœur ni ta jeunesse,
> Au souvenir cruel de tes félicités.
> Tourne plutôt les yeux vers l'angoisse nouvelle,
> Et laisse retomber dans la nuit éternelle
> L'amour et le bonheur que tu n'as point goûtés [2].

Plus l'homme approche du terme fatal, plus le souvenir des jours de la jeunesse lui devient obsédant et cruel. Comme le voyageur arrivé au sommet de la colline, il se retourne et contemple le chemin parcouru, la longue suite d'années qu'il laisse derrière lui. Image bien connue, qui exprime un sentiment bien des fois exprimé. Qui n'a aussitôt à l'esprit la méditation de Bossuet sur la brièveté de la vie, et les comparaisons saisissantes par lesquelles il essaye de peindre le néant d'une vie humaine, en apparence la plus longue et la mieux remplie ? « C'est comme des clous attachés à une longue muraille, dans quelque distance : vous diriez que cela occupe bien de la place ; amassez-les, il n'y en a pas pour emplir la main !... C'est bien peu de chose que l'homme, et tout ce qui a une fin est bien peu de chose. » Et c'est aussi ce que pense Leconte de Lisle de l'existence humaine. Mais s'il dit, ou peu s'en faut, les mêmes paroles, il y met un accent tout différent. Tandis que le jeune diacre de 1649, dans cette considération de la vanité de nos bonheurs, puisait le détachement des choses de ce monde, le poète, qui les embrasse et s'y attache éperdument, se désespère, au plus fort de son étreinte, de les sentir s'échapper entre ses doigts :

> Ah ! tout cela, jeunesse, amour, joie et pensée,
> Chants de la mer et des forêts, souffles du ciel

---

1. *Poèmes Barbares* : *Les Rêves morts*.
2. *Ibid.* : *Requies*.

> Emportant à plein vol l'Espérance insensée,
> Qu'est-ce que tout cela qui n'est pas éternel [1] !

Ce qui fait vraiment et proprement le lyrisme, ce je ne sais quoi de plus que l'image, le mouvement et le rythme, ce timbre qui lui donne toute sa profondeur et qui fait qu'il vibre et se prolonge à à travers les âmes, il est ici ; et je ne sache pas qu'il y ait dans toute la poésie française quatre vers qui soient, plus que ces quatre vers de l'*Illusion suprême*, directement jaillis du cœur, et chargés, en même temps que de plus d'émotion individuelle, de plus de large et de poignante humanité. Cet amour passionné de la vie, c'est un autre sentiment essentiel à la poésie de Leconte de Lisle. Nul homme, au cours d'une longue existence, ne s'est senti mourir peu à peu — en dépit des affirmations de sa philosophie pessimiste et de la résignation stoïque où par moments il s'efforce — avec plus de regret, de douleur et de désespoir.

Amour passionné de la vie : amour aussi de tout ce qui en fait la noblesse et la joie, de tout ce qui vaut la peine de vivre. Toute l'œuvre de Leconte de Lisle est un hymne à la beauté. Beauté de la nature et beauté de la femme, beauté de l'art et beauté intellectuelle, à la beauté sous toutes ses formes, à « la sainte beauté » comme il l'appelle, il a rendu des hommages d'une gravité quasi religieuse. Non moins que la beauté, il a aimé la liberté, qui fait la grandeur et la dignité de l'homme. Ces deux sentiments, qu'il avait accoutumé d'unir, se retrouvent ensemble dans les rares occasions où le poète, dérogeant à la règle esthétique qu'il s'était imposée, s'est laissé inspirer directement par les événements contemporains. En 1859, quand, à la veille de la seule guerre du second Empire qui ait été populaire, il adressait à l'Italie un éloquent appel, il saluait en elle la continuatrice de la tradition antique, l'héritière de la Grèce, la rénovatrice de la beauté :

> Depuis la sainte Hellas, où donc est la rivale
> Qui marqua comme toi l'empreinte de ses pas ?
> ....
> Qui donc a su tenir d'une puissance telle,

---

[1]. *Poèmes Tragiques* : *L'Illusion suprême*.

> Trempé dans le soleil, ou plus proche des cieux,
> Le pinceau rayonnant et la lyre immortelle ?
>
> Abeille ! qui n'a bu ton miel délicieux ?
> Reine ! qui n'a couvert tes pieds d'artiste et d'ange,
> Dans un transport sacré, de ses baisers pieux [1] ?

Cette patrie de la poésie et des arts, elle était maintenant en proie aux barbares ; mais le poète l'exhortait à se redresser et à s'affranchir :

> Debout ! debout ! agis, sois vivante, sois libre !
> ....
> Lève-toi, lève-toi, magnanime Italie !

et il espérait, et il prévoyait que, le jour où elle s'armerait pour le combat, la France viendrait à son secours, les deux ailes ouvertes,

> Par la route de l'aigle et de la liberté [2].

Douze ans plus tard, il vibrait encore pour les mêmes causes, mais d'émotions bien différentes. Au lieu de l'allégresse et de l'enthousiasme, c'est la douleur et la rage qu'il avait au cœur. Dès les grands revers de la funeste campagne de 1870, exactement dès la fin du mois d'août, il avait envisagé les pires catastrophes. Leur horreur n'avait pas abattu son courage. Avec son tour d'esprit absolu et son tempérament violent, il allait du premier mouvement aux résolutions extrêmes. Dès les premiers jours de septembre, enfermé dans Paris en attendant le siège, il concevait tout un plan de résistance désespérée, pour « donner au pays le temps d'arriver » : « recevoir l'ennemi dans la ville même, occuper toutes les grandes voies … par de formidables barricades, et faire payer aux Prussiens leur victoire probable par un tel massacre qu'ils n'entrent ici que sur nos cadavres à tous. » Voilà ce qu'il eût fait, s'il eût été « dictateur de Paris ». Mais il n'était pas « dictateur », il n'était que simple garde national, faisant, malgré ses

---

1. *Poèmes Barbares* : *A l'Italie*.
2. *Ibidem*.

cinquante-deux ans, son service comme les autres, montant sa faction toutes les quarante-huit heures, nuit et jour, sur les remparts, sans abri, pendant les froids et pluvieux temps d'hiver. Dans les premiers jours de janvier 1871, sentant venir la fin inévitable d'une lutte héroïque, il écrivait la grande pièce intitulée le *Sacre de Paris*. Il y célébrait en vers magnifiques la ville qui était à la fois pour lui la capitale de l'intelligence et la citadelle de la liberté.

> Ville auguste, cerveau du monde, orgueil de l'homme,
>   Ruche immortelle des esprits,
> Phare allumé dans l'ombre où sont Athène et Rome,
>   Arche des nations, Paris !
> ....
> La foudre dans les yeux et brandissant la pique,
>   Guerrière au visage irrité,
> Qui fis jaillir des plis de sa toge civique
>   La victoire et la liberté !
> ....
> Vois ! la horde au poil fauve assiège tes murailles !
>   Vil troupeau de sang altéré,
> De la sainte patrie ils mangent les entrailles,
>   Ils bavent sur le sol sacré [1].

Plutôt que d'attendre « la famine ou la honte », il appelait Paris à une lutte désespérée ou bien à un éclatant suicide. « Bondis hors de tes remparts », lui criait-il, ou bien « allume le bûcher inoubliable », ensevelis-toi sous tes ruines fumantes, en laissant à l'univers l'éblouissement de ton génie et l'exemple de ta mort !

II

Regrets de la jeunesse, regrets du pays natal, amour de la vie, amour de la beauté, amour de la liberté, amour de la patrie, tous ces amours, les plus nobles ou les plus profonds que puisse nourrir l'âme humaine, ainsi donc Leconte de Lisle les a tous éprouvés et chantés. Aurait-il ignoré l'amour par excellence, l'amour que tous les poètes ont célébré ? Celui-là a tenu trop de place dans

---

1. *Poèmes Tragiques* : *Le sacre de Paris*.

sa vie pour n'en avoir pas une dans son œuvre. Nous savons déjà comment, avec son tempérament de créole, il avait été précocement sensible au charme de la femme. Nous l'avons vu se passionner tour à tour à Bourbon pour sa jeune cousine, à son escale au Cap pour Anna Bestaudig, à Dinan pour Caroline et pour Marie Beamish, à Rennes, en un soir, pour Léontine Fay. Nous tenons ces aveux de lui-même, et encore sans doute ne connaissons-nous pas tout, et ne pouvons-nous pas nous flatter d'énumérer tous les objets charmants pour lesquels a battu ce cœur qu'on nous représente comme insensible. Il semble bien qu'il faille interpréter dans le même sens la crise morale par laquelle il passa au temps de sa collaboration à *La Démocratie Pacifique*, crise que nous dévoilent ses lettres de 1846, et dans laquelle il faillit sombrer. A partir de cette date, ses papiers ne nous révèlent plus rien. Mais à défaut de lettres et de confidences écrites, ses familiers et ses biographes nous en ont dit assez pour que nous puissions affirmer en toute assurance que sa vie sentimentale et amoureuse s'est prolongée autant que sa vie elle-même. En les recoupant les uns par les autres, en complétant ce qu'ils racontent au moyen de telle dédicace des éditions originales que le poète a soigneusement effacée dans les suivantes, ou de certaines allusions qu'il a fait disparaître, on peut reconstituer sommairement ces romans de son âge mûr et de sa vieillesse, esquisser la silhouette des belles inconnues, et même, sous les portraits, mettre des noms. A Dieu ne plaise que j'écrive ces noms qui ne nous apprendraient rien. Mais pourquoi dissimulerais-je qu'entre 1850 et 1855, son cœur se partageait entre deux amours. Ils lui offrirent le sujet d'un de ces « chants alternés », comme nous en avons déjà entendu, où il aimait à opposer, dans une antithèse longuement soutenue, deux conceptions, deux sentiments, deux images. De ces deux amours, l'un, c'était l'amour pur, chaste, idéal, qui ne connaît d'autres caresses que les respects, et d'autres aveux que l'adoration muette ; l'autre, c'était la passion effrénée, dévorante et brûlante ; c'était l'amour de l'âme et l'amour des sens. D'un côté une vierge du nord, aux cheveux blonds, au col blanc, aux yeux candides sous ses longs cils baissés ; de l'autre, une femme dans tout l'épanouissement de sa beauté, aux regards à la fois doux et brûlants, où le soleil du midi a mis ses flammes. Le poète ne va point de l'une à l'autre ; ces deux images qui passent devant ses yeux ne s'excluent point ; le cœur qu'elles enflamment les contient à la fois et les chérit toutes les deux. Laissons-le parler ; la pureté n'a pas de plus fervent dévot :

> Que nulle main profane, ô fantôme léger !
> N'ose, même en tremblant, toucher ta robe blanche ;
> Que nul baiser mortel n'effeuille l'oranger,
> Que la fleur de l'Éden en parfume la branche !
> Et si, de loin, j'adore, en son azur natal,
> Ta grâce, ô jeune Esprit revêtu de mystère,
> Qui pourrait effacer mon bonheur idéal ?
> Serait-ce vous, douleurs et fièvres de la terre ?

Mais aussitôt une autre voix se fait entendre, une voix qui gronde d'impatience et tremble de désir :

> C'est un nom, un seul nom mille fois répété
> Dans les pleurs de l'attente ou les larmes d'ivresse,
> C'est l'heure qui contient une immortalité,
> C'est ton vol d'aigle et d'ange, ô rapide jeunesse !
> C'est la mer où l'on puise et qui ne peut tarir,
> Dont le flot nous altère autant qu'il nous enivre ;
> C'est la félicité dont on voudrait mourir
> Et le tourment sans fin dont je veux toujours vivre [1] !

De ces deux amours, c'est l'amour pur et chaste qui l'emporta, mais seulement après que la passion eut fini, comme finissent d'ordinaire les passions, dans le déchirement et dans les larmes. Le poète raya de son œuvre le chant alterné dont une des voix ne se faisait plus entendre ; il n'en retint que les quelques strophes qui, sous le titre d'*Épiphanie*, trouvèrent asile beaucoup plus tard dans les *Poèmes Tragiques*.

> Elle passe tranquille, en un rêve divin,
> Sur le bord du plus pur de tes lacs, ô Norvège !...

Mais l'encens, cette fois, était brûlé sur un autre autel ; l'hommage discret que ces stances expriment s'adressait à une autre

---

1. *Poésies Barbares*, 1862 : *Les deux Amours*.

beauté, pour qui les soixante ans bien sonnés de Leconte de Lisle retrouvaient l'ardeur et la flamme de ses jeunes années. Et dans l'intervalle, quelque quinze ans plus tôt, une jeune femme, une brune au teint mat, d'une beauté royale et orientale, avait fait sur son cœur sensible une impression profonde ; c'est pour elle, nous dit-on, qu'il avait écrit cette romance de couleur persane, qui semble une inspiration de Saadi :

> Les roses d'Ispahan, dans leur gaine de mousse,
> Les jasmins de Mossoul, les fleurs de l'oranger
> Ont un parfum moins frais, ont une odeur moins douce,
> O blanche Leïlah ! que ton souffle léger [1]!...

L'amour, qui avait si souvent traversé, troublé ou consolé sa vie, l'accompagna jusqu'au terme du pèlerinage. Il éclaira et réchauffa d'un rayon un peu pâle — un rayon de soleil d'hiver — le déclin de sa vieillesse. Les derniers vers, ou à peu près, qu'il écrivit, ce sont des vers d'amour, ces strophes du *Sacrifice*, étonnantes de verdeur et de fougue, où il souhaite de souffrir et de mourir pour celle qu'il aime :

> Et je voudrais, le cœur abîmé dans ses yeux,
> Baigner de tout mon sang l'autel où je l'adore [2] !

Ce sont, plus tardivement encore, les deux quatrains descendant, comme une suprême bénédiction, sur celle par qui il avait senti

> pour des heures trop brèves
> Sa jeunesse renaître et son cœur refleurir [3],

celle qui avait donné à ce cœur nostalgique l'illusion de recommencer le rêve de la vie, et qui lui avait rendu « le matin de ses jours ».

On est bien forcé, après cela, de convenir que, selon le mot d'un des plus fidèles disciples de Leconte de Lisle, « les femmes ont beaucoup compté dans sa vie ». Et il paraît difficile de soutenir

---

1. *Poèmes Tragiques* : *Les roses d'Ispahan*.
2. *Derniers Poèmes* : *Le Sacrifice*.
3. *Ibid.* : *Toi par qui j'ai senti...*

que cet amoureux passionné ait été l'artiste au front calme et aux mains froides que l'on nous a tant de fois présenté. S'il fallait le défendre d'avoir été impassible, je crois que la cause est entendue. Mais je ne sais si cette défense — bien que je me sois gardé de trahir quoi que ce soit des secrets qu'il avait voulu cacher — aurait agréé à l'homme qui avait, de ses mains, si jalousement relevé ce mur de la vie privée que les poètes de la génération précédente, tous ou presque tous, s'étaient fait, de jeter bas, un jeu et une gloire. Est-il besoin de citer les poèmes fameux où, dans leur ardeur à chanter leurs amours, ils en avaient à demi violé le mystère, et les commentaires, plus fameux encore, où ils l'avaient profané tout à fait ? Faut-il rappeler comment Lamartine — non content d'avoir écrit *Le Lac* ou *Le Golfe de Baïa* — avait jugé à propos de mettre au bas de chaque pièce le nom et l'histoire de celle pour qui il l'avait écrite ; comment, dans ce besoin de confidences, ou de confessions, qui depuis un siècle tourmentait nos écrivains, il avait composé ce roman de *Graziella* et cet autre roman de *Raphaël*, où tout n'est pas authentique, où la réalité est idéalisée et embellie, où le faux est mêlé au vrai, soit à dessein, soit par la faute d'une mémoire royalement infidèle, mais où il subsistait encore assez de faits positifs et d'allusions précises pour donner pâture à la curiosité de lecteurs qui n'étaient pas toujours guidés par des motifs d'un ordre exclusivement littéraire ? Faut-il rappeler les *Nuits* d'Alfred de Musset et *La Confession d'un enfant du siècle*, et les *Elle et Lui*, et les *Lui et Elle*, où les griefs réciproques des amants de Venise et de Fontainebleau, leurs rancœurs et leurs rancunes étaient largement exposés aux yeux du public ? Faut-il rappeler qu'un autre, qui pourtant semblait de sa nature plus réservé que ceux-là, dans ces *Contemplations* qui devaient être « l'histoire d'une âme », avait, pour peindre cette âme « en fleur », inséré tout un livre où il contait un amour dont l'œil le moins exercé n'avait pas de peine à reconnaître, en dépit des précautions prises, qu'il n'avait pas pour objet la mère de ses enfants ? Cet étalage, ou, si l'on me passe le mot, ce « déballage » des sentiments intimes, autant était-il indiscret et indélicat, autant était-il en passe de devenir fâcheux et dangereux pour l'art, à supposer qu'il n'en fût pas la négation même. Il révolta chez Leconte de Lisle ce sentiment de fierté susceptible, de dignité native, et, pour appeler les choses par leur nom, de pudeur, qui était, de son caractère, un des traits les plus fortement marqués. Sa protestation contre cette littérature d'épanchements sans réserve, de confidences déplacées et d'insupportables racontars, ce fut le sonnet des *Montreurs*, que publia dans la livraison du 30 juin 1862, trois mois après l'apparition des *Poèmes Barbares*, la *Revue Contemporaine*. La page est bien connue, je dirais volontiers qu'elle ne l'est que trop ; mais il n'en faut pas moins la rappeler ici, ne fût-ce que pour la replacer à sa date et en préciser la portée et le sens. On sait comment le poète s'y défend, avec toute son énergie, de se laisser traîner en spectacle, « tel qu'un morne animal » sur le pavé des rues, pour le plaisir d'une « plèbe carnassière », de quel ton méprisant il refuse de déchirer devant elle « la robe de lumière » dont se voile la volupté :

> Dans mon orgueil muet, dans ma tombe sans gloire,
> Dussé-je m'engloutir pour l'éternité noire,
> Je ne te vendrai pas mon ivresse ou mon mal,
>
> Je ne livrerai pas ma vie à tes huées,
> Je ne danserai pas sur ton tréteau banal
> Avec tes histrions et tes prostituées.

Dans ces vers énergiques, avant tout c'est l'homme qui parle et qui refuse d'acheter la renommée au prix de ce qu'il regarde — le mot était en toutes lettres dans la version originale — comme un avilissement. Mais, depuis longtemps déjà, l'artiste était d'accord avec l'homme pour assigner comme matière à la poésie non pas l'expression des douleurs ou des joies individuelles, mais celle des sentiments humains dans ce qu'ils ont de commun et de général. Leconte de Lisle a, dans les trois grands recueils qu'il a publiés de son vivant, appliqué cette règle de la façon la plus stricte. Il n'a épargné que les allusions — combien discrètes et vagues — à son premier amour. Il a retranché tout ce qui avait un accent trop personnel, ou un caractère anecdotique, tout ce qui aurait fait descendre sa poésie du piédestal sur lequel, comme une belle statue, il voulait qu'elle demeurât exhaussée, par exemple ce sonnet — intitulé *Le Présage* — d'un tour spirituel et d'un humour un peu acide qu'on n'est pas habitué à rencontrer dans son œuvre :

> C'était une adorable enfant : œil noir et doux,
> Lèvre en fleur, entr'ouverte avec un frais sourire,
> Tout un charme vivant qui ne peut se décrire.
> Un petit chien soyeux jouait sur ses genoux.
>
> Après avoir longtemps lissé ses fines tresses,
> L'avoir serré contre elle en disant : Mon amour !
> La despote aux grands yeux, belle comme le jour,
> Le mordit jusqu'au sang au milieu des caresses.
>
> Puis redoublant de soins flatteurs, pour apaiser
> L'humble gémissement qui lui plaisait dans l'âme,
> Elle le consola d'un rapide baiser.
>
> Et je vis que c'était déjà toute la femme :
> L'amour dans le caprice et dans la cruauté,
> Telle que Dieu l'a faite et pour l'éternité [1].

Cet amer badinage n'en exprime pas moins, sous sa forme légère, un aspect de sa philosophie de l'amour, telle que nous la trouvons éparse çà et là dans des poèmes d'une allure plus grave, d'où le paradoxe est banni.

La passion lui était apparue, au temps de sa jeunesse, quand il était sous le prestige du romantisme, comme une exaltation sacrée, source de souffrance pour l'homme, mais aussi source de grandeur :

> Désirs que rien ne dompte, ô robe expiatoire,
> Tunique dévorante et manteau de victoire [2] !

Il conserva toujours un culte pour elle, et s'il reprocha quelque chose à son siècle, nous le savons, ce fut de manquer d'enthousiasme et de vivre sans passions. De la passion par excellence, de l'amour, il vit, selon les temps sans doute et les circonstances, les bons et les mauvais côtés, surtout les mauvais. Il le regarda

---

1. *Revue Contemporaine* du 30 juin 1862.
2. *Poèmes Antiques* : *La robe du Centaure*.

comme une puissance fatale et meurtrière, et il symbolisa cette conception dans un mythe dont il emprunta l'idée à Hésiode. Ekhidna est un « monstre horrible et beau », moitié nymphe aux lèvres roses, moitié reptile cuirassé d'écailles. Elle habite, aux gorges d'Arimos,

> Une caverne sombre avec un seuil fleuri.

Le jour, elle se cache dans le fond de son antre; le soir, elle s'avance au bord, elle chante, et les hommes, en entendant ses chants, accourent autour d'elle « sous le fouet du désir ». Elle leur promet des baisers sans fin et des voluptés sans nombre; elle assure qu'elle les rendra semblables aux dieux. Tous se ruent à l'envi dans l'étroite caverne,

> Mais ceux qu'elle enchaînait de ses bras amoureux,
> Nul n'en dira jamais la foule disparue.
> Le monstre aux yeux charmants dévorait leur chair crue,
> Et le temps polissait leurs os dans l'antre creux [1].

Comme tous les symboles, celui-ci se laisse tirer en plusieurs sens. Cette Ekhidna aux formes monstrueuses, « qui ne voit, dit M. Vianey, qu'elle personnifie tous les rêves et toutes les chimères et que le poète prédit une fin affreuse à tous les amants de l'idéal, à tous les chercheurs d'énigmes, à tous les aventuriers de la passion, à tous ceux qui demandent à la poésie, à l'art, à la philosophie, à l'amour, de les rendre des dieux ? » Tel qu'il se lit aujourd'hui, le texte peut, en effet, prêter à cette interprétation élargie. Dans la version primitive, il y avait une strophe de plus, qui ne laissait aucun doute sur l'intention de l'auteur et la signification du morceau : « Les siècles, déclarait le poète,

> Les siècles n'ont changé ni la folie humaine,
> Ni l'antique Ekhidna, ce reptile à l'œil noir ;
> Et malgré tant de pleurs et tant de désespoir,
> Sa proie est éternelle, et l'amour la lui mène [2],

---

1. *Poèmes Barbares* : *Ekhidna*.
2. *Revue Contemporaine* du 30 décembre 1862.

l'amour, qui est, au gré de Leconte de Lisle, le premier-né et aussi le dernier des dieux, le plus cher, le plus adoré, le plus doux en même temps et le plus cruel, et qui fait payer par des « pleurs sanglants » les « heures de délire » qu'il a accordées d'abord.

Des atteintes de la passion, rien ne peut défendre la victime qui lui est désignée, pas même le rêve d'art et de beauté dans lequel le poète a cru s'enfermer. Il s'était assis en face des dieux, sur la cime antique ; il avait détourné ses regards du monde d'à présent ; il évoquait les âges anciens ; il écoutait l'hymne que la terre chantait au temps de sa jeunesse. Mais, comme de « noirs oiseaux de proie », les passions se sont jetées sur lui ; elles ont enfoui leurs ongles sanglants dans sa chair ; elles l'ont rappelé à la réalité et à la vie[1]. Car l'homme qu'elles déchirent ne meurt pas. Il vit, pour endurer d'incessantes tortures, pour être « rongé de désir et de mélancolie », inquiet et inassouvi. Et quand la passion l'abandonne, quand l'amour se retire de lui, quand les parfums sont consumés, quand le flambeau s'est éteint sur l'autel, de ces moments d'ivresse il ne reste — c'est le poète qui le dit — que tristesse et que remords. Des spectres, aux heures sombres, hantent sa solitude. Ils se dressent devant lui, froids comme des morts, faces livides, mains glacées, dardant sur lui des yeux fixes. Et c'est en vain qu'il implore de ces tristes ombres une parole de tendresse ou de pardon :

> Et vous, vers qui montaient mes désirs éperdus,
> Chères âmes, parlez, je vous ai tant aimées !
> Ne me rendrez-vous plus les biens qui me sont dus ?
>
> Au nom de cet amour dont vous fûtes charmées,
> Laissez comme autrefois rayonner vos beaux yeux ;
> Déroulez sur mon cœur vos tresses parfumées !
>
> Mais tandis que la nuit lugubre étreint les cieux,
> Debout, se détachant de ces brumes mortelles,
> Les voici devant moi, blancs et silencieux [2].

Cette passion qui a insinué son venin jusqu'au fond des veines, il faut l'en chasser, ou il faut périr :

---

1. *Poèmes Antiques* : *Les Oiseaux de proie.*
2. *Poèmes Barbares* : *Les Spectres.*

> Ployé sous ton fardeau de honte et de misère,
> D'un exécrable mal ne vis pas consumé :
> Arrache de ton sein la mortelle vipère,
> Ou tais-toi, lâche, et meurs, meurs d'avoir trop aimé [1] !

Ici, Leconte de Lisle rejoint par le sentiment, et presque par l'expression, le plus passionné de tous les romantiques, cet Alfred de Musset, pour lequel il n'avait pas assez de sarcasmes, qu'il qualifiait de « poète médiocre » et d' « artiste nul », le Musset de *Don Paëz*, désabusé par une expérience précoce, qui n'avait pas vingt ans et qui maudissait l'amour :

> Amour, fléau du monde, exécrable folie,
> Toi qu'un lien si frêle à la volupté lie,
> Quand par tant d'autres nœuds tu tiens à la douleur,
> Si jamais, par les yeux d'une femme sans cœur,
> Tu peux m'entrer au ventre et m'empoisonner l'âme,
> Ainsi que d'une plaie on arrache une lame,
> (Plutôt que comme un lâche on me voie en souffrir)
> Je t'en arracherai, quand je devrais mourir.[2]

Il se rencontre encore avec lui, quand il parle de la trace ineffaçable et précieuse que l'amour laisse dans le cœur qui l'a connu. Une des plus belles pièces de Musset, et des plus profondément senties, est celle où le poète se console de l'abandon et de la trahison par la conscience qu'il a aimé et qu'il a été aimé :

> La foudre maintenant peut tomber sur ma tête,
> Jamais ce souvenir ne peut m'être arraché !
> Comme le matelot brisé par la tempête,
>   Je m'y tiens attaché.
>
> Je ne veux rien savoir, ni si les champs fleurissent,
> Ni ce qu'il adviendra du simulacre humain,
> Ni si ces vastes cieux éclaireront demain
>   Ce qu'ils ensevelissent.
>
> Je me dis seulement : « A cette heure, en ce lieu,
> Un jour, je fus aimé, j'aimais, elle était belle.
> J'enfouis ce trésor dans mon âme immortelle
>   Et je l'emporte à Dieu [3] ! »

---

1. *Poèmes barbares* : *La Vipère*.
2. A. de Musset, *Premières Poésies*, *Don Paëz*.
3. *Poésies Nouvelles* : *Souvenir*.

Le « *Souvenir* » de Leconte de Lisle, c'est le sonnet qu'il a intitulé le *Parfum impérissable*. Qu'elle soit « d'argile ou de cristal ou d'or », la fiole où l'on a versé goutte à goutte « l'âme odorante » des roses en reste à jamais parfumée. Quand on la viderait sur le sable du désert, quand on la laverait dans les eaux des fleuves, quand on la briserait en mille pièces, « l'arôme divin » subsisterait toujours.

> Puisque par la blessure ouverte de mon cœur
> Tu t'écoules de même, ô céleste liqueur,
> Inexprimable amour qui m'enflammais pour elle !
>
> Qu'il lui soit pardonné, que mon mal soit béni !
> Par delà l'heure humaine et le temps infini
> Mon cœur est embaumé d'une odeur immortelle [1] !

Et l'on peut préférer à la grande déclamation romantique la sobre comparaison parnassienne, ou l'éloquence persuasive de Musset à la calme certitude de Leconte de Lisle : il y a là deux arts qui s'affrontent, deux tempéraments d'écrivain, deux époques de notre poésie ; mais il y a dans l'un et l'autre morceau, — et c'est sous des apparences diverses le commun élément de leur beauté — un accent qui vient du cœur.

IV

On le voit, la poésie de Leconte de Lisle n'est pas aussi « impersonnelle » qu'on affecte de le dire ; encore moins est-elle « impassible », si l'on admet surtout, comme je le crois, que la passion la plus sincère et la plus émouvante n'est pas celle qui se répand en cris, en sanglots, en larmes et en paroles, mais celle qui se contient, serre les lèvres, raidit les muscles, et ne se trahit que malgré soi. Et celle-ci a en outre l'avantage de se prêter mieux que celle-là à l'expression mesurée et harmonieuse qui est, selon la tradition antique et classique, la forme parfaite de l'art. C'est à cette

---

1. *Poèmes Tragiques*.

tradition classique, en donnant au mot son sens le plus large, que Leconte de Lisle se rattache. Il en a fait profession le jour où il a reconnu à l'art le pouvoir de « donner, dans une certaine mesure, un caractère de généralité à tout ce qu'il touche [1] », signifiant implicitement par là que de nos émotions celles-là, à plus forte raison, sont proprement matière artistique, qui portent d'avance en elles ce caractère de généralité et ne peuvent demeurer étrangères à aucun de ceux qui participent de la nature humaine. En parlant et en pensant ainsi, il réagissait sans doute contre l'individualisme excessif de l'école romantique ; il cédait au goût de sa nature pour la vie intellectuelle et contemplative, justifiant la définition de lui-même,

> Je suis l'homme du calme et des visions chastes [2],

qu'il donnait dans un des poèmes de sa jeunesse ; mais aussi, mais surtout, il obéissait au sûr instinct qui a fait de lui, en même temps qu'un grand poète, un des artistes les plus accomplis qu'il y ait dans notre littérature française.

1. Préface des *Poèmes Antiques*, 1852.
2. Staaff, *La Littérature française*, 1870, t. III, p. 815.

CHAPITRE XI

LES DERNIÈRES ANNÉES
LECONTE DE LISLE ET LA POÉSIE FRANÇAISE

I

La vie de Leconte de Lisle fut, pendant sa plus longue période, dure et pénible. Du jour où il eut quitté, à dix-huit ans, son île natale, ce fut comme s'il avait fait vœu de pauvreté. Toute sa jeunesse se passa dans une situation obscure et précaire ; c'est à peine si, aux approches de l'âge mûr, il put se croire un peu plus sûr du lendemain. Il n'aurait tenu qu'à lui, sans doute, de faire de son talent un emploi plus lucratif. Mais avec la rigidité de principes qu'il professait en tout ce qui concernait l'art, il se refusa obstinément à suivre la mode, à écrire pour le vulgaire, à sacrifier quoi que ce soit de son idéal. Il pensait que le devoir de l'artiste est de ne pas se plier au goût du public, mais de lui imposer le sien. Il savait, à tenir une pareille conduite, ce qu'on risque. Il ne s'en effrayait pas. Il s'y était virilement préparé, stoïquement résigné. Quand Louis Ménard, en 1849, avec sa mobilité ordinaire, parlait d'abandonner la poésie, parce que le succès n'arrivait pas assez vite, il lui écrivait : « ... Personne n'a lu tes vers, si ce n'est moi. Voilà une magnifique raison ! Qui donc a lu les miens ? Toi et de Flotte. Au surplus, qu'est-ce que cela fait à tes vers et aux miens ? Tout est-il perdu, parce que trois ou quatre ans se sont écoulés sans qu'on ait fait attention à nous ? Tu sais bien que tout ceci rentre dans l'ordre commun. Se désespérer d'un fait aussi naturel, aussi normal, aussi universel, c'est se plaindre de ne pouvoir décrocher une étoile du ciel, se frapper la tête contre les murs pour l'unique plaisir de la chose ». Et prêchant d'exemple, avec un beau courage, il persévéra. Il s'opiniâtra contre la fortune et, à force de suite et de ténacité, il finit, ayant eu la chance de vivre assez longtemps, par prendre sur elle quelques revanches.

Une de ces revanches, ce fut l'avènement de la troisième République. Après 1848, Leconte de Lisle s'était retiré de la politique militante. Mais il avait gardé intacte sa foi républicaine. La journée du 4 septembre 1870 justifia cette foi. Son rêve se réalisait, mais au milieu de quel bouleversement et au prix de quel « effroyable désastre [1] »! S'il qualifiait de « misérables » les hommes qui nous avaient conduits là, il n'avait qu'une médiocre confiance dans ceux qui les avaient remplacés au pouvoir. Ils ne lui semblaient pas « avoir l'énergie nécessaire pour les circonstances ». Aux angoisses patriotiques vinrent s'ajouter les tortures morales qui résultèrent pour lui de la publication des Papiers Impériaux. Son nom figurait sur la liste des pensions. Il eut la douleur de se voir vilipendé et traîné dans la boue comme ayant vendu sa plume au régime déchu. Il protesta dignement par une lettre adressée au journal *Le Gaulois*. « Permettez-moi de vous déclarer que je n'ai jamais aliéné la liberté de ma pensée, ni vendu ma plume à qui que ce soit. Depuis 1848, je n'ai jamais écrit une ligne qui touchât à un événement contemporain. Cette allocation de 300 francs [par mois] qui m'a été offerte, et qu'une inexorable nécessité m'a contraint d'accepter, m'a uniquement permis de vivre dans la retraite, en travaillant à mes traductions d'Homère, d'Hésiode, de Théocrite et d'Eschyle. » Mais tout en repoussant fièrement ces calomnies, il en était profondément affecté. Écrivant, sur ces entrefaites, à un ami de province, après avoir rappelé dans quelles conditions il avait accepté la subvention impériale — sa pension de Bourbon supprimée, sa mère, « qui manquait de tout », retombant à sa charge — il poursuivait : « Je me suis sacrifié, et m'en voici récompensé par les insultes des journaux. Je vous

---

1. Les citations qui suivent sont extraites des *Lettres de Leconte de Lisle écrites pendant le siège et la Commune*, publiées par St.-M. Sabitey dans la *Renaissance Latine* du 15 avril 1904.

jure que si les Prussiens pouvaient me tuer, ils me rendraient un suprême service. Je suis si profondément malheureux que je me demande si je ne ferais pas mieux de me brûler la cervelle. Après avoir vécu pauvre, dans la retraite et dans le travail, voici que je n'en recueille que des outrages pour toute récompense. Tout cela est affreux et me jette dans le désespoir... Je suis de garde aux remparts, demain, au Point-du-Jour. C'est là qu'on attend l'assaut. Puissé-je y rester ! » Les événements publics se chargèrent de réduire son chagrin personnel à sa juste mesure ; d'autres préoccupations et d'autres souffrances, matérielles et morales, lui firent oublier celle-là. D'abord, dès les premiers jours d'octobre, la disette de vivres ; puis la menace perpétuelle de l'émeute, qui aurait eu pour résultat, jugeait-il, si elle avait réussi, de mettre à la tête du gouvernement « la lie et l'écume de Paris » ; la perspective, dès novembre, d'une guerre civile succédant à la guerre étrangère ; le bombardement, qui le força à chercher pour les siens un autre asile, les obus prussiens tombant sur sa maison ; après le siège, la Commune, et de nouvelles privations et de nouvelles angoisses. Leconte de Lisle crut par moments qu'il devenait fou. Le 29 mai, il envoyait au même ami cette lettre désolée :

> Je vous écris en pleurant d'horreur et de désespoir. L'infâme bande de scélérats qui tyrannisait et pillait Paris depuis le 18 mars a consommé son œuvre en mettant le feu à presque tous nos monuments... Les bandits ont été vigoureusement culbutés de toutes leurs barricades et sont maintenant acculés à Belleville et à la Villette, où on les écrasera sans doute avant peu ; mais ils ont laissé derrière eux des bandes de femmes qui allument de nouveaux incendies à tout moment. Elles sont immédiatement fusillées, mais cent autres leur succèdent. Jamais de tels crimes n'avaient été prémédités et commis avec une telle rage de destruction. L'histoire ne rappelle rien de semblable. Il est à désespérer d'être homme et surtout français.

Sous la plume du républicain de 1848, de l'ancien délégué à la propagande révolutionnaire et insurgé de juin, de telles appréciations peuvent surprendre. Mais Leconte de Lisle ne voyait rien de commun entre l'idéal de liberté et d'humanité pour lequel il avait lutté jadis et les odieux attentats dont il était le témoin.

> Il ne s'agit plus ici de politique, continuait-il — il s'agit de vols

publics et privés, de massacres dans les prisons, d'hospices incendiés avec les malades qui y étaient couchés, de maisons en flammes croulant avec les familles qui les habitaient, de monuments publics contenant des choses inestimables à jamais perdues. Ce sont là des crimes tellement monstrueux qu'aucun châtiment, si ce n'est la mort, ne peut être infligé à ceux qui les ont commis.

Au surplus, qu'il n'eût rien renié de ses convictions d'autrefois, nous en avons la preuve par les brochures de propagande qu'il composa en cette même année 1871. Outre l'*Histoire populaire du Christianisme*, dont j'ai déjà eu l'occasion de parler, il publia une *Histoire populaire de la Révolution française* et un *Catéchisme populaire républicain*. La Révolution y était présentée comme « la revendication des droits de l'humanité outragée », comme « le combat terrible et légitime de la justice contre l'iniquité », et la République définie « la nation elle-même, vivante et active, morale, intelligente et perfectible, se connaissant et se possédant, affirmant sa destinée et la réalisant par l'entier développement de ses forces, par le complet exercice de ses facultés et de ses droits, par l'accomplissement total de ses devoirs envers sa propre dignité qui consiste à ne jamais cesser de s'appartenir ». Les déclarations nettement rationalistes et antireligieuses contenues dans le *Catéchisme* émurent un des membres de l'Assemblée nationale, M. de Gavardie. Dans la séance du 6 janvier 1872, il crut devoir appeler l'attention du garde des sceaux « sur la nécessité de poursuivre, en vertu de la législation existante, des faits qui — selon lui — constituaient véritablement des délits prévus par nos lois pénales. » Dufaure répondit par quelques paroles évasives, et l'affaire en demeura là.

Les amis politiques de Leconte de Lisle avaient-ils eu, comme on l'affirme, la velléité de faire de lui, un député ou un sénateur? N'en furent-ils détournés que par le fâcheux effet produit par la divulgation des Papiers Impériaux ? Et la France y perdit-elle, comme on l'a insinué, un grand ministre de l'Instruction publique ? Quoi qu'il en soit, le sort du poète se trouva assuré d'une manière moins brillante, mais plus conforme à ses goûts et plus avantageuse pour son repos. Le gouvernement républicain lui continua la pension accordée par l'Empereur, et le nomma en outre sous-bibliothécaire du Sénat. La fonction, où il eut pour collègues des littérateurs de genres divers et de talent inégal, Charles Edmond, Louis Ratisbonne, Auguste Lacaussade, Anatole France, était une sinécure. Il la prit très exactement comme telle.

Il s'était installé dans la grande bibliothèque où se trouve la coupole peinte par Delacroix, dans l'encoignure formée à gauche par la première grande fenêtre qui donne sur le jardin du Luxembourg. Là, assis à un petit bureau de bois noirci, il n'avait, sur le rayon qui le surmontait, que les études bibliques de Ledrain, le *Bhâgavata*, le *Ramayana* et quelques livres de Louis Ménard. Il arrivait tous les jours vers une heure, fumait une ou deux cigarettes, rédigeait quelques lettres ou transcrivait des vers, d'une écriture lente et superbe. Il aimait surtout à causer, mais ne souffrait pas qu'un importun le troublât dans ses causeries ou dans sa quiétude [1].

On pense bien que personne ne s'avisait jamais de réclamer un livre à ce bibliothécaire olympien. Un jour, un jurisconsulte, nouvellement élu au Sénat, eut la témérité de lui demander le *Promptuarium* de Cujas, et, après avoir été tout d'abord éconduit, la mauvaise grâce d'insister. Leconte de Lisle, furieux, feignit d'emmener l'indiscret à la recherche du volume et se vengea de lui en le perdant dans les couloirs.

C'est dans cette paisible retraite, dont la tranquillité n'était troublée que par la guerre d'épigrammes qu'il menait contre son collègue et compatriote Lacaussade, que vint le chercher le suprême honneur réservé chez nous aux gens de lettres. En 1873, et de nouveau en 1877, il s'était présenté sans succès à l'Académie française. Victor Hugo, non content d'avoir voté ostensiblement pour lui, lui adressait, au lendemain de ce dernier échec, la lettre suivante : « Mon éminent et cher confrère,... je vous ai donné trois fois ma voix, je vous l'eusse donnée dix fois... Continuez vos beaux travaux et publiez vos nobles œuvres qui font partie de la gloire de notre temps... En présence d'hommes tels que vous, une Académie, et particulièrement l'Académie française, devrait

---

1. Henri Welschinger, *Leconte de Lisle bibliothécaire*, dans le *Journal des Débats* du 16 août 1910.

songer à ceci : qu'elle leur est inutile et qu'ils lui sont nécessaires ... » Ce billet valait une investiture. Leconte de Lisle se trouvait désigné par Hugo lui-même comme son successeur éventuel. C'est en effet comme tel, et d'un accord unanime, qu'il fut élu le 11 février 1886.

Quand Coppée accourut à la Bibliothèque du Sénat pour lui annoncer son triomphe : « Pourvu, s'écria Leconte de Lisle, que celui qui me recevra ne cite pas *Midi, roi des étés* ... [1] !» Ce fut justement le premier de ses poèmes — et à peu près le seul — que cita *in extenso*, en lui répondant, Alexandre Dumas fils. L'auteur des *Poèmes Antiques* put croire que Némésis elle-même lui avait, pour le dialogue académique, choisi cet interlocuteur. Écrivain grave dans un genre réputé frivole, moraliste de théâtre et philosophe de l'actualité, visant à la profondeur et s'arrêtant souvent au paradoxe, aimant les idées moins pour elles-mêmes que pour le bruit qu'elles sont susceptibles de faire dans le monde, incapable de concevoir une autre société que la société de son temps et de s'imposer le moindre effort pour pénétrer dans une pensée différente de la sienne, esprit brillant ébloui de son propre éclat, avec cela prosateur-né, bien qu'en sa jeunesse il eût écrit des vers comme beaucoup d'autres, défenseur et prôneur de l'art utilitaire que dans une préface retentissante il avait opposé à l'art pour l'art, Alexandre Dumas n'avait rien de ce qu'il fallait pour sympathiser avec un poète tel que Leconte de Lisle. Avait-il lu, avant l'élection, les œuvres du récipiendaire ? Il est à peu près certain que non. Se donna-t-il, avant d'en parler, la peine de les regarder attentivement ? Il est permis d'en douter. En tout cas, il en parla à peu près comme s'il ne les connaissait pas. Il accusa formellement Leconte de Lisle de vouloir substituer « l'idolâtrie du Beau », abjurée par l'humanité depuis la prédication de l'Évangile, à « la religion du Bien », qui, depuis la *Divine Comédie* jusqu'au *Faust* de Gœthe, avait, selon lui, inspiré « la poésie spiritualiste », dont Lamartine, Hugo et Musset étaient chez nous les représentants :

---

1. Welschinger, *art. cité*.

C'est cela, lui dit-il, que vous venez combattre ; c'est cela que vous voulez renverser. Tentative comme une autre. Tout est permis quand la sincérité fait le fond, d'autant plus que ce que vous avez conseillé aux poètes nouveaux de faire, vous l'avez commencé vous-même, résolument, patiemment. Vous avez immolé en vous l'émotion personnelle, vaincu la passion, anéanti la sensation, étouffé le sentiment. Vous avez voulu dans votre œuvre que tout ce qui est de l'humain vous restât étranger. Impassible, brillant et inaltérable comme l'antique miroir d'argent poli, vous avez vu passer et vous avez reflété tels quels les mondes, les forêts, les âges, les choses extérieures... Vous ne voulez pas que le poète nous entretienne des choses de l'âme, trop intimes et trop vulgaires. Plus d'émotion, plus d'idéal, plus de foi, plus de battements de cœur, plus de larmes...!

Il lui reprocha sa philosophie, qui n'offrait d'autre enseignement aux générations nouvelles que « le vide de l'être, l'apologie de la mort ».

Heureusement, faut-il vous dire toute ma pensée ? Je ne crois pas au véritable désir de mourir chez ceux qui l'ayant exprimé, surtout dans d'aussi beaux vers..., continuent à vivre. Toute cette désespérance me semble purement littéraire. La mort a du bon, mais l'homme lui préférera toujours la vie, pour commencer... Et la preuve, c'est que nous vous voyons là, vivant, bien vivant, grâce à Dieu, et même immortel...

Enfin il exprima le regret que Leconte de Lisle n'eût pas jugé à propos, dans son discours, d'exposer avec quelques détails les procédés de l'école nouvelle dont, après Victor Hugo, il était le chef, de donner son opinion « sur ces questions de césures, de rejets, d'enjambements, de rimes riches ou pauvres, avec ou sans consonne d'appui, enfin sur toutes ces questions de technique et de prosodie qui faisaient tant de bruit sur le nouveau Parnasse ». Il se garda bien lui-même de les discuter, mais il les trancha avec assurance, en se déclarant partisan résolu de la forme classique.

J'aime les vers qui s'en vont deux à deux comme les bœufs ou les amoureux, et je m'imagine que les vers appelés à se fixer dans la mémoire des hommes sont ceux qui sont construits de cette sorte, et qui enferment une belle idée ou une belle image dans un vers dont Boileau eût approuvé la structure.

En écoutant, derrière son monocle, tomber des lèvres de son illustre confrère ces magistrales bévues, ces réflexions prudhommesques, ces plaisanteries faciles et qui semblaient ramassées dans les petits journaux, Leconte de Lisle eut quelque mérite à ne pas perdre son sang-froid. Il se contenta de bouillir en dedans et, sans doute, de se venger, hors séance, par quelques-uns de ces mots à l'emporte-pièce dont il avait le secret. Il sonda, ce jour-là, toute la vanité des honneurs officiels, et il savoura l'ironie du sort qui l'amenait en grande pompe sous la coupole de l'Institut, pour y entendre, devant l'élite du monde lettré et de la société parisienne, prononcer son éloge par l'homme de France qui l'avait le moins compris.

II

Aussi bien cette gloire académique, qui lui arrivait à l'âge où il entrevoyait le terme d'une vie déjà longue, n'était-elle qu'une gloire de façade et de parade. Le véritable gloire, il l'avait connue beaucoup plus tôt, et personne ne pouvait la lui enlever. C'était le magistère que depuis vingt-cinq ans il exerçait sur les jeunes écrivains. Ses premiers recueils, les *Poèmes Antiques*, les *Poèmes et Poésies*, n'avaient point passé inaperçus. Ils avaient engagé de bons juges à en concevoir pour l'auteur les plus belles espérances. Le troisième, les *Poésies Barbares* de 1862, avait fait de lui un maître. « Quand je lis des vers nouveaux, écrivait Sainte-Beuve en 1865, je me dis presque aussitôt : Ah ! ceci est du Musset ! ou bien : C'est encore du Lamartine (ce qui est plus rare) ; ou bien : Ceci rappelle Victor Hugo, dernière manière ; ou : Ceci est du Gautier, du Banville, du Leconte de Lisle, ou même du Baudelaire. Ce sont les chefs de file d'aujourd'hui, et ils s'imposent aux nouveaux venus [1] ! » Des quatre, celui qui décidément, entre 1860 et 1870, prit la tête et dirigea le mouvement poétique, ce fut Leconte de Lisle. Théophile Gautier le constatait — sans jalousie, bien qu'il fût son aîné — dans son *Rapport sur les progrès de la poésie française de 1830 à 1867* : « Retiré dans sa fière indépendance du succès, ou plutôt de la popularité, Leconte de Lisle a réuni autour de lui une école, un cénacle, comme vous voudrez l'appeler, de jeunes poètes, qui l'admirent avec raison, car il a

---

1. *De la poésie en* 1865 (*Nouveaux Lundis*, 1868, tome X, p. 122).

toutes les qualités d'un chef d'école ». Ces jeunes poètes, c'étaient ceux que l'on commençait dès lors à nommer les Parnassiens, parce que, l'année précédente, ils avaient publié en commun une sorte d'anthologie intitulée *Le Parnasse Contemporain, recueil de vers nouveaux.* Je ne prétends pas faire ici l'histoire de l'école parnassienne. Mais il est impossible de traiter de l'influence littéraire de Leconte de Lisle sans l'esquisser au moins à grands traits.

Donc, vers 1860, il y avait à Paris un certain nombre de jeunes hommes qui prétendaient, chacun de son côté, relever et soutenir la grande tradition poétique, instaurée ou restaurée chez nous par le romantisme, et qui paraissait, depuis quelques années, avoir fléchi. Ces jeunes gens étaient d'origine très diverse. Les uns étaient parisiens ; les autres venaient de leur province. Les uns étaient pauvres, et les autres étaient riches. Les uns sortaient de familles bourgeoises, voire aristocratiques ; les autres avaient au moins un pied dans la bohème. Ils n'avaient de commun que l'ardeur de la jeunesse, l'amour de leur art, le respect des maîtres et la noble ambition de devenir des maîtres à leur tour. Mais cette communauté de goûts et d'aspirations fit qu'ils ne tardèrent pas à se joindre. Ils se rencontrèrent tout d'abord, sur la rive droite, dans les bureaux de la *Revue Fantaisiste*, que venait de fonder, avec la belle audace de ses dix-huit ans, Catulle Mendès, tout nouvellement arrivé de Bordeaux. Là fréquentèrent, ou tout au moins passèrent, Albert Glatigny, Léon Cladel, Villiers de l'Isle-Adam, Louis-Xavier de Ricard, Sully-Prudhomme, bien d'autres encore. Flaubert, Baudelaire, Banville s'intéressaient à ces débutants. Malgré de si glorieux patronages, la revue n'eut qu'une courte existence. Elle disparut en 1863, son fondateur et directeur ayant eu l'imprudence d'y insérer une comédie de sa composition, en un acte et en vers, que la magistrature du temps estima outrageante pour les bonnes mœurs, et qui valut à son auteur, sans parler de 500 francs d'amende, un mois de séjour à Sainte-Pélagie. Après cet exploit, on passa les ponts. On se retrouva, entre camarades, au quartier latin, dans ce fantasmagorique « hôtel du Dragon-Bleu », pseudonyme pittoresque d'un médiocre garni des environs de la rue Dauphine où Mendès apprit à Coppée à faire difficilement les vers. On se retrouva, entre gens du monde, chez la générale de Ricard, où « devant un public de soies et de dentelles, tout éclatant de diamants au corsage et de perles dans les chevelures », devant un public aussi d'écrivains et d'artistes, quelques-uns de ces jeunes gens osèrent jouer *Marion de Lorme*. On se retrouva enfin, entre poètes, dans le salon de Leconte de Lisle. L'auteur des *Poèmes Barbares* était marié depuis quelques années. C'était son délassement et son luxe de recevoir chaque semaine, dans son modeste intérieur, égayé par la présence et la grâce d'une jeune femme, les apprentis littérateurs qui venaient lui demander à l'envi des encouragements et des conseils.

> Aucun de ceux — a dit Catulle Mendès — qui ont été admis dans le salon de Leconte de Lisle, ne perdra jamais le souvenir de ces nobles et doux soirs qui, pendant tant d'années, oui, pendant beaucoup d'années, furent nos plus belles heures. Avec quelle impatience, chaque semaine accrue, nous attendions le samedi, le précieux samedi où il nous était donné de nous retrouver, unis d'esprit et de cœur, autour de celui qui avait toute notre admiration et toute notre tendresse ! C'était dans ce petit salon, au cinquième étage d'une maison neuve, boulevard des Invalides, que nous venions dire nos projets, que nous apportions nos vers nouveaux, sollicitant le jugement de nos camarades et de notre grand ami [1].

A partir de la publication du premier *Parnasse Contemporain*, il y eut, pour « tous les jeunes porteurs de lyre », un rendez-vous quotidien, passage Choiseul, dans l'entresol de l'éditeur Lemerre. Là se réunissaient, sous l'invocation de Victor Hugo et de Leconte de Lisle, qui étaient comme les Pénates du lieu, Valade et Mérat, Dierx et d'Hervilly, Armand Renaud, Coppée, Sully-Prudhomme, Jean Lahor, Theuriet, Lafenestre, Armand Silvestre, Emmanuel des Essarts, José-Maria de Heredia, Verlaine, Mallarmé, Anatole France... Je ne saurais les nommer tous. Dispersé par la guerre, le groupe, une fois la paix revenue, se reforma. De nouvelles recrues le grossirent : Charles de Pomairols, Auguste Dorchain, Paul Bourget, Frédéric Plessis, le vicomte de Guerne. On se rencontra aussi, vers 1875, rue de Châteaudun, dans les bureaux de *La République des Lettres*, fondée par l'infatigable Mendès. Mais le centre

---

1. *La Légende du Parnasse Contemporain*, Bruxelles, 1884, p. 224.

d'attraction demeura toujours le salon de Leconte de Lisle, transporté, après 1872, du boulevard des Invalides au boulevard Saint-Michel. Dans ce salon non seulement passèrent tous les disciples du maître, des générations entières de jeunes poètes, mais on peut dire que tous les écrivains, ou presque tous, qui, à la fin du dernier siècle et dans les premières années de celui-ci, se sont fait un nom dans la littérature française, y étaient venus chercher l'initiation artistique ou la consécration de leur talent.

A cette époque — vers 1880 — le Parnasse, le succès aidant, avait cessé depuis longtemps d'être un groupe. Il n'avait jamais été une école, si nous en croyons du moins le plus complet, jusqu'à présent, de ses historiens. Une école suppose des idées arrêtées, des principes communs, une doctrine positive ou négative, quelque chose qu'on veut détruire ou quelque chose qu'on veut instituer. Les Parnassiens n'étaient ni des iconoclastes, ni des révolutionnaires, ni même, de propos délibéré, des novateurs. Ils se seraient proclamés plutôt des continuateurs et des épigones. Ils se donnaient comme des « néo-romantiques », descendant de Victor Hugo, « le père à tous », par l'intermédiaire des quatre poètes que Sainte-Beuve, en 1865, signalait comme les conducteurs de la génération actuelle. A chacun de ces quatre « chefs de file » ils prirent quelque chose. Baudelaire est celui qui exerça sur eux l'influence la moins apparente. Il leur transmit le mal romantique dont il a été une des plus illustres victimes, le goût des impressions étranges, des sensations fortes et des états d'âme morbides, que son œuvre propagea avec quel succès, on le sait, dans la littérature du siècle à son déclin. Mais, en 1865, son heure n'était pas encore tout à fait venue. L'auteur des *Cariatides*, des *Stalactites*, des *Odes Funambulesques*, du *Petit traité de poésie française* leur suggéra les thèmes d'un lyrisme superficiel, brillant et factice ; il fut leur maître de prosodie; il leur enseigna à assouplir leurs vers, à enrichir leurs rimes, à franchir en se jouant tous les obstacles que la syntaxe et la métrique opposent à l'inspiration poétique, à s'en créer au besoin de nouveaux pour les surmonter. De Théophile Gautier, du Gautier des *Émaux et Camées*, « le poète impeccable et parfait magicien ès lettres françaises », ils retinrent l'impassibilité que certains d'entre eux, pendant un temps, professèrent, l'indifférence sereine à tout ce qui n'est pas l'œuvre d'art, et la conviction que sans une lutte avec la matière, sans une difficulté vaincue, cette œuvre ne saurait atteindre à sa perfection :

> Oui, l'œuvre sort plus belle
> D'une forme au travail
> Rebelle,
> Vers, marbre, onyx, émail.
>
> Point de contraintes fausses !
> Mais que pour marcher droit
> Tu chausses,
> Muse, un cothurne étroit.
>
> Fi du rythme commode,
> Comme un soulier trop grand,
> Du mode
> Que tout pied quitte et prend !

A Leconte de Lisle, ils durent la curiosité de la nature exotique, des civilisations éteintes et des époques lointaines, et ce goût pour la forme épique qui a laissé sur l'œuvre de la plupart d'entre eux une trace plus ou moins fugitive, qui a donné naissance aux *Contes épiques* de Mendès, aux *Récits épiques* de Coppée, aux *Siècles morts* du vicomte de Guerne, qui s'est épanoui avec éclat dans *Les Trophées* de José-Maria de Heredia. Ils lui durent surtout cette haute conception de la poésie, cette religion de l'art à laquelle ils voyaient avec admiration qu'il avait voué sa vie. Il leur prêcha d'exemple le dédain des succès faciles, il fut « le bon conseiller des probités littéraires » ; il les soutint « dans les heures de doute » ; il devint « leur conscience poétique ». Il laissa d'ailleurs chacun d'eux suivre sa voie et développer librement le talent dont la nature l'avait doué. Il les aida même souvent à mieux se connaître. « Leconte de Lisle, a dit Gaston Paris, était un maître incomparable, parce qu'il n'essayait pas d'imposer sa manière à ceux qui venaient lui demander des avis. Il prenait chaque individualité poétique telle qu'elle était, et lui donnait les conseils qui devaient lui permettre de se dégager pleinement [1] ». Son témoignage est con-

---

1. *Penseurs et Poètes*, Paris, 1890, p. 266.

firmé par celui de Heredia. « Il avait, dit-il du chef reconnu du Parnasse, la faculté si rare de se dédoubler, de se mettre, comme il disait en riant, dans la peau d'un autre, et toujours il vous donnait suivant votre nature le meilleur conseil. » Ainsi parlait en 1894, aux funérailles du maître, son disciple favori. Quelques années plus tard, Mendès, qui, lui aussi, avait vanté d'abord la largeur d'esprit et la tolérance littéraire de Leconte de Lisle, fit entendre un langage tout différent :

> S'il fut dans le livre une souveraine intelligence, s'il fut dans les relations quotidiennes un maître clément et un ami serviable à tous ceux qui l'approchèrent, il a été, il faut bien le dire, un guide et un conseiller redoutable. En ma déférente amitié, en ma religieuse admiration, j'ai pensé autrement, jadis, j'ai cru sincèrement que nos esprits restaient libres sous sa loi ; je pense que je me trompais. Si ses conseils furent excellents en ce qui concerne la discipline de l'art et le respect de la beauté, si son intimité nous fut conseillère des beaux devoirs, il n'en faut pas moins reconnaître aujourd'hui que le joug de son génie (que certes il ne cherchait pas à nous imposer, mais que nous subissions en notre émerveillement juvénile de son verbe et de son esprit) nous fut assez dur et étroit. Il répugnait, hélas ! aux nouveautés, aux personnalités qui auraient pu contredire la sienne... On peut le dire, il faillit faire de nous des poètes étrangers à nous-mêmes ; on songe avec terreur à ce qu'aurait été la littérature contemporaine si elle avait obéi uniquement à son vouloir accepté comme suprême... Affirmateur par la beauté de son œuvre, il fut négateur quant à la beauté de beaucoup d'autres œuvres ; plusieurs d'entre nous ont dû se défaire de ses injustices. Mais tous ses disciples, avec l'admiration toujours grandie de son vaste et parfait talent, garderont fièrement sa noble discipline technique [1].

Les deux opinions ont quelque chance d'être vraies toutes les deux, puisque, à quinze ans d'intervalle, Catulle Mendès les a soutenues l'une après l'autre avec une égale sincérité. Elles ne sont nullement inconciliables. Leconte de Lisle, nous le savons assez, n'était pas l'homme des concessions, des compromis et des demi-mesures. Avec quelque désintéressement qu'il donnât ses conseils, quelque effort qu'il fît pour « se mettre dans la peau » des jeunes gens qui les lui demandaient, une personnalité aussi puissante que la sienne ne pouvait manquer d'exercer, même sans le vouloir, une influence irrésistible et une domination tyrannique sur les tempé-

[1]. *Rapport sur le mouvement poétique français de 1867 à 1900*, Paris, 1903, p. 101.

raments moins originaux et les caractères moins fortement trempés. Sa discipline, comme toutes les disciplines un peu rudes, broyait les faibles et réussissait aux forts. Mais les premiers eux-mêmes eurent-ils tellement à s'en plaindre ? et ne leur fut-elle point salutaire jusque dans sa rigueur ? Catulle Mendès, vers la fin de sa carrière, regretta d'avoir marché trop docilement dans l'ombre du grand homme. Mais cet esprit facile, ondoyant et superficiel, qui a gaspillé beaucoup de talent et de labeur dans une foule d'œuvres de tout genre dont aucune probablement ne restera, s'il avait quelque *mea culpa* à faire, c'était plutôt de n'avoir pas mieux suivi les préceptes et les exemples que Leconte de Lisle lui avait donnés, et on est porté à croire qu'il ne se fût pas élevé très haut dans l'estime des lettrés, s'il n'avait pas eu la bonne fortune de rencontrer sur son chemin, tout au début de sa carrière, le maître que sur le tard il s'avisa de renier. Ce qui est positif, c'est que si on prend les uns après les autres les jeunes gens qui ont composé les deux générations de l'école parnassienne, celle d'avant 1870, et celle d'après, parmi ces poètes dont plusieurs au demeurant sont devenus de remarquables prosateurs, on n'en trouve guère que trois ou quatre qui aient été, au sens étroit du mot, des disciples, et dont l'œuvre apparaisse comme une ramification ou un prolongement de celle de Leconte de Lisle. Sans lui peut-être, Léon Dierx n'aurait pas exprimé en vers graves et purs cette tristesse hautaine, cette adoration de la beauté, ce sentiment profond de la nature qui sont les inspirations essentielles de sa poésie. Sans lui peut-être, Jean Lahor n'aurait pas tourné sa curiosité vers les littératures orientales, ni chanté « l'Illusion », ni célébré « la gloire du néant », ni développé ce panthéisme naturaliste et ce « pessimisme héroïque » auxquels s'est complu sa pensée. Sans lui enfin, celui qui s'est proclamé lui-même son « élève bien-aimé » n'aurait pas conçu le dessein, qu'il a brillamment réalisé, de faire tenir en une centaine de sonnets une vision magnifique de l'histoire et du monde. Mais quelle que soit la dépendance qu'il y ait de la poésie de Heredia à la poésie de Leconte de Lisle, on ne saurait confondre les fresques grandioses de l'un avec les ciselures d'un merveilleux fini ou les émaux d'un coloris incomparable que l'autre a exécutés avec lenteur et avec amour, et on ne retrouve pas l'amère philosophie ni la passion contenue des *Poèmes Barbares* dans ces *Trophées*, beaux avant tout, comme le titre l'annonce, d'une beauté décorative et plastique, et qui ne laissent dans l'âme, avec l'éblouissement et la volupté d'éclatantes ou de gracieuses images, que la mélancolie dont s'accompagne inévitablement l'évocation du passé.

Mais ces quelques noms mis à part, qui sont ceux des poètes qu'une particulière affinité de nature a fait entrer plus avant dans la pensée du maître, les autres disciples de Leconte de Lisle ne lui ressemblent guère. C'est la meilleure preuve que la discipline à laquelle ils se sont rangés n'a gêné en rien le libre développement de leur originalité. Et de leurs rangs mêmes sont sortis les novateurs qui, vers 1880, ont suscité une réaction contre l'art parnassien et montré aux jeunes générations des routes ignorées. Verlaine — il suffit pour s'en apercevoir d'ouvrir les *Poèmes Saturniens* — s'était nourri, en son temps, des *Poèmes Antiques*. Dans le prologue de son premier recueil, il émettait avec conviction, sur le rôle du poète dans les sociétés primitives et dans la civilisation moderne, des idées qui rappellent trop sensiblement pour ne pas en être directement inspirées celles que Leconte de Lisle avait énoncées dans ses préfaces de 1852 et de 1855. Et dans l'épilogue, il exposait une conception de l'art que l'auteur des articles de 1864 n'aurait pas désavouée, puisque c'était à peu près exactement la sienne :

> Ce qu'il nous faut à nous, les suprêmes poètes
> Qui vénérons les Dieux et qui n'y croyons pas,
> A nous dont nul rayon n'auréola les têtes,
> Dont nulle Béatrix n'a dirigé les pas,
>
> A nous qui ciselons les mots comme des coupes
> Et qui faisons des vers émus très froidement,
> A nous qu'on ne voit point les soirs aller par groupes
> Harmonieux au bord des *lacs* et nous pâmant,
>
> Ce qu'il nous faut à nous, c'est, aux lueurs des lampes,
> La science conquise et le sommeil dompté,
> C'est le front dans les mains du vieux Faust des estampes,
> C'est l'obstination et c'est la volonté !...

> Ce qu'il nous faut à nous, c'est l'étude sans trêve,
> C'est l'effort inouï, le combat non pareil,
> C'est la nuit, l'âpre nuit de travail, d'où se lève
> Lentement, lentement, l'Œuvre, ainsi qu'un soleil !

Ces théories, qui convenaient admirablement à une nature volontaire et tenace, elles ne s'accordaient guère avec le tempérament capricieux et fantasque du « Pauvre Lelian », tout en impressions, en sautes d'humeur, en incartades, tel qu'il apparaissait déjà dans certaines pièces du livre, tel qu'il devait se révéler de plus en plus clairement dans les *Fêtes galantes* et dans les *Romances sans paroles*. Et quinze ans plus tard, l'auteur de *Jadis et Naguère* livrait aux méditations de ses contemporains un *Art Poétique* qui ne devait plus rien aux leçons de Leconte de Lisle. « De la musique avant toute chose », une certaine affectation dans le langage d'imprécision et d'impropriété, la recherche de la nuance — « Pas la couleur, rien que la nuance » —, et un profond mépris pour la rime, tels en étaient les principaux préceptes :

> De la musique encore et toujours !
> Que ton vers soit la chose envolée
> Qu'on sent qui fuit d'une âme en allée
> Vers d'autres cieux à d'autres amours.
>
> Que ton vers soit la bonne aventure
> Éparse au vent crispé du matin
> Qui va fleurant la menthe et le thym...
> Et tout le reste est littérature.

Et si, par son inspiration initiale, il se rattachait étroitement à Baudelaire, il avait passé jadis par le Parnasse et par le salon du boulevard des Invalides, ce Stéphane Mallarmé qui, quelques années plus tard, dans ses *Divagations*, proclamait l'abolition des règles traditionnelles, l'anarchie métrique, la liberté acquise à chaque poète de façonner à son gré l'instrument dont il prétendait se servir ; qui préconisait le vers faux et le vers polymorphe, confondait la poésie avec la musique, et bannissait de l'art nouveau l'expression claire de la pensée et la représentation directe des choses, « pour ne garder de rien que la suggestion ».

III

Lorsque Leconte de Lisle mourut dans sa soixante-seizième année, le 17 juillet 1894, l'école symboliste triomphait. Mais la gloire du vieux poète n'en fut nullement offusquée ; il était déjà, comme ce Victor Hugo dont il avait recueilli l'héritage académique, « entré vivant dans l'immortalité ». Sa renommée ne s'est pas beaucoup étendue au delà des limites de son pays. Cette poésie plastique et, d'apparence tout au moins, impersonnelle n'a pas été goûtée en Allemagne. En Angleterre, elle ne paraît pas avoir été appréciée non plus à sa juste valeur, en dépit des témoignages d'admiration qui lui ont été accordés par des hommes comme Edmond Gosse et Charles Algernon Swinburne, et de l'influence qu'elle a exercée sur quelques écrivains de langue anglaise, notamment sur une poétesse hindoue, Toru Dutt[1]. En Italie, elle n'est connue, nous affirme un livre récent[2], que des initiés. Il est vrai que l'un d'entre eux la compare aux figures de Michel-Ange. En France même, elle ne sera jamais populaire (ceci d'ailleurs n'aurait pas été pour déplaire à son auteur) ; mais il est permis de croire qu'elle occupera un haut rang dans l'estime des esprits cultivés et lettrés, de tous ceux qui unissent au sentiment de la grande poésie le goût et le culte de l'art. Et dans cette œuvre fortement conçue, longuement mûrie, soigneusement exécutée, capable de survivre aux variations des modes littéraires et de résister aux efforts du temps, il y a des pages auxquelles ils reviendront toujours, comme à ce qu'il y a de plus profond et de plus parfait à la fois dans la poésie française.

1. Sur cette question, voir J. H. Whiteley, *Etude sur la langue et le style de Leconte de Lisle*, Oxford, 1910, p. 183 et 188.
2. F.-E. Avalle, *Leconte de Lisle, studio letterario*, Cremona, 1920, p. xi et 180.

TABLE DES MATIÈRES

Avant-Propos 3
Chapitre   I. — Les origines, l'enfance et l'adolescence de Leconte de Lisle. 5
  —   II. — Les années de jeunesse : Leconte de Lisle, étudiant à Rennes. 26
  —   III. — Les débuts littéraires : Leconte de Lisle à Paris. 47
  —   IV. — Leconte de Lisle et les Dieux. 72
  —   V. — Leconte de Lisle et les hommes. 96
  —   VI. — Leconte de Lisle et la nature. 118
  —   VII. — Le pessimisme de Leconte de Lisle. 140
  —   VIII. — Les idées littéraires de Leconte de Lisle. . . 163
  —   IX. — L'art de Leconte de Lisle. 184
  —   X. — L'impassibilité de Leconte de Lisle. . . . 206
  —   XI. — Les dernières années : Leconte de Lisle et la poésie française. 227

BOIVIN & Cie, ÉDITEURS, 5, RUE PALATINE, PARIS

Bibliothèque de la Revue des Cours et Conférences

PIUS SERVIEN
Membre de l'Académie des Sciences de Roumanie
Docteur ès-Lettres de la Sorbonne

LYRISME ET STRUCTURES SONORES

Un volume.. 23 fr. 40

LES RYTHMES
COMME INTRODUCTION PHYSIQUE A L'ESTHÉTIQUE

Un volume.. 19 fr. 50

« *La tentative la plus intéressante et la plus hardie que l'on ait faite à ma connaissance pour capturer l'Hydre Poétique* ».
Paul Valéry, de l'Académie Française.

Il est indéniable que M. Pius Servien a renouvelé la métrique française.
P. Couissin *(L'Agrégation)*.

... Des œuvres capitales — non seulement pour l'esthéticien, mais aussi pour le critique littéraire.
Frédéric Lefèvre *(La Voix)*.

Le génial théoricien porte à son apogée dans ces livres l'exposé et l'application de sa doctrine... D'un puissant intérêt ; aucun homme de lettres ne peut les ignorer.
J. R. *(Revue Mabillon)*.

Pius Servien n'est pas seulement l'artiste accompli, le rythmicien dont le métier parfait de faiseur de vers frappe doux et fort, d'une infaillible marteau, chaque poème, chaque strophe, chaque rime. Il assemble les qualités et les vertus du mathématicien, de l'esthéticien, du géomètre et du poète. Léonard lui donnerait du cousin, Winckelmann le tiendrait pour frère. Vivent donc les hommes de la renaissance, les hommes complets comme Michel Ange et comme Léonard, ceux qui sont tour à tour, selon qu'ils y consentent, la glace et le feu, la règle et le flux, la patience et l'ardeur, ceux qui mesurent l'Univers et ceux qui le remplissent.

Léon-Paul Fargue (Nouvelle Revue Française).

Il est extrêmement ingrat de tenter de résumer, par ces quelques notes sèches, des travaux aussi riches, aussi denses et en même temps aussi précis que ceux de M. Pius Servien. Il faut lire ces ouvrages eux-mêmes pour admirer comment un effort tout nouveau est ici tenté pour réduire à leur aspect le plus général et le plus rigoureux des phénomènes où l'on n'avait vu jusqu'ici, tantôt que du flou et du hasardeux, tantôt que des mécanismes scolaires. Il n'est pas inconsidéré de proclamer avec l'auteur lui-même qu' « établir une solide science des rythmes, c'est occuper une position qui domine tout ce qui est art, comme peut-être tout ce qui est vivant »... L'histoire de la littérature française est à refaire complètement. Sous l'apparence toute extérieure de gros chocs et de gros événements, se joue l'histoire véritable, toute secrète et souterraine. Seule, une analyse technique très poussée et très déliée peut en rendre compte. Il faut, pour cela, joindre à la bonne foi du savant la science de l'artiste et du poète qui sait profondément ce que c'est que l'art et la poésie, et qui ne s'inquiète ni du bruit, ni de la routine. La persistance des erreurs ne lui en impose pas et il sait que la chose du monde la moins bien partagée, c'est le bon sens. C'est à cette catégorie infiniment rare d'esprits qu'appartient M. Pius Servien.

Jean Cassou, Conservateur-Adjoint du Musée du Luxembourg
(Les Nouvelles Littéraires).

... Un point de contact entre les sciences et les arts. (Scientia).

Une théorie générale des rythmes, originale et digne d'intérêt.

A. Puech, de l'Institut (Revue des Etudes Grecques).

Même lorsque l'artiste raisonne sur l'œuvre d'art, comme Léonard de Vinci, Dürer, Paul Valéry ou Pius Servien, nous assistons à un phénomène de dédoublement, non à une confusion des deux natures. C'est toujours le dialogue d'Animus et d'Anima... Ecoutons donc Animus. Nous entendrons des choses fort curieuses, s'il est aussi fidèle, aussi intelligent, aussi respectueux que M. Pius Servien. Nous avons pour la première fois, grâce à M. Pius Servien, une méthode pour analyser les rythmes, pour les classer, pour comparer leurs effets... pleine de suggestions originales pour les versificateurs.

R. Christoflour (Mercure de France).

M. Pius Servien va au fond du problème avec une intelligence lumineuse. Voici un livre de base pour qui s'intéresse à l'esthétique. Un essai d'un puissant intérêt.

J. Chabannes (Carnet de la Semaine).

Une méthode qui permet d'introduire dans cette étude des rythmes de la prose française une précision qui jusqu'alors lui manquait.

A. Feugère, Professeur à l'Université de Toulouse
(Bulletin de l'Université et de l'Académie de Toulouse).

Ingénieux, subtil, vigoureux quand il faut ; versé dans les sciences les plus diverses, et passant sans effort de l'hellénisme à la littérature comparée, du médiévisme aux hautes mathématiques... La hardiesse, l'originalité des idées de M. Pius Servien sont extrêmes, on le voit : rien d'étonnant à ce qu'elles aient provoqué une belle bataille. Encore ne s'arrêtent-elles par là : plus vaste est leur portée. Elles s'appliquent aussi bien aux problèmes de métrique qui avaient paru les plus difficiles aux chercheurs, comme celui des vers doriens. Elles s'appliquent aussi bien à la musique. Nous avons affaire à l'audacieux dessein de ramener l'esthétique à la physique, de la faire rentrer dans l'harmonie universelle des nombres. Et nous ne pouvons nous empêcher d'admirer, pour notre compte, l'esprit novateur qui part si délibérément à la découverte des plus hautes montagnes. Depuis les pages de l'abbé Bremond sur la poésie pure, rien n'a paru, nous semble-t-il, qui soit plus capable d'attirer l'attention sur le mystère qui nous tient suspendus, dès que nous reconnaissons, à notre trouble même, aux vibrations de notre esprit, la présence d'un lyrisme supérieur. Félicitons-le de son courageux effort et de ses résultats, et disons de ce Roumain au grand front, aux yeux lumineux, à l'allure à la fois orgueilleuse et timide, ce que Paul Valéry a dit dès l'instant où il a reçu son livre.

PAUL HAZARD, de l'Académie Française,
Professeur au Collège de France *(Le Figaro)*.

Ce travail est une très importante contribution à la science des littératures. Il remonte jusqu'à la prose, source même du jaillissement poétique, et l'explique avec une remarquable hardiesse de vue. On pourra relire avec une attention renouvelée les chefs-d'œuvre de la littérature. Une excellente introduction à la psychologie.

M. L.-C. *(Le Mouvement)*.

La critique d'art et d'archéologie ne peut négliger une œuvre originale dont M. Paul Valéry a écrit en guise d'introduction : « Vous avez fait la tentative la plus intéressante et la plus hardie que l'on ait faite à ma connaissance pour capturer l'Hydre Poétique ».

S. REINACH, de l'Institut *(Revue Archéologique)*.

... M. Pius Servien propose une très ingénieuse notation chiffrée, qui permet de faire apparaître avec une lumineuse simplicité la structure de tous les rythmes. L'application qui est faite de cette méthode à Atala paraît tout à fait heureuse.

P. MARTINO, Doyen de la Faculté d'Alger
(Revue Critique d'Histoire et de Littérature).

M. Pius Servien — un jeune savant très distingué doublé, par surcroît, d'un délicieux poète — a tenté de projeter dans le domaine de l'esthétique les méthodes d'analyse et de reconstruction numérique dont le flot conquérant déferle aujourd'hui — après avoir submergé la physique — sur les champs de la biologie et de la psychologie. L'essai est original, hardi, synthétique. L'aspect physique de la notion de rythme s'en trouve tout d'abord éclairé... Appliqués au domaine musical, ces principes permettent de saisir un réseau de constantes et d'invariants qui forme la trame de l'art des sons. La théorie du « faux » musical... témoigne d'une merveilleuse osmose, dans l'esprit de l'auteur, entre la délicatesse du sens esthétique et l'acuité de l'esprit scientifique. Mais c'est surtout dans ses analyses mathématiques du lyrisme poétique que M. Servien fait œuvre d'innovateur. Ses travaux sur les rythmes du français nous semblent appelés à faire bientôt autorité... La pensée thomiste accueille avec joie les découvertes de M. Servien ; elles dégagent des entrailles de la poésie — abusivement irrationnalisée aujourd'hui — quelques rayons savoureux d'intelligibilité.

G. THIBON *(Revue Thomiste)*.

Les ouvrages de M. Pius Servien me paraissent constituer ce qu'on a écrit de plus remarquable sur le Rythme en musique et en poésie depuis l'époque lointaine où le Père de l'esthétique méditerranéenne, Platon, établissait dans le Timée les intervalles de la Grande Gamme, de ce qu'il appelait le Rythme ou le Nombre de l'Ame du Monde.

MATILA C. GHYKA (Essai sur le Rythme, *N. R. F.*).

Two of the most important studies of rythm which have appeared in recent times. The significance of Pius Servien's studies of rythm may be surmised from the fact that two academicians, not always convergent in the Poesie pure debate, meet at this point. « This is to my knowledge the most interesting and the boldest attempt ever made to capture the Poetic Hydra », writes Paul Valéry ; « event of an incalculable importance », says Henri Bremond.

CARGILL SPRIETSMA, Prof. à l'Université de New-York *(The Bulletin)*.

Poésie et science : Extrait de *Le Cas Servien*, par PAUL VALÉRY :

A présent que le lecteur vient d'être séduit par cette poésie qui est à la fois savante et chaude et que tout l'enchantement d'une force voluptueuse lui a été suggéré par le poète, j'aimerais lui faire concevoir qu'il n'y a que contrastes et point du tout incompatibilité entre l'être infiniment sensible qui peut tirer de soi de pareils vers et l'être infiniment intelligent qui peut, de sa même substance, tirer les précisions les plus importantes...

Orient n'est donc que poésie, dans la ferveur, la substance enivrante et la résonance de laquelle il est impossible de découvrir la moindre trace de l'acte abstrait de l'analyste. Connaissant celui-ci et son œuvre de théoricien, on peut se demander si l'intégrité poétique obtenue dans *Orient* eût été si parfaite sans la possession d'un moyen « scientifique » d'isoler, sans erreur possible, l'essence de poésie.

Dans le « cas Servien », il ne peut s'agir des deux « esprits » baptisés par Pascal, s'ignorant dans le même homme qu'ils habitent. C'est au contraire parce qu'ils se connaissent en profondeur qu'ils peuvent si heureusement s'exercer à produire, en regard l'un de l'autre, des fruits très précieux.

Je donnerai à présent une idée de la pensée théorique qui a jeté le pont entre finesse et géométrie... « Langage des sciences », « Langage lyrique » sont les manifestations comme symétriques d'une volonté de pureté et de puissance par la pureté... Mais, parmi les constituants de cette phrase (lyrique), il en est un de particulièrement sensible, mais de singulièrement difficile à définir : celui que l'on désigne par le nom *rythme*. Les problèmes du rythme ont longuement sollicité notre auteur. Il a fait de cette question l'étude la plus approfondie, je crois, qui ait jamais été faite. Une méthode des plus sûres, subtile, mais simple... Je ne manquerai pas d'observer ici, comme témoignage de l'harmonie d'une pensée qui se possède et qui a trouvé sa « ligne d'univers », que la connaissance exquise des ressources du langage poétique dont témoignent les analyses de M. Servien semble, pour intuitive qu'elle soit, dériver naturellement de la théorie dont j'ai parlé, comme si on ne pouvait manquer, en méditant de plus en plus la distinction fondamentale des deux langages et en suivant, certaines fois, la déduction du langage lyrique jusqu'à l'extrême précision, d'en obtenir la sensation même, et d'en approcher la production consciente...

M. Servien n'est pas de ceux qui s'embarrasseraient de joindre l'exemple à la parole. Théoricien du rythme, il rythme, et à merveille... Il me semble que notre malheureuse époque, instruite par tant de ruines et victime de tant d'illusions, commence à se détacher de tout savoir qui ne soit point vérifié par les résultats de quelque expérience... Mais c'est là exiger des « hommes de l'esprit » cette richesse et cette souplesse de facultés qui se sont plus d'une fois manifestées à la fin du XVe siècle et au commencement du XVIe. Le véritable « humanisme » consiste dans un équilibre entretenu entre le savoir, le vouloir et le pouvoir. Il exige entre autres choses une sensibilité, et même une sensualité développées. Les vers de M. Servien ne sont point seulement voluptueux à l'oreille : leur recueil presque tout entier, sonnets, tierces rimes, strophes de six ou quatre vers, n'est que langueur ou fureur d'amour, tendresse assez romantique, ardeur orientale. Je confesse qu'il me plaît beaucoup, quand je viens de lire certain essai tout récent qui dégage des nues le véritable principe du Calcul des Probabilités, d'entendre du même auteur une toute autre voix qui chante :

Et seuls de jeunes bras lentement refermés
Pourraient guérir ce froid qui tient mes dents serrées...

PAUL VALÉRY, de l'Académie Française,
Professeur au Collège de France *(Le Cas Servien, N. R. F.)*.

PRINCIPAUX OUVRAGES DE M. PIUS SERVIEN

Introduction à une manière d'être (Boivin)	16 fr.
Principes d'Esthétique (Boivin)	23 fr.
Le Langage des sciences (Hermann)	23 fr.
Le choix au hasard (Hermann)	20 fr.
Base physique et base mathématique de la Théorie des probabilités (Hermann)	20 fr.
Orient, suivi de *Le cas Servien*, par Paul Valéry (Gallimard, Prix Verlaine 1942)	28 fr.

CHEZ LES MÊMES ÉDITEURS

Revue des Cours et Conférences

Directeur : F. STROWSKI,
Membre de l'Institut,
Professeur à la Sorbonne

39e ANNÉE

Seule elle donne les principaux cours et leçons des Universités de Paris et de Province

ABONNEMENT 1937-38, France. 80 fr. — Etranger. 95 et 110 fr.

Un numéro spécimen est envoyé contre 0 fr. 75 en timbres-poste

Fondée en 1892, la *Revue des Cours et Conférences* a publié des œuvres importantes de MM. Gaston Boissier, E. Boutroux, F. Brunetière, A. et M. Croiset, G. Deschamps, Ch. Diehl, R. Doumic, E. Faguet, E. Gebhart, E. Lavisse, J. Lemaitre, G. Lanson, Ed. Le Roy, L. Brunschvicg, A. Puech, F. Baldensperger, A. Lalande, H. Hauvette, J. Plattard, etc.

Elle s'adresse à tous ceux qui s'occupent de littérature, de philosophie, d'histoire, par goût ou par profession.

Elle est indispensable aux élèves des lycées, des collèges, des écoles normales, des écoles primaires supérieures et des établissements libres, qui préparent un examen quelconque et qui peuvent suivre ainsi l'enseignement de leurs futurs examinateurs.

Elle est indispensable aux élèves des universités, aux professeurs des collèges qui, licenciés ou agrégés de demain, trouvent dans la Revue les cours auxquels, trop souvent, ils ne peuvent assister.

Elle est indispensable aux professeurs des lycées de France qui cherchent des documents pour leurs thèses de doctorat, aux professeurs de français dans les collèges ou universités de l'étranger, qui ont besoin de se tenir au courant de l'évolution des idées et des méthodes dans le haut enseignement.

Elle est indispensable enfin à tous les gens du monde, fonctionnaires, magistrats, officiers, artistes, qui trouvent dans la *Revue des Cours et Conférences* un délassement à la fois sérieux et agréable à leurs travaux quotidiens et une initiation au mouvement littéraire de notre temps.

Elle est unique, car il n'existe pas de revue en Europe, donnant un ensemble aussi complet et aussi varié des cours et des leçons faits par les maîtres les plus réputés, embrassant une aussi vaste étendue de connaissances.

Elle est bon marché, car en fin d'année, les 1.600 pages environ de la Revue représentent la matière de *dix volumes* au moins, du type courant à **15 francs**.

www.ingramcontent.com/pod-product-compliance
Lightning Source LLC
Chambersburg PA
CBHW060120170426
43198CB00010B/969